21 世纪高等教育工程管理系列规划教材

物业管理理论与实务

第 2 版

主　编　谭善勇　郭　立

参　编　马洪波　徐正廷　牛炳昆

　　　　李　立　郝凌云　李翠平

　　　　武永春　张　昕　袁　佩

　　　　魏福芹　李利纳　徐　虹

　　　　肖　梦　薛亚菲　胡　茜

主　审　张跃庆

机械工业出版社

本书是编写者在总结第1版的基础上，广泛吸收近年来物业管理研究与实践的最新成果与经验，通过学习和按照现行的物业管理法律法规的有关规定编写而成的。全书共分为6篇，具体包括：物业产权与物业管理制度基础；物业管理的性质、模式与演进；物业业主与业主自治管理；物业服务企业及其管理；物业管理市场与物业服务合同；前期物业管理；物业日常管理与服务；物业服务质量与品牌管理；物业服务企业财务管理；物业管理纠纷防范与处理；住宅与住宅小区的物业管理；特殊住宅区物业管理；经营性物业管理；智能建筑与物业智能化管理；智能大厦的智能化物业管理；智能住宅小区的智能化管理；物业管理法律关系和法律制度；物业服务企业与政府部门及协会的关系；物业服务企业与开发商、业主及保险企业的关系；物业管理与社区建设的关系。

本书可以作为高等院校工程管理专业、房地产经营管理专业、土地资源管理专业、城市管理专业、社区管理专业、社区工作专业、物业管理专业、工商管理专业等专业或相关专业方向的本科生、专科生的专业教材或参考书，也可以作为有关部门或单位开展物业管理相关培训的教材或参考书，还可以供相关研究人员和物业管理实际工作部门的高、中级管理人员借鉴参考。

图书在版编目（CIP）数据

物业管理理论与实务/谭善勇，郭立主编. —2版.
—北京：机械工业出版社，2011.3（2025.2重印）
21世纪高等教育工程管理系列规划教材
ISBN 978-7-111-33073-8

Ⅰ.①物… Ⅱ.①谭…②郭… Ⅲ.①物业管理—高等学校—教材 Ⅳ.①F293.33

中国版本图书馆 CIP 数据核字（2011）第 006194 号

机械工业出版社（北京市百万庄大街22号 邮政编码100037）
策划编辑：冷 彬 责任编辑：孙晶晶 责任校对：薛 娜
封面设计：张 静 责任印制：常天培
北京机工印刷厂有限公司印刷
2025 年 2 月第 2 版第 7 次印刷
169mm×239mm·17 印张·320 千字
标准书号：ISBN 978-7-111-33073-8
定价：48.00 元

电话服务 网络服务
客服电话：010-88361066 机 工 官 网：www.cmpbook.com
　　　　　010-88379833 机 工 官 博：weibo.com/cmp1952
　　　　　010-68326294 金 书 网：www.golden-book.com
封底无防伪标均为盗版 机工教育服务网：www.cmpedu.com

序

随着 21 世纪我国建设进程的加快，特别是经济的全球化大发展和我国加入 WTO，国家工程建设领域对从事项目决策和全过程管理的复合型高级管理人才的需求逐渐扩大，而这种扩大主要体现在对应用型人才的需求上，这使得高校工程管理专业人才的教育培养面临新的挑战与机遇。

工程管理专业是教育部将原本科专业目录中的建筑管理工程、国际工程管理、投资与工程造价管理、房地产经营管理（部分）等专业进行整合后，设置的一个具有较强综合性和较大专业覆盖面的新专业。应该说，该专业的建设与发展还需要不断的改革与完善。

为了更有利于推动工程管理专业教育的发展及专业人才的培养，机械工业出版社组织编写了一套该专业的系列教材。鉴于该学科的综合性、交叉性以及近年来工程管理理论与实践的快速发展，本套教材采取"概念准确、基础扎实、突出应用、淡化过程"的编写原则，力求做到既能够符合现阶段该专业教学大纲、专业方向设置及课程结构体系改革的基本要求，又可满足目前我国工程管理专业培养应用型人才目标的需要。

本套教材是在总结以往教学经验的基础上编写的，主要注重突出以下几个特点：

（1）专业的融合性　工程管理专业是个多学科的复合型专业，根据国家提出的"宽口径、厚基础"的高等教育办学思想，本套教材按照该专业指导委员会制定的四个平台课程的结构体系方案，即土木工程技术平台课程及管理学、经济学和法律专业平台课程来规划配套，编写时注意不同平台课程之间的交叉、融合，不仅有利于形成全面完

整的教学体系，同时可以满足不同类型、不同专业背景的院校开办工程管理专业的教学需要。

（2）知识的系统性、完整性 因为工程管理专业人才是在国内外工程建设、房地产、投资与金融等领域从事相关管理工作，同时也可能是在政府、教学和科研单位从事教学、科研和管理工作的复合型高级工程管理人才，所以本套教材所包含的知识点较全面地覆盖了不同行业工作实践中需要掌握的各方面知识，同时在组织和设计上也考虑了与相邻学科有关课程的关联与衔接。

（3）内容的实用性 教材编写遵循教学规律，避免大量理论问题的分析和讨论，提高可操作性和工程实践性，特别是紧密结合了工程建设领域实行的工程项目管理注册制的内容，与执业人员注册资格培训的要求相吻合，并通过具体的案例分析和独立的案例练习，使学生能够在建筑施工管理、工程项目评价、项目招标投标、工程监理、工程建设法规等专业领域获得系统、深入的专业知识和基本训练。

（4）教材的创新性与时效性 本套教材及时地反映工程管理理论与实践知识的更新，将本学科最新的技术、标准和规范纳入教学内容，同时在法规、相关政策等方面与最新的国家法律法规保持一致。

我们相信，本套系列教材的出版将对工程管理专业教育的发展及高素质的复合型工程管理人才的培养起到积极的作用，同时也为高等院校专业的教育资源和机械工业出版社专业的教材出版平台的深入结合，实现相互促进、共同发展的良性循环而奠定基础。

第2版前言

本书第1版是2005年3月出版的。经过5年多的使用，得到了读者们的欢迎和鼓励。但是，物业管理是一个发展很快的行业，2005～2010年5年间，无论在理论方面，还是在实践方面，都发生了较大的变化。以政策法规为例，2005年3月，与物业管理直接相关的《物业服务定价成本监审办法（试行）》以及《中华人民共和国物权法》等还没有出台，《业主大会规程》（建住房[2003]131号）、《物业管理条例》（中华人民共和国国务院令第379号）、《物业服务企业资质管理办法》（建设部令第125号）等还在执行。但截止到2010年9月，《物业服务定价成本监审办法（试行）》以及《中华人民共和国物权法》等相继出台，《业主大会规程》（建住房[2003]131号）失效并被《业主大会和业主委员会指导规则》（建房[2009]274号）取代；《物业服务企业资质管理办法》（建设部令第125号）得到修订，新的《物业服务企业资质管理办法》（建设部令第164号）于2007年11月26日起施行；《物业管理条例》（中华人民共和国国务院令第379号）也于2007年经过修订，修订后的《物业管理条例》（中华人民共和国国务院令[2007]第504号）于2007年10月1日起施行，等等。

物业管理行业政策法规的出台和调整变化，必然影响到物业管理教材内容的正确性与准确性。为了全面介绍物业管理行业的整体情况，特别是反映近5年来物业管理行业的发展变化，更加规范和完善物业管理教材的内容，我们申报并获批了《物业管理理论与实务》精品教材（修订类），并在原有编写人员的基础上，另外增加了一批新的编写力量，对本书第1版结构和内容进行了大幅度修改、补充和调整。当然，在这个过程中，张跃庆教授给予了多方面的重要指导，主编在与张教

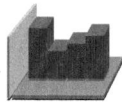

授多次讨论的基础上，最后确定了编写提纲和编写内容。这里特别感谢张跃庆教授所做的工作和付出的汗水！

本教材由谭善勇、郭立担任主编，主持全书写作大纲的编写和初稿的审阅。为了编写好这本精品教材，我们在认真学习《物权法》、《物业管理条例》以及其他原有和新颁布、新修改的政策法规的基础上，系统地介绍物业管理理论、物业管理制度和政策、物业管理方法、物业管理的内容、程序和操作技巧，力争使新修订的教材更具有系统性、权威性、实用性和可读性。本次修订中，各章具体编写分工情况是：第1章由谭善勇编写；第2章由马洪波编写；第3章由谭善勇、徐正廷编写；第4章由牛炳昆编写；第5章由谭善勇、李立编写；第6章由郝凌云编写；第7章由谭善勇、李翠平编写；第8章由郭立编写；第9章由谭善勇、武永春编写；第10章由张昕、魏福芹编写；第11章由袁佩编写；第12章由魏福芹编写；第13章由李利纳、魏福芹编写；第14章~16章由魏福芹编写；第17章由徐虹编写；第18章由肖梦编写；第19章由薛亚菲、胡茜编写；第20章由魏福芹编写。最后由谭善勇、郭立总纂、增删修改和定稿。

首都经济贸易大学张跃庆教授担任本书的主审。张教授不但参与大纲的审定，而且亲自审阅初稿、第二稿、第三稿并提出了很多很好的修改意见，对于本教材修订工作的完成付出了很多时间与精力，作出了巨大的贡献。在此我们再次表示衷心的感谢！

本书在修订过程中，参阅了一些新的文献资料，这里向其作者表示由衷地感谢！当然，由于编写者水平所限，本书还存在一些缺憾，希望读者与业内人士批评指正。

编　者

第1版前言

我国房地产业是随着经济体制改革和社会主义市场经济的发展而迅速崛起的。目前，已经初步形成了一个包括房地产开发、经营、管理、服务等多种经济活动的高附加值的综合产业。作为房地产业的重要组成部分，物业管理也随着我国房地产市场的建立和住房制度改革的深入而产生和发展起来，成为一个新兴的、充满竞争和希望的朝阳行业。

当然，由于我国房地产业和物业管理业产生和发展的时间都不长，而房地产业和物业管理行业的发展又相当迅速，致使实践中出现了一系列问题，物业管理纠纷此起彼伏。如果再深究其原因，则除了市场机制和物业管理观念外，最根本的原因恐怕还是物业管理人才的缺乏。

为了适应我国物业管理行业发展的需要，迎接国外物业服务企业进入我国物业管理市场带来的机遇与挑战，培养较高素质的、理论与实践相结合的专业物业管理人才，我们联合了6所高等院校的专家学者，合作编写了本书。

本教材由谭善勇、郭立担任主编，主持全书写作大纲的编写和初稿的审阅。力求以我国市场经济的理论为指导，以国家最新政策法规为依据，以我国物业管理运作的先进实践为主线，系统地阐述与介绍物业管理的基本概念、基本理论、基本规律以及操作实务。各章具体编写分工情况是：第1章、第9章由谭善勇编写；第2章由徐正廷编写；第3章由牛炳昆编写；第4章由李立编写；第5章由郝凌云编写；第6章由李翠平编写；第7章由袁佩编写；第8章由李利纳编写；第10章由郭立编写。最后由谭善勇、郭立总纂、增删修改和定稿。

　　清华大学建设管理系季如进教授担任本书主审。季教授一直很关注本书的编写并给出了很多具体的指导和建议，我们全体编写者在此表示衷心的感谢！另外，在本书编写过程中，编写者参阅了大量的著作和论文，这里特向有关作者致以谢意！也希望广大专家学者不吝赐教，以便我们更正。

编　者

2004 年 12 月

目　　录

第4篇　住宅物业与经营性物业管理

第5篇　智能建筑与物业智能化管理

第1篇　物业管理导论

　　第1篇是全书的理论基础。

　　这一篇由两章构成。第1章主要论述了物业及物业的构成；物业产权及其权利结构；建筑物和住宅区区分所有权；区分所有权与物业管理制度的关系等理论。

　　第2章论述了随着建筑物与住宅区区分所有权的发展，现代物业管理的相应发展。本章主要说明了物业管理的性质与特点；物业管理的基本模式和物业管理的内容；现代物业专业化管理发展的历程及其发展的状况等问题。深刻理解物业管理的这些基本问题，对于掌握全书的内容有着重要的意义。

第 1 章
物业产权与物业管理制度基础

[内容提要]

　　本章内容是全书的理论基础。本章主要概述了物业及物业的构成；物业权利及其结构；建筑物与住宅区区分所有权制度；物业产权与区分所有权与物业管理的关系等理论。通过本章的学习，可对物业产权与区分所有权理论以及物业管理的基本方面有一个比较全面的了解。

1.1　物业的概念、构成与类型

1. 物业的概念

　　物业一词在我国古已有之。《汉语大词典》中记载，宋朝李纲的奏章中即有"在京有物业者……"之语。在西方国家，"物业"的英语单词为"Estate"或"Property"，含义为"财产"、"资产"、"拥有物"、"房地产"等，是一个较为广义的范畴。也就是说，广义的"物业"与"房地产"、"不动产"具有相同的含义，只是在不同的地区或场合，习惯使用不同的概念。在一些房地产书籍中，大都指出物业是我国香港和内地南方等地对房地产或不动产的称呼。

　　在我国香港的法律中，对物业作了进一步规定：物业是单元性房地产。一个住宅单元是一个物业；一间工厂楼宇是一个物业；一个农场也是一个物业。物业不仅可大可小，而且一个大物业还可以分割成许多小物业。大体来说，在论述经济关系或经济运行时，大都使用房地产的概念；在论述房地产法律关系时，大都使用不动产的概念；在论述对使用中的房地产进行管理和提供服务时，则大都使用了物业的概念。但是，不管在什么场合，使用哪一个概念，物业、房地产、不动产本质上都是指土地与土地上的建筑物和构筑物，以及在这些物质客体上建立的权利或产权关系。

　　目前所说的"物业"，则是物业的一种狭义范畴。一般认为，物业是指已建

成并投入使用的各类房屋及与之相配套的设备、设施和相关场地。

2. 物业的物质构成

物业管理中的物业,在物质构成上主要包括以下的物质客体:

1) 房屋等建筑物坐落的地基或基地。

2) 地上建筑物,即具有使用功能的各类房屋及相关建筑,包括房屋建筑及附属设施等。

3) 配套设备,即与这些房屋相配套的专用机械、电气等设备。如电梯、备用电源等。

4) 配套设施,即与这些房屋相配套的公用管、线、路。如上下水管、消防、强电(供变电)、弱电(通信、信号网络等)、路灯,以及室外公建设施(如幼儿园、医院)等。

5) 其他场地,是指开发待建或露天堆放货物的场地,包括建筑地块、庭院、停车场、小区内非主干道路等。

3. 物业的种类

根据使用和管理的不同需要,物业大体可以分为以下类型:

1) 根据物业使用性质的差别,物业可以分为以下类型:

① 居住物业,包括住宅小区、单体住宅楼、公寓、别墅等。

② 办公物业,供有关单位办公使用的物业,一般是写字楼。

③ 商业物业,包括综合楼、购物中心、宾馆酒店、康乐场所等。

④ 工业物业,包括工业厂房、仓库、货场等。

⑤ 其他用途物业。除以上几种物业之外的物业类型,如交通运输、邮政通信、广播电视、医院、学校、体育场馆等。

2) 根据物业所有权性质的不同,物业可以分为以下类型:

① 公有(产权)物业。公有(产权)物业分为国家所有和单位与集体(所有)物业。

② 私有(产权)物业。私有产权的物业,按照私有份额,可以分为完全产权和部分产权物业。

3) 根据建筑物和小区区分所有,物业可以分为以下类型:

① 专有产权物业,又称独有物业;《中华人民共和国物权法》规定,业主对建筑物内的住宅、经营性用房等专有部分享有所有权。

② 共有产权物业,《中华人民共和国物权法》规定,不动产或者动产可以由两个以上单位、个人共有。共有包括按份共有和共同共有。按份共有人对共有的不动产或者动产按照其份额享有所有权。共同共有人对共有的不动产或者动产共同享有所有权。

1.2 物业产权及其权利结构

1. 物业产权及其特点

产权是人对物的权利，是人对物的一种复杂的经济与法律关系。产权是在社会经济发展中，特别是在商品经济、市场经济发展中产生和发展起来的一种权利关系。它具有以下一些特点：

产权是人与物的一种关系。由于是人对物的一种特定权利关系，所以产权是一种物权。

产权具有排他性，即权利人排他地、独立地对物的占有。这是产权的核心或产权最本质的规定。产权的排他性，要求产权的边界必须是清楚的或清晰的。

产权客体必须是有价值的、可占用的。没有使用价值或没有价值，以及不能被它的所有者占有或占用的东西，是不能成为产权客体的。

产权必须经过政府主管权力机构确认。只有这样，所有者或占有者即产权人对产权客体占有才具有法律效力，也才能得到法律的保护。

产权不是绝对的权利。产权要受到社会和国家的约束和调控。也就是说，产权也要服从整个社会发展的需要。

产权是以所有权为基础的。完整的所有权，包括所有权、占有权、使用权、处分权、收益权等权利。产权制度则把占有权、使用权、处分权、收益权等他项权利，从所有权中分离并独立出来。或者说，一旦他项权利，如使用权等，从所有权中分离出来，形成一种独立的权利，所有权也就从广义的所有权或完整的所有权，演变为狭义的所有权。

产权不是单项的权利。产权是包括所有权在内的多项权利的一种集合体或综合体。现代产权理论，把产权中各项权利的综合体，叫做"权利束"。

《中华人民共和国物权法》第三十九条规定，所有权人对自己的不动产或者动产，依法享有占有、使用、收益和处分的权利。

2. 城市土地产权结构

我国是社会主义国家，我国城市土地的国家（全民）所有制和市场经济体制，决定了城市土地产权结构，基本上是由两大部分构成或两种"权利束"构成的，即土地所有者权利束和土地使用者权利束。

城市土地所有者权利束，是以土地所有权为基础形成的权利束。一旦城市土地所有权中的其他权利，如占有、使用、收益、处分的权利，从土地所有权中分离出来，土地所有权也就成为土地产权中的一束权利。比如，土地使用权一旦从土地所有权中分离出来，转让出去，土地所有者权利束，就由最终所有权、最终处分权和最终收益权等构成。

城市土地使用权权利束，是城市土地使用者从城市土地所有者手中取得土地使用权时形成的。目前我国城市土地使用权分为两大类：即划拨土地使用权和出让土地使用权。

划拨土地使用权是国家根据经济社会发展的需要，以行政的方式，即不通过市场，把土地划拨给土地使用者使用。划拨土地使用权主要是由土地占有权和使用权构成的。土地使用者对土地没有经营权，当然也没有收益权和处分权。

出让土地使用权是按照市场的方式，通过城市土地市场，把土地使用权出让给土地使用者的。以出让方式取得的土地使用权，是由占有权、收益权、处分权等权能构成的。也就是说，以出让方式取得的土地使用权，土地使用者同时也就取得了对土地的经营权。

3. 房屋产权结构

房屋的权利束，可以分为自物权与他物权。

房屋所有权或自物权是房屋所有者拥有完整的房屋产权。这些权利属于房屋所有者，具有排他性，所以也叫自物权。房屋所有权的权利束，主要是由四项基本权利构成的。

房屋占有权是房屋所有权人即所有权主体，对房屋排他性的占有，即管理与控制的权利。房屋占有权是其他项权能的基础。

房屋使用权是房屋所有权人即所有权主体，实际利用房屋使用价值的权利。使用权以占有权为前提，又对占有权发挥（实际）效能，即实现使用权的集中表现。

收益权表明主体因前两项权能的存在而取得经济收益的权利。这种收益的根源在于使用权的行使。收益权是占有权、使用权的经济实现形式。

处分权表明主体对房屋在法律上、事实上最终处置的权利，决定着房屋的社会流动、存在状态乃至最终命运。处分权一般由所有人行使，但也可由所有者依法授权，让使用者对房地产行使部分处分权。

在房屋权利束中，他物权是依附于他人所有的物业，对所有权具有一定限制作用的权利，所以也称限制性物权，它主要有用益物权、担保物权及使用经营权等形式。

用益物权是以他人物业的使用与收益为对象设立的物权，是物业所有权的有条件的分割。用益物权有两种情况：其一是通过契约关系取得的用益权，如租赁、典当权；其二是由客观环境形成的用益权，如通行权、外排水地役权等。

担保物权是指与债务关系相连的为承担债务责任而以物业作为担保物设置的权利，主要有抵押权和留置权。

使用经营权是指物业所有权与使用经营权相分离而出现的权利，如房产承租人、承包人使用、经营房产的权利。

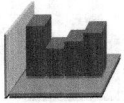

《中华人民共和国物权法》第四十条规定，所有权人有权在自己的不动产或者动产上设立用益物权和担保物权。用益物权人、担保物权人行使权利，不得损害所有权人的权益。

4. 现代物业产权结构

物业或房地产产权结构，可以分为两大基本类型，即土地所有权与房屋所有权结合的物业或房地产产权，以及土地所有权与房屋所有权相分离情况下的物业或房地产所有权。其他物业或房地产产权制度，都可以看做这两种产权制度的发展或变形。

在自己的土地上建筑房屋等建筑物，供自己居住和使用，是典型的土地所有权与房屋所有权的结合形式。这是人类早期社会，物业或房地产最基本的产权形式。随着近现代经济社会的发展，适应商品经济和市场经济的需要，土地和房屋所有权与使用权的分离，成为基本的物业或房地产产权形式，并以这种产权为基础，形成了极其复杂的产权结构或产权制度。

我国是社会主义国家，土地是公有的。我国的土地公有制，由农村土地集体所有制和城市土地全民所有制构成。城市土地全民所有制，采取了国家所有制的形式。在市场经济条件下，城市土地使用者通过城市土地使用权市场取得土地使用权，城市居民通过房地产市场等方式，取得房屋的所有权。

我国房地产所有制的形式，决定了我国物业或房地产的产权结构，必须实行土地和房屋所有权相分离，建立土地使用权与房屋所有权相结合的产权制度。

1.3　建筑物和住宅区区分所有权

1. 区分所有权制度的产生

传统产权理论的基本观点是，一个物业只能存在一个物权。就房地产物业来说，房屋及其占有的土地，构成了一个独立的、完整的物业，但只能设立一个所有权。如果一个所有权存在着两个以上所有者，就形成了共有产权制度。在共有所有权制度下，两个或两个以上的共有人，也只能享有一个所有权，每一个人不能对特定的物或共有部分都享有独立的所有权。由此形成了共有权两个明显的缺陷，即"进入"和"退出"的困难。取得物业时，由于共有人员太多，每个人要求各异，很难达成协议，从而造成"进入"的困难；同时由于个别所有者，很难处理自己享有的物业份额即共有产权中的份额，从而造成"退出"的困难。为了克服一物一权，以及在一物上存在的共有权，根据实践发展的需要，在法律上逐步形成了区分所有权的法律制度。区分所有权是指将某一幢房屋特别是楼房，按照房屋建筑结构，区分为各个独立的单元（单位），每一单元（单位）均构成一个相对独立的所有权客体（独立的物），由此在一幢房屋上成立了两个以上

的所有权。

在实践上，据历史记载，欧洲中世纪已经出现了一个建筑物存在几个独立所有权的情形。12世纪的德国，已经认可了商业性公寓的个人所有权。法国一些地区，在16世纪已经出现了现代公寓式的体制，即一幢建筑区分为独立的居住单元，各单元的所有者，拥有独立的所有权。

在法律方面，19世纪下半叶，《法国民法典》、《意大利民法典》等已经出现了建筑物区分所有权的规定。进入20世纪，1924年比利时、1929年希腊、1935年意大利、1938年法国、美国则于1977年制定了《统一多重所有法》、1980年制定了《统一设计的共有法》、1982年制定了《统一共有权益所有法》分别确立了区分所有权的法律规定。

2007年通过的《中华人民共和国物权法》也确立了区分所有权的法律制度。《中华人民共和国物权法》专门设立一章，即"第六章 业主的建筑物区分所有权"，共分十四条规定了业主对建筑物的区分所有权及业主享受区分所有权的相应权利和义务。

2. 区分所有权的特征

区分所有权是一种比较复杂的所有权形态，它具有以下特征：

权利复合性。区分所有权由专有所有权、共用部分持份权以及成员权三种权利组成，由此构成了权利的复合性。但是在这种复合权利中，以专有权为主导，其他两种权利，持份权或共有权与成员权即管理权，都是随专用部分所有权的取得而取得，随专有权的丧失而丧失。

房屋所有权是他项权利存在的唯一形式。在产权登记时，共有部分的持份权和成员权不需单独登记。这种房屋权利的外观表现，是以专有部分所有权登记证书为标志的。也就是说，其他权利不需要在登记证书上特别加以表明。

权利主体身份的多重性。对自用部分享有的专有所有权，为所有权人；对共用部分享有共同所有权，为共有人；对区分所有的建筑物享有管理权，为成员权人。三种身份以所有权人为主。

建立建筑物区分所有权制度，对于物业产权以及物业经济和管理，特别是在处理共用部分和共同关系方面，具有极其重要的意义。在当前物业管理具体操作中，出现的很多权利纠纷，不仅表现在房屋维修养护以及管理费用分摊方面，也表现在对物业管理许多重大问题的决策权方面。所以，无论是物业管理人员，还是区分所有权人，都应当懂得区分所有权相关产权与法律问题。

3. 建筑物区分所有的类型

根据一幢建筑物切割的方式，理论上将建筑物区分所有权划分为以下三种类型：

（1）纵切型区分所有权　纵切就是从纵向将一幢建筑物区分为相互独立的

部分。一般是除了共用界墙外，每个区分所有权人所有的部分均构成可独立使用的房屋。如最简单的纵切就是毗连的平房，除共用界墙外，每个所有权人均拥有自己的庭院、大门，有各自的基地和屋顶，基本上与独立的房屋一样。

（2）横切型区分所有权　横切就是将一幢建筑物横向地或水平地区分为若干个独立的部分，每个所有权人拥有每一个层面。如将一栋 10 层楼横切，每一层分归 10 个业主所有。但该楼所占用的土地使用权、该楼的楼顶、楼梯等均为 10 个业主共同所有。

（3）混合型区分所有权　混合型区分是指上下纵切、水平横切，区分为独立的套间房屋，分别归不同的主体所有。城市大多数建筑物均按这种方式切割，形成混合型区分所有权。混合型区分所有权不仅涉及上下所有权人的共有关系，而且涉及水平所有权人之间的关系，如每层通道的共同利用等问题。

4. 建筑物区分所有专有部分专有权与共有部分共有权

建筑物区分所有权以后，物业业主或产权人对物业的所有权是由两个部分构成的，即建筑物专有部分的专有权以及共有部分的共有权。

（1）建筑物区分所有专有部分的专有权　根据建筑区分所有权理论，所有权人可以独立支配的建筑空间和设施称为专有部分，归区分所有权人所有。这种专有部分也称自有部分或独有部分。区分所有的专有部分，包括房屋及其附属部分和设施。具体地说，区分所有的专有部分包括自用卧室、客厅、厨房、卫生间、阳台、天井、室内墙面；自用设备，如自用门窗、卫生洁具、各类表具，以及通向总管的供水、排水、燃气管道、电线等设备。也就是说，区分所有权人的专有部分，不仅包括房屋构成的空间，而且包括构成该空间的基地、墙壁和屋顶，即拥有构成完整房屋的四周墙壁、楼顶或屋顶，同时还包括围成的空间。

同时，建筑物区分所有，也改变了独有房屋所有权人所拥有的内容。从另一方面说，区分所有权人专有的房屋实物结构则是不完整的，因为墙壁、屋顶和楼板（地板）都是共用的，因此，形成了区分所有权人对于房屋四壁的不完整性。特别是区分所有权人所专有的房屋由于一般不直接与土地相连接，所以也不能单独拥有土地的使用权。

区分所有人对自用部分或专有部分享有单独所有权，具有自主地行使占有、使用、收益和处分的权利，也可以自主地行使要求他人排除妨害、停止侵害、赔偿损失等权利。

区分所有权人当然享有对专有部分装修、改良和重修的权利，只是他的这些权利受到区分所有权人维持建筑物存在和原状义务的限制。

（2）建筑物区分所有共有部分的共有权　建筑物区分所有共有部分的共有权是指两个以上的公民或者法人对同一财产共同享有所有权。共有与所有权的客体个数无关，而与所有权的主体个数有关。在共有情形下，存在一个所有权和一

个客体(如多元产权建筑物的共用电梯),但存在两个以上的所有权主体。

《中华人民共和国物权法》规定,不动产或者动产可以由两个以上单位、个人共有。共有包括按份共有和共同共有。按份共有人对共有的不动产或者动产按照其份额享有所有权。共同共有人对共有的不动产或者动产共同享有所有权。实际中,区分所有的共有可以分为两方共有、部分共有和全体共有三种形态。如果一个拥有多幢住宅楼的住宅小区,它的每一套房屋都有一个不同的区分所有产权人,则这三种共有形态可以界定为:两方共有,如房屋的地板和楼板、相邻房屋建筑的共用墙体等;部分共有,如某幢住宅楼的共用楼梯(含楼梯间),它是该幢楼全体业主的部分共有财产,其他住宅楼的业主对它不拥有产权;全体共有,如该住宅小区全体业主共有的道路、绿化场地、庭院、基础设施设备等。

当然,区分所有的共有部分还可以划分为法定共用部分和约定共用部分。

法定共用部分,也称性质上、构造上的共用部分,也就是基于建筑物的结构设计、功能或效用,属于整个建筑物存在不可或缺的组成部分,或者是服务整个建筑物的使用部分。法定共用部分须是在构造上或效用上无独立存在的必要,只是为整体物业利用而存在的建筑物、设备等。一般所说的共用部分均指法定共用部分。如建筑物基本构造部分,即楼房基础、内外承重墙体、门厅、户外墙面、楼顶、楼层走廊通道、楼梯、楼梯间、支柱、梁、楼板等;共用设施设备主要是住宅小区或单幢住宅内,建设费用已分摊进入住房销售价格的共用的上下水管道、落水管、水箱、加压水泵、电梯、天线、供电线路、照明、锅炉、暖气线路、煤气线路、消防设施、路灯、沟渠、池、井、非经营性车场车库、公益性文体设施和共用设施设备使用的房屋等;以及共用基地:建筑用地,如基地、绿地、公共道路等。

约定共用部分,主要是基于全体业主的约定,将构造上、利用上具有独立性的建筑物、设施确定为共用部分。通常能够为业主约定而成为共用部分的,大多是建筑物附属物或附属设施,例如,底层供物业管理人员使用的房间等。约定共用部分主要适用于业主共同投资兴建的建筑物,在兴建时即事先约定,建设或预留一定的空间用于共用目的。

《中华人民共和国物权法》规定,业主对建筑物内的住宅、经营性用房等专有部分享有所有权,对专有部分以外的共有部分享有共有和共同管理的权利。业主对其建筑物专有部分享有占有、使用、收益和处分的权利。业主行使权利不得危及建筑物的安全,不得损害其他业主的合法权益。业主对建筑物专有部分以外的共有部分,享有权利,承担义务。共有人按照约定管理共有的不动产或者动产;没有约定或者约定不明确的,各共有人都有管理的权利和义务。业主转让建筑物内的住宅、经营性用房,其对共有部分享有的共有和共同管理的权利一并转让。

5. 居住区区分所有

居住区区分所有是建筑物区分所有的特例。居住区内每幢楼房及其所占用的土地(或土地使用权)是该幢楼所有权人的专有部分,而楼与楼之间的空间地带、绿化地带、道路、球场、娱乐设施等属于共用部分。由此形成专有部分和共有部分相结合的居住区区分所有。

居住区区分所有,基本上有两种类型。

(1) 独立业主为基础的居住区区分所有 在开发商成片开发的情况下,一片别墅群或类似楼宇通常构成一个特定功能生活区,业主们共享草坪、花园、游泳池、球场或其他配套设施。而且因为人们在购买各自别墅时,所有这些共用地段和公共设施均已摊入房价,所以,整个别墅区既有专有部分(别墅的地基、屋顶等),又有共有部分(共用地段和公共设施),构成一种居住区区分所有。

(2) 多层楼宇居住区区分所有 在多层楼宇情况下,每幢楼内的全体业主构成了建筑物区分所有。在特定居住区范围内,若以每幢楼区分所有权人为一个"所有权主体",则每一幢楼所占的基地形成该楼宇的专有部分,而楼宇之间的共用地段和设施形成楼宇之间的共有部分。

居住区区分所有与建筑物区分所有之间的区别主要表现在:居住区区分所有是从土地(使用权)角度加以区分的,建筑物区分所有是从房屋角度加以区分的。也就是两者对所有权的区分对象是不同的。

1.4 区分所有权与物业管理制度

每一个物业,都有一个所有权人。所有权人就是自己物业的业主。业主既是自己物业的所有权人,也是自己物业的管理者。自己管理自己所有的物业,在一般情况下,不需要一种特别的制度安排。

随着经济社会的发展,特别是物业区分所有权制度出现,使物业管理成为必要。因为区分所有权从客体上说,是由自有部分、共有部分以及共用设施等构成的,它们构成了一个物质的整体;从产权上说,它们是由专有权、共有权以及成员权构成的一个复合型所有权。这种复合型的产权结构,决定了专有物业部分无论是使用还是管理,都与共用部位和共用设施的使用和管理不可分割。这是因为,无论是在物质结构上,还是在功能结构上,它们都是紧密地联系在一起的,是不可分的。为了解决区分所有权的物业利用和管理问题,需要建立一种新物业管理制度。这就是说,区分所有权制度,为现代物业管理提供了产权基础或法律基础。

必须指出的是,区分所有权形成的物业管理,实际上是由取得同一个(整体物业)区分所有权的物业业主,行使共同管理自己物业的权利。所以,物业管理

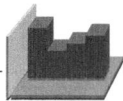

实质上是物业业主自治管理或自主管理。但是，为了实现物业自治管理，业主必须组成业主团体。

当然，业主自治只是解决了业主共同意志形成的问题。由于物业管理涉及一系列管理活动，以及与社会各方面的联系和关系，同时专业物业管理人员还需要具备一系列的素质和专业知识。因此，在现代社会分工深化的情况下，就出现或形成了专门从事物业管理的组织，即专业化的物业服务企业。

在专业化的物业服务企业管理物业的情况下，物业服务企业的管理权力来自物业业主的委托或授权，是物业业主自治管理权的外部表现或社会延伸。有些物业管理人员不清楚自己的管理权利来自业主的管理权，对管理权与其他权利的区分及管理权的具体内容也是模糊不清，结果滥用管理权，侵犯了业主的合法权益却不自知。所以，需要特别强调物业区分所有权以及管理权的详细内容，并促使物业管理人员注意不要在行使一种物业产权权利时忽视甚至侵犯其他物业产权权利。

本 章 小 结

一般认为，物业是指已建成并投入使用的各类房屋及与之相配套的设备、设施和相关场地。广义的"物业"与"房地产"、"不动产"具有相同的含义。根据使用和管理的不同需要，物业可以分为不同的类型。

物业或房地产在物质上是由土地、房屋、配套设备设施及相关场地构成的。土地是可以不依赖房屋而独立地存在的。由此决定物业或房地产产权，是由土地产权与房屋产权相结合构成的。由于我国城市土地是归国家所有的，所以我国物业或房地产产权基本上是由土地使用权与房屋所有权构成的。

在现代条件下，适应居住和建筑社会化的发展，逐步形成了建筑物与居住小区区分所有权的制度。建筑物区分所有权制度，物业产权区分为专用权、共有权和共用权。

居住小区区分所有权，主要是区分土地使用权。居住小区每幢楼的楼基地，属于楼房物业主的专用使用权；居住小区中的公共用地，属于共用使用权。

复习思考题

1. 简述物业的概念与构成。
2. 简述物业产权及其构成。
3. 什么是区分所有？它有哪些特征？
4. 建筑物区分所有权有哪些类型？
5. 居住小区区分所有权有哪些类型？
6. 如何理解区分所有权是物业管理的产权或法律基础？

第 2 章
物业管理的性质、模式与演进

[内容提要]

本章主要介绍物业管理的性质、特点、基本模式以及具体内容，描述现代物业管理的发展过程及发展状况，探讨物业管理未来发展的四个层次。了解并掌握这些物业管理的基本问题，对于掌握全书的内容有着重要的指导意义。

2.1 物业管理的性质、特点与原则

1. 物业管理的性质

《物业管理条例》中的物业管理，是指业主通过选聘物业服务企业，由业主和物业服务企业按照物业服务合同约定，对房屋及配套的设施设备和相关场地进行维修、养护、管理，维护相关区域内的环境卫生和秩序的活动。

在物业管理概念中，业主是指以购买，接受捐赠或继承遗产，以及作为债权人收回被抵押物(房屋)等形式合法取得房屋所有权(产权)的法人或自然人。物业服务企业是指经过主管部门资质审批，并经工商部门注册的专业物业管理单位；物业使用人是指向物业的产权人承租物业使用权或购买(变相购买)物业使用权或部分使用权，并获准的法人或自然人。

现代物业管理具有以下性质：

(1) 物业管理是房地产业的有机组成部分 房地产生产与再生产，必须通过四个环节，即生产、分配、交换和消费。房地产生产，产出了房地产商品或产品；房地产分配和交换，实现了房地产产品的使用价值和价值；房地产消费是房地产生产的最终目的。房地产消费在房地产生产再生产中占有极其重要地位。

物业管理，在本质上是物业业主对自己所属物业的管理权实现形式，但是随着房地产物质客体现代化和社会化的发展，特别是建筑物区分所有权的发展，业主把对物业共用部位和公用设施设备等的管理权，从专用部分的专用管理权中分离出来，交给了专业化的物业服务企业，从而加深了社会分工。由于专业化的物

业管理的出现，使房地产物业管理发展成为房地产经济或房地产业的一个相对独立的经济部门。

（2）物业管理行为是一种市场经营行为　市场经济条件下，物业服务企业接受委托和实施物业管理通常要考虑自身的经济利益，要用市场经济的眼光看待自己的相关行为。比如，接受项目委托前，需要考虑管理的成本与效益是否平衡，能否获得合适的利润；接受项目后，要按合同规定收取物业管理费和其他服务费等。如果相关财务指标不理想，物业服务企业通常是不会接受委托的；即使事先的财务测算指标都很理想，但具体实施管理过程中，如果不能长期收取足够的物业管理费，物业服务企业也将很难进行正常管理运作。

（3）物业管理是一种服务性的行业　作为一种行业，物业管理属于第三产业，是一种服务性行业。房地产业属于第三产业，直接从事或提供房地产经营管理及服务的物业管理，当然也从属于第三产业，即服务业的范畴。也能从物业管理只生产非实物产品——管理和服务来得出这一结论。

同属第三产业，物业管理又具有自己特有的性质，即它是集管理、服务、经营于一体，并寓经营、管理于服务之中的产业。物业管理是基本职能，经营是物业服务企业生存和发展的关键，服务是物业服务企业的宗旨和主要职能。总的来看，服务是主要因素，管理和经营始终要围绕服务而进行。管理、经营、服务三者相互渗透，相互补充，有机联系，融为一体。物业管理寓管理于服务，物业管理的服务贯穿于整个管理和经营中。

明确物业管理的性质，对业主来说，可以正确看待物业管理服务收费等问题；对物业服务企业来说，可以更加准确地进行自身角色的定位；对政府部门来说，则有利于物业管理有关方针、政策的正确制定，以便引导物业管理行业的健康发展，充分发挥物业管理的作用。

2. 物业管理的特点

专业化物业管理企业具有以下一些特点：

（1）社会化管理　业主在物业或消费过程中，涉及房屋维修管理、水电畅通供应、保洁、安全、绿化、环境等问题，由于这些问题分别归属于城市不同的基础设施和市政部门，业主单纯依靠自身的力量难以完成。物业服务企业的出现，将这些分散于城市各类的管理部门的职能集中起来，实行统一管理，既适应了业主生活社会化的要求，又满足了业主对物业保管、维护和使用的要求，从而适应了物业管理和物业消费社会化的要求。

（2）专业化管理　物业建筑物及其设施设备现代化，以及业主生活社会化，要求专业化的管理和服务。物业服务企业，就是适应这种专业化的要求建立和发展起来的。专业化的物业服务企业必须具备一定的执业资质，达到一定的专业标准，拥有相关专业人员和专门的技术，经过专门的作业训练，按照专门的管理措施和程序进行物业管理。专业化的物业管理，并不要求物业服务企业独立承担全部专业化服务职能，专业化本身就意味着物业服务企业应当将一些专业服务职能委托给相应的社会其他专业机构去完成，如专业设备(电梯、空调等)维修公司、保安公司、园林绿化公司、清洁公司等。

(3) 管理机构企业化 承担专业化的物业管理单位或机构，必须拥有自己的资产，能够独立经营，可以自负盈亏，享有民事权利和承担民事责任的具备独立法人资格的企业(单位)。

(4) 管理运行市场化 在市场经济条件下，物业管理必须引入市场竞争机制，按照市场经济规律和方式运行。在物业管理市场上，物业服务企业之间是一种竞争关系；物业服务企业与业主之间实行双向选择；业主与物业服务企业，通过物业管理市场招投标，实现业主与物业服务企业之间的委托与被委托、聘用与被聘用关系；物业服务企业通过物业管理和服务，获取管理利润或服务收益；维持企业的生产和再生产。

(5) 管理法制化 市场经济是法制经济。在市场经济条件下，物业管理活动都必须按照法律、法规和条例运行。也就是说，物业服务企业的设立，要遵守公司法的有关规定；物业服务企业提供的服务，要按照委托合同要求进行；物业服务费用，要按国家有关规定收取等。

为了更清楚地理解物业管理的性质和特点，现将物业管理与传统的房屋管理的区别，通过表 2-1 加以说明。

表 2-1 物业管理与传统房屋管理的区别

方 式 比较内容	物 业 管 理	传统房屋管理
物业权属	多元产权(私有、公有)	单一产权(国有、集体所有)
管理主体	物业服务企业	政府、单位房管部门
管理单位性质	企业	事业或企业性事业单位
管理手段	经济和法律手段	行政手段
管理性质	经营型的有偿管理服务	福利型的无偿、低偿服务
管理观念	为业主、住户服务，以人为本	管住住户，以物为中心
管理费用	收取管理费、服务费等	低租金和大量补贴
管理形式	社会化、专业化统一管理	部门、系统管理与多头分散管理
管理内容	全方位、多层次的管理服务	管房和养房
管理关系	服务与被服务的关系	管理与被管理的关系
管理模式	市场经济管理模式	计划经济管理模式
管理机制	契约、合同制，竞争上岗	行政指令，终身制，无竞争

由表 2-1 可以清楚地看出，传统住房管理是建立在计划经济体制基础之上的，物业管理是建立在市场经济基础上的；传统房屋管理是产权人对自己所有的房屋的管理，物业管理是对物业业主即他人房屋的管理；传统房屋管理主要是通过行政管理方式进行的，物业管理主要是通过经济手段进行的；传统房屋管理主体是政府或单位，物业管理主体是物业业主与物业服务企业。

3. 物业管理原则

为了提高物业管理水平，规范物业管理行为，物业管理必须遵循以下基本原则：

（1）业主主导的原则　业主主导的原则，就是业主在物业管理中处于主导地位。这是由物业的权利结构决定的，是业主对自己的物业实施自治管理的具体表现。业主主导原则，主要是通过业主、业主大会、业主委员会等实现的。

（2）市场化的原则　市场化原则也称公平竞争与经济合理的原则。在市场经济中，业主选聘物业服务企业，主要是通过物业管理市场，在业主和物业服务企业之间，在公开、公平、平等的条件下，通过招投标，签订物业服务合同的方式，确立物业委托管理服务关系的。

（3）专业化管理的原则　专业化管理原则主要表现在以下几个方面：专业管理机构，如专业物业服务企业、专业服务公司等；专业管理人员、相关人员都要通过规范化的培训和考核，取得岗位资格证书；专业化的设备，这是实现专业管理的物质条件；完善的管理制度，这是实现专业化物业管理的软件基础。

物业服务企业的专业化管理，并不意味着所有的专业化管理都由物业服务企业承担。在社会分工存在的条件下，专业化管理往往通过专业服务公司来实现。物业服务企业的主要工作是组织、协调和调控，以便为业主和使用权人提供更好、更专业的服务。

（4）经营原则　物业服务企业通过物业管理，向业主和使用权人提供劳务和服务商品，收取相应的费用，获得盈利，实现经营目标。服务商品的价格，或物业服务收费应当合理、公开，费用与服务水平相适应，费用的数额，应当根据不同物业的性质和特点，以及业主希望享受的服务等因素，由业主与物业服务企业按照有关规定约定。

（5）维持和增加物业价值的原则　物业服务企业通过物业管理，使物业处于完好的状态，在保护物业的使用价值的同时，也保护了物业的价值。不仅如此，优良的物业管理，还能够在延长物业等的使用年限即使用价值时，相应地增加了物业的价值。

2.2　物业管理的模式、内容与环节

1. 物业管理的模式

物业管理的模式是由物业管理主体、物业管理相关机构和物业管理运行机制等构成的一种管理制度。按照我国房产管理体制发展的过程，我国物业管理基本上存在着以下三种模式：

1）计划经济体制下的行政管理模式。这是我国计划经济体制下的物业或房屋管理模式，它的主要特点是产权是国家的，分配是福利性的，管理主要是行政性的。

2）由计划经济体制向市场经济体制过渡过程中行政性的和专业化的管理相结合的模式。这种管理模式是适应由住房制度改革形成的房改房，以及房改后由单位购买或自建的住房，基本上是由单位后勤部门或由单位自己组建的物业管理部门进行管理的模式。

3）业主对物业自治管理模式。这种模式是建立在市场经济、产权多元化、建筑现代化以及生活社会化基础上的自主管理模式。

业主对物业的自治管理，可以由业主建立相应的组织，自己管理自己的物业；也可以委托或授权专业化的物业服务企业或管理机构，代表业主对物业进行管理。在业主自行管理和委托管理中，可以有不同的组织形式，由此产生了各种不同的物业管理类型。

（1）托管型与自管型　这种划分是从业务委托的情况以及物业服务企业是否拥有物业产权的角度考虑的。

托管型又称委托管理型。该类型的物业管理主要是指房地产开发企业将自己开发建成的房屋出售或出租给用户，并委托下属的或社会化的物业服务企业对房屋进行日常的管理，完善其售后服务；或者业主大会将业主所拥有的物业委托给一家社会化的物业服务企业进行的管理。委托管理型物业服务企业一般只有经营管理权，而无物业产权。

自管型又称自主经营型或租赁经营型，是指房地产开发企业建成房屋后并不出售，而交由下属的物业服务企业管理，或专门组建从事租赁经营的物业服务企业，通过收取租金收回投资。提供自管型物业管理的物业服务企业一般不仅拥有经营管理权而且拥有产权；不仅具有维护性管理的职能，而且可出租经营所管物业，这实质上是房地产开发的延续。通过物业的出租经营达到为开发公司收回项目投资和获取长期、稳定利润的目的。

（2）直接管理型与顾问管理型　该类型是从发展商与物业服务企业合作的角度来划分的。按照这种划分标准，可把物业管理分为直接管理和顾问管理两种

类型。直接管理型中又可分为三类:"雇佣型"、"管家型"和"合作型"。顾问管理型又叫咨询型管理,即专业物业顾问管理公司为发展商的物业制订全盘管理计划、管理制度及预算,提供管理软件等。顾问方式可派人常驻大厦及不派人驻大厦两类。该方法费用较为低廉。其实质是发展商与物业服务企业的一种妥协。

(3) 包干型与成本加利润型　从物业服务企业接管楼盘的财务渠道划分,可把物业管理划分为包干型物业管理和成本加利润型物业管理。包干型管理也即大业主(发展商)或小业主(购房者)按合同契约,或按政府有关部门规定的费用,或指导价格付给物业服务企业一定费用(一般按每平方米计价或每套房屋来计),由物业服务企业承包,亏损和盈利都由物业服务企业来承担或享有,此类属"包干型"。另一类则是成本加利润的管理,即物业服务企业所有的成本开支都须经大业主审定,然后由大业主再按比例付给物业服务企业一定的酬金,即利润。一般来说这个比例不超过15%,通常在5%~15%。

(4) 管理型、实务型及半管理半实务型　按经营形态的不同,可把物业管理划分为管理型、实务型、半管理半实物型三类。

管理型物业管理主要进行产权产籍管理、物业的产权经营、中介服务和房地产经纪等,也包括对物业的档案资料管理。而具体的实务管理操作,如清洁、安保、维修、养护和公共服务,是以分包和与专业公司合同工、钟点工挂钩的服务形式分解的。但这类管理类型的物业服务企业,必须对专业公司的服务进行监督、检查和考核。

实务型一般是以专业公司的形式出现的。如保安公司、绿化公司、清扫保洁公司、房屋维修公司、机电设备保养维修公司等。它们以开展物业专业服务管理为业务,工种齐全,服务质量比较高,通过接受物业服务企业的分包来取得管理业务。

半管理半实务型管理模式的优点在于优势互补。它一方面可以充分发挥自己的长处,另一方面则又可以充分利用别人的优势,取长补短,优化管理组合要素,达到最佳管理效果。

除上述几种分类方法之外,还可根据引进物业管理的国家与地区的不同来划分。利用该方法,可把物业管理分为日式管理、港式管理、美式管理以及巴西式管理等。其中,日式物业管理模式具有严谨、规范的特点;美式物业管理的特点是高档,不惜代价;港式物业管理的特点是一丝不苟,处处精打细算,但又不落俗套;巴西物业管理较之以上模式,也有自己的特色,主要是采取公寓式的物业管理,人员少、分工明确、管理井井有条。

2. 物业管理的内容

物业管理涉及经营与管理两大方面,包含服务与发展两大部分,涉及的工作内容比较繁琐复杂。就住宅小区管理而言,归纳起来,按服务的性质和提供的方式，可把物业管理的基本内容分为常规性的公共服务、针对性的专项服务和委托性的特约服务三大类。

（1）公共服务　公共服务是物业服务企业直接针对物业和所有业主的各项具体管理与服务，是最基本的公共性管理和服务，该项服务的有关内容通常在合同中明确规定，使用人都可以享受，无需个别事先约定。公共服务费用通常按照合同的规定统一收取。

公共服务的基本内容包括：

房屋建筑主体的管理，主要内容包括房屋建筑主体的质量管理及维修施工管理。

房屋设备、设施的管理，主要包括给水排水管理、电梯管理和供电管理三个部分。

环境卫生、绿化的管理服务。

物业管理区域内公共秩序、消防、交通等协助管理事项的服务。

物业装饰装修管理服务，如对装饰装修单位资格的管理、装饰装修行为的管理。

物业档案资料的管理，如业主入住、产权产籍、日常管理文件等的管理。

维修资金的使用管理，在维修资金的具体使用中加强管理。

社区管理与服务。主要是协助街道办、居委会（家委会）进行社区精神文明建设等管理活动。如：组织和开展各种各样的活动，包括义务植树、义务清洁活动等。

（2）专项服务　专项服务是为了满足一些业主、用户群体和单位的一定需要而提供的代理业务服务。专项服务通常都事先设立服务项目，并将服务内容与质量、收费标准公布，当业主、使用人需要这种服务时，可自行选择。费用在公共服务费外独立收取。

专项服务的一般内容包括：

衣着方面的服务。如洗衣（尤其是干洗）服务；制衣、补衣服务等。

饮食方面的服务。如快餐盒饭制作、送餐服务；音乐茶坊；燃料供应及代送服务等。

居住方面的服务。如房屋看管；房屋装修；房屋清洁；搬家服务等。

行旅方面的服务。如单车出租；组织旅游等。

娱乐方面的服务。如美容美发服务；组建棋牌社、读书社、桥牌俱乐部、影视歌舞厅、健身房、游泳池、网球场等并提供服务等。

购物方面的服务。如果菜供应服务；设立小商店，供应日用百货等。

其他方面的服务：如绿化工程服务；代订代送牛奶、代送报纸杂志、代送病人就医、送药、代住户搞室内卫生、洗衣物、代雇保姆、代定购车船机票等

服务。

(3) 特约服务 特约服务是一种在物业服务合同中没有要求、物业服务企业在专项服务中也未设立，而是应个别业主与使用人的要求，为满足个别业主和使用人的特殊需要而单独提供的服务。特约服务的具体内容由供需双方特别约定，费用也由双方根据市场情况来协商决定，政府不作规定。

考虑住宅小区以外的办公、商业物业，如写字楼、商场、酒店等，则物业管理的内容还应该涉及物业的市场营销与租赁经营管理，包括为租赁经营的实现而进行的广告宣传与市场推广，以及实际进行的租赁经营活动等。当然，住宅小区物业管理也有租赁经营的问题，只是没有这些商业物业管理中的租赁经营问题突出而已。

不难看出，公共服务是物业管理的根本，专项服务与特约服务是物业管理的扩展和方便住户的保证。作为完整的物业管理服务，上述三者是不可或缺的。物业服务企业应针对小区或大厦的实际情况，找出符合实际的管理办法，并把它们有机地结合起来，以保证提供切合社区实际的物业管理服务。

3. 物业管理的基本环节

根据在房地产开发、建设和使用过程中的地位、作用、特点及工作内容的不同，就单个物业服务企业来说，可以把物业管理工作划分为四个基本环节：物业管理的前期阶段；物业管理的启动阶段；物业管理的日常运作阶段以及物业管理的撤管阶段。

(1) 物业管理的前期阶段 物业管理前期阶段具体包括：

1) 物业管理招标与投标。对房地产开发商和已成立的业主大会、业主委员会来说，首先需要进行物业管理的招标，选聘合适的物业服务企业，然后才可能有具体的物业管理；对物业服务企业来讲，则首先需要参加物业管理的投标，取得项目的物业管理权以后，才能做好物业管理的准备并在适当的时候开始具体的物业管理工作。

2) 物业管理机构设置与人员安排。就某一个物业项目而言，物业服务企业可能需要另行组建新的物业管理机构或物业管理处，通过这个机构来具体实施物业管理项目的管理。当然，在物业正式接管前，只需要组织成立管理层，临近物业正式接管时，再考虑安排作业层人员到位。

3) 规章制度的制定。规章制度是物业服务企业进行物业管理的依据，也是物业管理能否顺利进行的保证。规章制度一般包括内部管理制度和外部管理制度两个方面。内部管理制度中，最基本的制度就是员工管理办法。外部管理制度是针对物业服务企业内部来说的，其主要内容有管理规约、住户手册、各项守则与管理规定等。

4) 早期介入管理。早期介入管理的主要内容包括物业服务企业对早期介入

的准备以及在规划设计、施工监理、设备安装以及租售代理等阶段的介入与管理。早期介入不是整个物业服务企业的全体介入，而是物业服务企业或者物业管理处的负责人与技术人员的参与。

（2）物业管理的启动阶段 物业管理的全面启动以物业的接管验收为标志，从物业的接管验收开始到业主委员会的成立，具体包括以下四个基本环节：

1）接管验收。接管验收是直接关系到物业管理工作能否正常顺利开展的重要环节，它包括新建物业的接管验收和原有物业的接管验收，接管验收的完成，标志着新的物业管理工作全面开始，也标志着物业管理进入全面启动阶段。

2）入伙管理。入伙即入住或迁入。入伙管理是物业服务企业与服务对象的首次正式接触，在入伙管理中，物业服务企业需要与住户签订前期服务协议以及管理规约，以保证以后的物业管理工作能够顺利进行。

3）产权备案与档案资料的建立。产权备案的目的：①准确界定每个产权人拥有产权的范围与比例，以维护其合法权益。②保证物业管理的收费能够及时、合理地得到实施，维护物业服务企业自身的权利。实施产权备案是物业服务企业必须要做而且一定要做好的工作。另外，产权备案也是建立业主或租户档案的基础。物业服务企业还需要建立物业本身的资料。通过档案资料的建立，帮助物业服务企业顺利实施物业管理。

4）首次业主大会的召开和业主委员会的成立。当具备一定条件后，物业区域应适时召开首次业主大会，制定和通过有关文件，选举产生业主委员会。在这个过程中，物业服务企业可以帮助政府部门、业主大会筹备小组等开展相关的宣传组织工作。

（3）物业管理的日常运作阶段 物业管理的日常运作包括日常的管理服务以及物业管理运作系统的协调两个方面。其中，系统的协调，就是物业服务企业与业主、业主大会、业主委员会、开发商、政府主管部门、政府相关职能部门以及有关媒体之间关系的处理。

（4）物业管理的撤管阶段 物业服务合同期满或提前结束，物业服务企业应本着对自己客户负责的精神，严格遵守职业道德规范的要求，积极认真地做好撤管工作，包括整理全部档案资料，清理账目，做好有关物业移交前的各项准备工作。在新的物业服务企业前来接管时，全面移交，然后撤离该物业管理区域。

2.3 物业管理的兴起与发展历程

1. 英美两国及我国香港地区物业管理的产生与发展

（1）英美两国物业管理的产生与发展 物业管理作为一种房地产管理的模式起源于 19 世纪 60 年代的英国。当时英国正处于一个工业发展高涨的阶段，大

量农村人口涌入城市，造成城市房屋的空前紧张，一些开发商相继修建了一批简易住宅并廉价出租给工人家庭使用。由于住宅设施简陋，环境条件差，人为破坏房屋设备、设施的现象时有发生，工人们也经常拖欠租金，业主的经济收益难以得到保障。这种情况下，一位名叫奥克维娅·希尔(Octavia Hill)的女士为其名下出租的物业制定一套行之有效的管理措施，要求承租者严格遵守。至此，不仅自己的收益得到保证，而且住户也比较满意。希尔的做法引起了英国政府的重视，并很快在英国推广。这样，一种新型的物业管理模式就诞生了。目前，英国国内不但普遍推行物业管理，而且成立了英国皇家物业经理学会，会员已遍布世界各地。

物业管理虽然起源于英国，但不少人却认为，真正意义上的现代物业管理模式形成于 19 世纪末期的美国。19 世纪末，美国经济正处于迅速发展时期，伴随着建筑技术的不断进步，一幢幢高楼大厦拔地而起。这种情况下，大厦管理问题越来越突出。于是专业物业管理机构就开始出现并迅速增加，物业管理的行业组织也逐渐形成。

1908 年，世界第一个物业管理组织——芝加哥建筑物管理人员组织(Chicago Building Managers Organization, CBMO)成立。随后三年中，CBMO 先后在底特律、华盛顿和克利夫兰举行了年会，由此推动了第一个全国性业主组织——"建筑物业主组织"(Building Owners Organization, BOO)的成立。CBMO 和 BOO 的成立及其积极的工作，推动了美国物业管理的发展。在这两个组织的基础上，美国又成立了"建筑物业主与管理人员协会"(Building Owners Organization and Managers Association, BOMA)。它是一个地方性和区域性组织的全国联盟，代表在物业管理过程中业主和房东的利益。

目前，美国已成立房地产经纪人协会物业管理分会，它有 100 多个地方分会。注册物业管理师约有 15000 名。在上述组织和物业管理师的影响和推动下，美国物业管理已走到了世界的前列。

(2) 我国香港地区物业管理的兴起与发展 我国香港的物业管理源自英国。从发展的角度来看，始于第二次世界大战后的 20 世纪 50 年代。第二次世界大战前，香港人口不足 100 万，其社会经济发展和城市建设还比不上广州、上海，很少有高楼大厦，即便是最豪华的"洋楼"，也只有三四层，整幢楼房的业权仅属一个业主所有，因而楼宇屋村管理的概念尚未形成。

第二次世界大战后，一方面由于遭到战火摧残，房屋残破短缺；另一方面，又有大量内地人口(主要是劳工)涌入港岛，香港人口剧增。到 1947 年，已增至 180 万，1951 年达 200 万。急剧增长的人口需要提供大批量的住所，于是一些大型楼宇应运而生，拥有百个以上单元的大型楼宇相继推出，并由发展商分层、分单元地出租或出售。人口密集、业权分散的情况带来了治安等各种问题。一些大楼开始聘用"看更"为居民服务，这就出现了楼宇管理的萌芽。

1953 年圣诞之夜，香港石硖尾木屋区发生特大火灾，50000 多人无家可归，形成了严重的社会问题。这就使香港政府酝酿产生"公共房屋计划"，并组织建设了一批批住宅、楼宇。同时，为筹划和管理好这些公共楼宇和屋村，政府特地从英国聘来了房屋经理，至此，专业性物业管理的概念和方法才正式引入香港。1966 年，香港从业人员成立了英国皇家物业经理学会香港分会。

同时，香港政府也注意发挥住户和业主自我管理、民主管理的作用。1970 年，制定了《多层建筑物(业主法团)条例》，使楼宇和屋村的管理更加完善起来。

进入 20 世纪 80 年代，香港政府倡导"良好大厦管理"，鼓励大厦小业主积极参与大厦的日常管理事务，使管理服务更具活力、更加蓬勃发展。在这期间，成立了"私人大厦管理咨询委员会"和"香港物业服务企业协会"(1989 年)。这些组织的建立，使香港物业管理更加全面、深入，更具有群众基础和权威性，因而成为人们公认的提高管理水平和服务质量的里程碑。

2. 我国内地物业管理的产生与发展

现代意义的物业管理在我国内地起步较晚，它是随着改革开放不断深化，市场经济日趋活跃，城市建设事业的迅猛发展，以及房地产综合开发、住房商品化的发展而产生和发展的。

我国内地最早开始物业管理模式探索与尝试的城市，是当时被列为沿海开放城市和经济特区的深圳和广州。1981 年 3 月 10 日，深圳市第一家涉外商品房管理的专业公司——深圳市物业管理公司正式成立。它的成立，标志着我国内地物业管理迈出了第一步，也宣告了这一新兴行业在我国内地的诞生。其后，1986年广州东华物业服务企业成立。这些公司成立了经济独立核算、自负盈亏的运行机制，实现了房屋管理由政府派出机构实行行政管理向企业经营性管理的转变。深圳、广州物业服务企业的成立与成功运作为我国住宅小区管理提供了值得借鉴的经验。

自 1981 年我国内地开始物业管理以来，至今已有 20 多年。在这 20 多年里，物业管理发展相当迅速：从南到北，从沿海到内地，从大城市到中小城市，从部分地区到整个国家，从探索性的管理到市场化的招投标，从新小区到旧小区，从住宅区到其他各类物业等。如今，我国内地物业管理已取得了较大的成绩：

从业人员及物业管理覆盖面发展迅速。目前，我国物业服务企业总数超过 2 万家，从业人员二三百万人，经济发达城市的物业管理覆盖面已达 50% 以上，深圳等城市已经超过 95%。全国物业管理实现年产值几百亿元。

成立了物业管理行业管理协会。在市场经济条件下，每一个行业都应有自律组织，物业服务企业同样也需要建立自己的行业协会组织。2000 年 10 月 15 日，中国物业管理协会在北京正式成立。深圳、上海、北京等地也均成立了地方性物

业管理协会。目前，在政府的大力支持下，物业管理已经步入一个快速发展的时期。

物业管理的整体管理水平越来越向国际靠近。这表现为越来越多的物业服务企业积极与国际惯例接轨，建立 ISO9002 服务质量保证体系，力争获得国际认证，拿到进军国际市场的通行证。如北京的恩济花园物业服务企业、万通物业服务企业、燕侨物业服务企业等数家物业服务企业均已获得认证。

物业管理市场化程度逐步提高，物业管理招投标已成为一种潮流。1999 年 5 月在深圳召开的第三次全国物业管理工作会议上，建设部有关领导就指出，要"推行招投标机制，引导扶植规范化经营，大力推进物业管理市场化进程。"在这次会议精神的指导下，全国各地纷纷开展物业管理招投标活动。招投标已经成为物业管理行业发展的一种潮流。

我国内地物业管理之所以能够取得一些成绩，是因为其良好的发展环境，这些环境主要包括：法律环境、经济环境、社会环境以及科技环境。

法律环境。目前我国物业管理的政策法规已形成了初步的框架体系，已颁布的主要法律法规有：《物权法》(2007)、《物业管理条例》(2003 年颁布,2007 年修订)、《城市新建小区管理办法》(1994)、《房屋接管验收标准》、《城市住宅小区物业管理服务收费暂行办法》(1996)、《物业服务合同示范文本》(1997 年)、《物业服务企业财务管理规定》(1998 年)、《住宅专项维修资金管理办法》(2007 年)、《物业承接查验办法》(2010 年)等。

经济环境。近年来，我国经济一直持续稳定发展，城市居民可支配收入逐步增加。随着生活水平的提高，越来越多的人拥有了自己的物业，房屋保值、增值的观念快速树立，物业管理体系的完善与否正成为人们选购住宅的重要考虑因素。物业管理为越来越多的人所接受，也为越来越多的城市居民所重视。同时，我国经济的发展也大大促进了商场、写字楼、酒店等物业的开发建设，一些功能性的物业，例如，老龄住宅、休闲住宅以及商务公寓等也相继出现。这些物业的开发建成为我国物业管理提供了广阔的发展空间。

社会环境。随着人们物质基础的不断增强，社会的不断进步，居民的整体素质也在不断提高。消费者和物业管理人员群体素质和教育水平的提高，使其对法律、法规、行业规范有了更准确的认识，物业管理在物业管理需求者和提供者之间更容易达成一致，从而为物业管理的成功实施提供了有力保障。而且，消费者的消费权益意识的增强，也使得物业服务企业在供求双方的双向选择中不断提高自己的适应能力和服务水平。整个社会物业管理软环境将不断得到改善，将有更多的物业纳入到物业管理中来，最终物业管理将广泛地进入全社会各个不同的角落，成为整个社会不可或缺的一部分。

科技环境。过去的物业，只是相对简单的"钢筋混凝土"，配套设施、设备

的科技含量都不高，管理维护的要求也不高。随着现代建筑技术，信息网络技术，建筑材料等的发展，以及未来可能产生的各种新技术，为建设更适合人们需要的各类智能化物业提供了更大的可能性；同时，国际互联网、电子商务等新技术革命和物业智能化的飞速发展，都对物业服务企业提出了新的挑战，促使物业服务企业从劳动密集型向知识密集型转变，从简单的人力管理维护发展到应用高新技术实施物业管理，这些都为物业管理的进一步发展带来了新的机遇。

3. 我国物业管理未来发展的四个层次

从国外物业管理发展的情况来看，我国物业管理的未来发展将从目前的"物业管理"发展到"物业设施管理"、"物业资产管理"以至"房地产组合投资管理"四个层次。

（1）物业管理　"物业管理"是最基本的阶段，其核心工作是对物业进行日常的维护与维修，并向入住的客户或业主提供服务，以保障其始终处在正常的运行状态。

物业管理者关注的重点是购买住宅的业主是否对其生活环境感到满意，或者是租用建筑物的承租人是否对其工作、经营环境感到满意，并希望继续租用该物业。所以，物业管理工作中的每一部分工作，都是以满足及顺应已有业主或当前及潜在承租人的需要为中心。

（2）物业设施管理　物业设施管理是物业管理发展到一定阶段，并逐步专业化的结果，可以把它看成是物业管理的一个重要方面。物业设施管理的主要功能是通过对人和工作环境的协调，为某一机构创造一个良好的办公环境。新技术的发展与应用、环境意识的增强以及对健康的日益关注，导致了人们对物业设施管理专业服务需求的日益增加。

物业设施管理的传统服务主要集中在设施，如电梯、空调的运行管理与维护方面，目前物业设施管理的服务已经扩展到了为写字楼内的雇员提供一个安全、有效的工作环境。例如，设施管理人员要负责保持写字楼或商场内良好的空气质量，为楼宇更新安全控制系统等。

物业设施管理的具体内容通常包括：制订长期财务计划和年度财务计划，设备更新财务预测，为业主提供购买和处置房地产资产的建议，室内布局和空间规划，建筑设计和工程规划，建造和维修工程，设施维护和运营管理，电信整合、安全和综合管理服务，信息管理与设施管理报告等。

（3）物业资产管理　简单地说，物业资产管理就是把物业作为资产来进行管理，它包括物业设施管理和物业管理两个方面，但又不是两者的简单组合，而是一项涉及范围比这两个方面大得多的更高层次的工作。资产管理公司通常聘请若干物业服务企业和设施管理公司为其提供服务。资产管理经理领导物业管理经理和物业设施管理经理，监督考核他们的管理绩效，指导他们制定物业管理、设

施管理的策略计划，以满足组合投资管理者对资产价值最大化的要求。通常所说的公司物业资产管理（Corporate Real Estate Management）以及不良物业资产管理（Non-performance Property Assets Management）等都是物业管理资产管理的形式。

资产管理的主要工作包括：制订物业管理策略计划；根据对物业市场现状、趋势、周期循环、波动等的分析结果来进行物业持有或出售决策；检讨物业重新定位的机会；审批主要费用支出；监控物业运行绩效；根据物业在同类物业竞争市场上的表现管理并评估物业服务企业的工作；协调物业服务企业与租客的关系；定期进行资产的投资分析和运营状况分析，并找出问题和及时提出改进措施。

（4）房地产组合投资管理　房地产组合投资管理（Real Estate Portfolio Management，Globalization）是最高层次的一项管理工作，所涉及的范围更广泛，包括确定业主的投资目标，评估资产管理公司的表现，审批资产管理公司提出的物业更新改造计划以保持资产的良好运行状态和市场竞争力，管理资产以实现组合投资收益的最大化，就新购置物业或处置物业作出决策等。

房地产组合投资管理的主要工作包括：与投资者沟通并制订组合投资的目标和投资准则，制订并执行组合投资策略，设计和调整房地产资产的资本结构，负责策略资产的配置和衍生工具的应用，监督物业购买、处置、资产管理和再投资决策，评估组合投资绩效，向客户报告和进行现金管理等。

一般来说，对于居住物业，物业管理就是物业资产管理和组合投资管理的全部内容；但对于收益性物业或大型非房地产公司拥有的自用物业，除物业管理外，还要进行相应的资产管理和组合投资管理工作。此时的物业管理除进行物业的日常管理外，还要执行资产管理确定的战略方针，以满足组合投资管理的目标。

本　章　小　结

物业管理是随着经济社会发展，特别是房地产或物业使用与消费社会化、物业产权多元化、建筑物区分所有权制度的建立而发展起来的一种房地产管理方式。

物业管理的本质或性质，是物业业主的自治管理。现代化的物业管理，本质上是业主把自治管理权委托给专业化的物业管理的一种形式（方式）。现代化的物业管理具有社会化、专业化、经营型、市场化、法制化等特点。

物业管理的性质，决定了物业管理存在着两种基本模式，即业主自己管理，以及业主把物业委托给专业化的物业服务企业管理。物业管理的基本内容，大体可分为基本的公共服务与管理、专项服务以及特约服务三个方面。

现代化的物业管理在世界上已经存在和发展了近百年，在国外这种房地产管

理模式已经非常成熟。我国专业化的物业管理模式是随着房地产市场经济的发展、住房制度改革与产权多元化，以及住宅小区建设和发展逐步发展起来的。目前，物业管理已经成为我国房地产管理的基本方式。在满足业主与使用权人的居住生活、提高物业管理水平等方面都发挥了重要的作用。

随着社会经济的进一步发展以及与国外物业管理的不断交流，我国物业管理的未来发展将从目前的"物业管理"发展到"物业设施管理"、"物业资产管理"以至"房地产组合投资管理"四个层次。

复习思考题

1. 如何理解物业管理的性质？
2. 简述物业管理的特点。
3. 什么是物业管理？它与传统房屋管理有什么区别？
4. 物业管理应当遵循哪些基本原则？
5. 我国目前物业管理有哪些模式？
6. 简述物业管理的内容。
7. 物业管理的基本环节包括哪些具体方面？
8. 简述我国内地物业管理的产生与发展。
9. 简述我国物业管理未来发展的四个层次。

第2篇 物业管理主体与物业管理市场

这一篇是由第3、4、5共三章构成的。第3、4章介绍物业管理的主体，或物业管理市场的主体，第5章介绍物业管理市场，以及通过物业管理市场确立的物业管理关系。

物业管理，本质上就是业主自治管理。业主自治管理，主要是通过业主自治管理组织和业主自治管理规范两个方面实现的。业主自治组织包括业主大会与业主委员会，业主自治规范主要表现为管理规约。因此第3章主要概述物业业主和物业使用人的权利和义务；业主大会和业主委员会的性质、组建及职责；管理规约的性质、制定和内容。这也是业主自治管理，即业主自治管理组织与业主自治规范的主要内容。

物业服务企业是专门从事物业管理的专业机构或组织，是物业管理市场的又一主体。第4章主要介绍物业服务企业的性质；物业服务企业在物业管理中的权利和义务；物业服务企业的组建条件、组建程序；物业管理服务企业资质的认定以及物业管理服务企业自身的组织和管理。

第5章主要介绍物业管理市场、物业管理招标与投标的程序与具体内容；招标文件和投标书的构成；通过签订物业服务合同，不仅在法律上确定了物业管理委托关系，而且也规定管理服务的具体内容。物业服务合同是物业服务企业进行物业管理的依据。

第 3 章

物业业主与业主自治管理

[内容提要]

　　物业管理本质上就是业主自治管理。业主自治管理主要是通过业主自治管理组织和业主自治管理规范两方面实现的。业主自治组织包括业主大会与业主委员会，业主自治规范主要表现为管理规约。本章主要介绍物业业主和物业使用人的权利和义务；业主大会和业主委员会的性质、组建及职责；管理规约的性质、制定和内容。学习本章，需要着重了解业主自治管理，即业主自治管理组织与业主自治规范的有关内容。

3.1　物业业主及其权利义务

1. 物业业主与物业使用人

　　根据《物业管理条例》的规定，业主是指房屋的所有权人。也就是说，业主是房屋或区分所有权物业所有人。在法律上，业主就是在城市房屋土地管理机关登记注册，拥有某房屋或某建筑物区分所有权的所有者。对于期房买卖合约的买方，严格来说，只有等到所购物业进行契证登记后，才能成为法律上的业主。但一般情况下，如果有经过政府房地产管理部门监证及公证机关公证的房地产预售合同或买卖合同的买主，也可视为业主。物业业主既是业主个体自治法律关系的基本主体，又是业主团体自治法律关系的构成主体。

　　在我国，由于市场经济体制的建立，按照不同的分类标准，业主大体上可以分为以下几种类型。

　　（1）按照自然人与非自然人的标准，业主可以分为自然人业主和非自然人业主　自然人业主是拥有物业所有权的自然人。凡是自然人以外拥有物业所有权的业主，包括法人与非法人组织，都属于非自然人业主。

　　无论是自然人业主还是非自然人业主，在物业管理法律关系中的地位都是平等的。但是在某些场合，在物业管理中行使的权利与承担的义务也存在着一定的

区别。如有的地方物业管理条例规定：普通住宅房屋实行一户一票；其他物业按照其拥有物业的建筑面积计算，从而也就使业主投票的权数形成了差别或不同的情形。

（2）按照房屋所有权主体性质的不同，可以把业主划分为公房业主与私房业主　公房业主是由国家（及其授权经营管理公房的部门或单位）和集体单位构成的；私房业主是由个人所有、数人共用的自用或出租的住宅和非住宅用房的所有人构成的。广义的私房业主，就是享有房屋所有权的"私人"，包括自然人，非国家机关性质的法人和其他组织。

（3）按照物业产权的不同性质，业主可以分为单独拥有物业的业主或独立产权的业主，与他人共同拥有物业的共有产权的业主，以及区分所有权的业主　在一般情况下，如果房屋产权证上只有一个所有人的名字，这个所有人就是独立产权的业主；如果房屋产权证上有两个所有人的名字，这两个人就是共有产权的业主。在现实生活中，绝大部分住宅都由家庭拥有，作为夫妻共有的住宅物业是最普遍的。如果夫妻之间没有特别的约定，无论房屋产权证书上的所有人是谁，该房屋都属于夫妻共有财产。在物业管理运作过程中，夫妻之间可以互相代理参加应由业主参加的业主大会等活动，行使由业主行使的权利，履行由业主承担的义务，除了处理与物业所有权有关的重大事项之外，不需其他特别授权。区分所有权业主，既有专有部分的所有权，又有共有部分的共同所有权。由于共同所有权是附属专有权的，所以仍然可以归结为独立所有与共同所有的两种情况。

物业在实际使用过程中，除了业主之外，还可能涉及使用人。前面已经提到，物业使用人是指向物业的产权人承租物业使用权或购买（变相购买）物业使用权或部分使用权，并获准的法人或自然人。在我国目前情况下，物业使用权人大体上可以分为两种类型：一种是按照市场方式，通过租赁关系取得房屋使用权的承租人；另一种是在住房制度改革过程中，通过公房租赁关系取得房屋使用权的承租人。由于两种房屋租赁关系存在着不同的情况，这就决定了相应的使用人在物业管理中的地位也存在着一定的差别。

通过房屋租赁市场取得房屋使用权的承租人，按照租赁合同规定，承租人一般不参与物业管理活动，仍然是由房屋所有权人参与物业管理，享有物业管理权利，承担物业管理义务。但是，承租人必须遵守物业管理的各项规定。《物业管理条例》第四十八条明确指出，物业使用人在物业管理活动中的权利、义务由业主和物业使用人双方约定，但不得违反法律、法规和管理规约的有关规定。物业使用人违反本条例和管理规约的规定，有关业主应当承担连带责任。这就是说，通过租赁合同，可以委托承租人代表业主参加物业管理，行使合同明示或暗示委托承租人行使的权利。所以，根据法律规定，参加物业管理的承租人如无法律上的相反规定或者不宜由非业主使用人进行表决的事项之外，在业主大会中承租人的发言权和表决权，都是与业主相同的。

公房承租，基本上是在计划经济体制下形成的，在住房制度改革过程中延续下来的一种住房制度，或者说也是当前住房制度中的一种住房保障形式。1995年建设部发布的《城市房屋租赁管理办法》中，规定了房屋租赁当事人的权利和义务。许多地方物业管理法规进一步规定了公房承租人在物业管理中的地位。如有的地方规定：住宅区业主委员会是在房地产行政主管部门指导下、由住宅区内房地产产权人和使用人选举的代表组成的、维护住宅区内房地产产权人和使用人合法权益的群众自治组织。在这里，公房承租人以业主身份参加物业管理的必要前提，是承租人承租的公房纳入了物业管理体制，并由公房承租人支付物业管理费用。如果承租人承租的公房仍然实行旧的行政管理，管理费用仍由公房所有权单位统一支付，在物业管理活动中，只能由房屋所有权单位行使业主的管理权。

2. 业主的权利

物业管理是为了维护全体业主的利益而产生的。《物业管理条例》第六条规定，业主在物业管理活动中享有下列权利：

（1）按照物业服务合同的约定，接受物业服务企业提供的服务　物业服务合同是业主或者业主选举出来的业主委员会，与业主大会选聘的物业服务企业之间签订的委托物业服务企业对物业进行综合管理的法律文件。因此，按照物业服务合同的约定，接受物业服务企业提供服务的权利，就是业主享有的最基本的权利。

（2）提议召开业主大会会议，并就物业管理的有关事项提出建议　业主有权会同其他业主就某一议题要求业主委员会召集业主大会，有权对本住宅区的物业管理的有关事项向业主委员会、物业服务企业提出质询。有权对住宅区的物业管理提出建议、意见或批评。

（3）提出制定和修改管理规约、业主大会议事规则的建议　业主对管理规约、业主委员会章程、业主大会的议事规则都有建议权和审议权。物业管理规则、业主委员会工作报告、财务报告、重大事件处理报告和业主委员会制定的收费规则等应当在业主大会上表决通过的文件，业主都有权进行审议，有权获得文件的文本和解释材料，有充分的时间审议，对不明确之处进行询问并获得答复，提出异议要求修正草案等。

（4）参加业主大会，行使投票权　业主有参加业主大会的权利，参加会议包括获得会议通知的权利，会议通知必须充分、明确、按时。业主在业主大会上有就各项工作审议事项和提案进行表决的权利，表决权的大小根据法律或管理规约的规定确定。在业主大会上各个业主都有发言和提案的权利，通过发言和提案，业主能够表达自己的志愿，提出自己的要求。

（5）选举业主委员会委员、并享有被选举权　业主在业主大会上有选举和

罢免业主委员会的权利，可以是对整个业主委员会，也可以是对部分业主委员会委员的选举和罢免。业主也有被选举为业主委员会委员的权利。

（6）监督业主委员会的工作　业主有权对业主委员会的活动进行监督，业主有权知晓业主委员会的运作规程，有权了解业主委员会作出各项规定的理由，有权查核业主委员会的财务情况，有权制止并要求纠正其不符合法律和约定的行为。

（7）监督物业服务企业履行物业服务合同　业主有权对物业服务企业的活动进行监督，对他们侵犯业主权利违反法律的行为提出控告申诉和提起诉讼；业主有权检查物业管理档案，检查物业服务企业关于物业管理的财务情况；有权要求物业服务企业按照一定的期限公布住宅区物业管理收支账目；有权对物业管理提出建议、意见和批评，可要求业主委员会对物业服务企业的违反合同或有关规定的行为进行干预、处罚；有权就本物业管理区域的物业管理问题向主管部门投诉和提出意见和建议。

（8）对物业共用部位、共用设施设备和相关场地使用情况享有知情权和监督权　业主依法享有对自己所拥有物业的各项权利，依法合理使用房屋本体、共用部位公用设施和住宅区公用设施和公共场所（地）的权利。业主依法享有的物业共用部位、共用设施设备的所有权或者使用权。建设单位不得擅自处分业主拥有的物业，物业管理用房的所有权依法属于业主，未经业主大会同意，物业服务企业不得改变物业管理用房的用途。

（9）监督物业共用部位、共用设施设备专项维修资金的管理和使用　业主有权根据房屋的外墙面、楼梯间、通道屋面、上下水管道、公用水箱、加压水泵、电梯、机电设备、公用天线和消防设施等房屋本体公用设施的状况，建议物业服务企业及时组织维修养护，其费用从专项维修基金中支出。业主有权根据小区道路、路灯、沟渠、池井、园林绿化地、文化娱乐设施、停车场、连廊、自行车房（棚）与住宅公用设施及公共场所（地）的状况、建议物业服务企业及时进行维修养护，其费用从专项维修基金中支出。

（10）法律法规规定的其他权利　业主的权利可能还会在其他法律、法规中作出规定，对于这些权利业主也当然享有。比如，业主对已经得到履行的房屋买卖合同和房屋产权证所确定的面积、位置的房屋享有所有权。业主对享有所有权的房屋依法出售、赠与、出租、出借、抵押等行为不受其他业主、业主自治机构和物业服务企业的非法干涉。业主有权要求物业服务企业对小区的各种违章建筑、违章装修以及违反物业管理规定的其他行为予以制止、纠正等。

3. 业主的义务

业主在物业管理活动中，既享有权利，也要履行一定的义务。权利与义务是一对矛盾。《物业管理条例》第七条规定，业主应当履行以下一些义务：遵守管

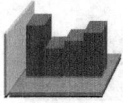

理规约、业主大会议事规则；遵守物业管理区域内物业共用部位和共用设施设备的使用、公共秩序和环境卫生的维护等方面的规章制度；执行业主大会的决定和业主大会授权业主委员会作出的决定；按照国家有关规定缴纳专项维修资金；按时缴纳物业服务费用以及法律、法规规定的其他义务。这些义务大体上可以归纳为三个方面。

（1）遵守规约、执行决定的义务　业主大会是物业自治管理组织的权力机关，经业主大会通过制定的管理规约、各项规则对全体业主都是有约束力的，除非它们被撤销或宣告无效。业主委员会是业主大会的执行机构，由法律规定和管理规约赋予的管理职权，所以业主委员会在职权范围内制定的各项规则和决议，业主也有义务遵守。

业主还应遵守物业服务企业根据物业服务合同，依法制定的有关物业管理的各项规则，遵守物业服务企业根据物业管理规则对物业进行的管理。协助和服从业主委员会和物业服务企业的管理。业主委员会和业主大会选聘的物业服务企业承担着日常的物业管理工作，它们按职权进行的管理行为，业主有义务协助和服从。

（2）缴纳各项费用的义务　业主缴纳的各项物业管理服务费用和维修资金，是保证物业管理区域获得正常的管理和维护的条件，是业主必须承担的义务。

经过业主大会或业主委员会作出关于物业管理费和维修基金等各项合理费用决定，业主若有异议，意见可以保留，但必须承担缴纳的义务。如果因迟交或欠交而引起其他业主损失的，还应负赔偿的责任。

《物业管理条例》规定，业主是各项物业管理费用缴费的主体。如果物业由使用人使用，由业主与物业使用人约定物业服务费用实际承担人。即使约定物业费用由承租者即使用人缴纳，业主也负有连带缴纳的责任。

（3）法律、法规规定的其他义务　业主或物业使用人，还必须承担法律法规规定的其他义务。例如，不得侵害其他业主的权利；维护公共利益的义务；业主在处置其所有的物业时，应在规定的时间内，将处置的有关情况书面报告业主委员会和物业服务企业，并督促相关承受人签署公约附件的承诺书，以确保承受人遵守物业管理规定，履行管理规约的约束等。

3.2　物业业主自治管理组织

1. 业主自治管理组织的构成

物业管理首先是业主自治管理。业主自治管理不可能由各个业主自行进行，而是通过一定组织形式实现的。业主自治管理组织，主要是由业主大会，以及由业主大会选举产生的业主委员会构成的。

2. 业主大会

（1）业主大会及其性质 《中华人民共和国物权法》规定，业主可以设立业主大会。业主大会是由物业管理区域内的全体业主组成的，根据管理规约和物业管理法律法规的规定行使职权，是物业管理活动中代表业主合法权益的最高权力机构。《物业管理条例》第八条规定，物业管理区域内全体业主组成业主大会。业主大会应当代表和维护物业管理区域内全体业主在物业管理活动中的合法权益。

（2）业主大会的设立 《物业管理条例》规定，一个物业管理区域内的全体业主组成业主大会。《业主大会和业主委员会指导规则》（建房〔2009〕274号）规定，物业管理区域内，已交付的专有部分面积超过建筑物总面积50%时，建设单位应当按照物业所在地的区、县房地产行政主管部门或者街道办事处、乡镇人民政府的要求，及时报送筹备首次业主大会会议所需的文件资料。符合成立业主大会条件的，区、县房地产行政主管部门或者街道办事处、乡镇人民政府应当在收到业主提出筹备业主大会书面申请后60日内，负责组织、指导成立首次业主大会会议筹备组。

首次业主大会会议筹备组由业主代表、建设单位代表、街道办事处、乡镇人民政府代表和居民委员会代表组成。筹备组成员人数应为单数，其中业主代表人数不低于筹备组总人数的一半，筹备组组长由街道办事处、乡镇人民政府代表担任。筹备组应将成员名单以书面形式在物业管理区域内公告。业主对筹备组成员有异议的，由街道办事处、乡镇人民政府协调解决。建设单位和物业服务企业应当配合协助筹备组开展工作。

筹备组应当做好以下筹备工作：确认并公示业主身份、业主人数以及所拥有的专有部分面积；确定首次业主大会会议召开的时间、地点、形式和内容；草拟管理规约、业主大会议事规则；依法确定首次业主大会会议表决规则；制定业主委员会委员候选人产生办法，确定业主委员会委员候选人名单；制定业主委员会选举办法；完成召开首次业主大会会议的其他准备工作。相关内容应当在首次业主大会会议召开15日前以书面形式在物业管理区域内公告。业主对公告内容有异议的，筹备组应当记录并作出答复。

筹备组应当自组成之日起90日内完成筹备工作，组织召开首次业主大会会议。业主大会自首次业主大会会议表决通过管理规约、业主大会议事规则，并选举产生业主委员会之日起成立。

《物业管理条例》规定，一个特定的物业管理区域只能成立一个业主大会。《物业管理条例》对成立业主大会的例外情况也作了规定，即在物业管理区域内只有一个业主，或者业主人数较少，且经全体业主一致同意，决定不成立业主大会的情况下，可以不必设立业主大会和业主委员会，而由业主共同履行业主大会

和业主委员会的职责。

（3）业主大会召开的形式　《业主大会和业主委员会指导规则》（建房〔2009〕274 号）规定，业主大会会议可以采用集体讨论的形式，也可以采用书面征求意见的形式；但应当有物业管理区域内专有部分占建筑物总面积过半数的业主且占总人数过半数的业主参加。采用书面征求意见形式的，应当将征求意见书送交每一位业主；无法送达的，应当在物业管理区域内公告。凡需投票表决的，表决意见应由业主本人签名。

业主可以亲自参加业主大会行使表决权，在无法亲自参加的情况下，也可以书面委托代理人参加业主大会会议，行使参加业主大会的权利。物业管理区域内业主人数较多的，可以幢、单元、楼层等为单位，推选一名业主代表参加业主大会会议。推选业主代表参加业主大会会议的，业主代表应当于参加业主大会会议3 日前，就业主大会会议拟讨论的事项书面征求其所代表的业主意见，凡需投票表决的，业主的赞同、反对及弃权的具体票数经本人签字后，由业主代表在业主大会投票时如实反映。业主代表因故不能参加业主大会会议的，其所代表的业主可以另外推选一名业主代表参加。

（4）业主大会会议与议事规则　业主大会分为定期会议和临时会议两种方式。定期会议又称例会，例会应当按照业主大会议事规则的规定由业主委员会组织召开。临时会议又称不定期会议。有下列情况之一的，业主委员会应当及时组织召开业主大会临时会议：经专有部分占建筑物总面积20% 以上且占总人数20% 以上业主提议的；发生重大事故或者紧急事件需要及时处理的；业主大会议事规则或者业主公约规定的其他情况。无论是定期会议还是临时会议，都应当在会议召开15 日以前将会议通知及有关材料以书面形式在物业管理区域内公告。住宅小区如果召开业主大会，应当同时告知相关的居民委员会。业主大会的会议记录由业主委员会完成并存档。

业主大会作出决定，必须经与会业主所持投票权1/2 以上通过。业主大会作出制定和修改业主公约、业主大会议事规则、选聘、解聘物业服务企业、专项维修资金使用、续筹方案的决定，必须经物业管理区域内全体业主所持投票权2/3以上通过。业主大会的决定应当以书面形式在物业管理区域内及时公告。

业主大会通过的各项决议和决定，只要符合法律、法规的规定，并遵循了管理规约的议事规则，对物业管理区域内的全体业主都具有约束力。《物业管理条例》规定，业主大会、业主委员会作出的决定违反法律法规的，物业所在地的区、县人民政府房地产行政主管部门或者街道办事处、乡镇人民政府，应当责令限期改正或撤销其决定，并通告全体业主。

业主大会议事规则应当就业主大会的议事方式、表决程序、业主投票权确定办法、业主委员会的组成和委员任期等事项依法作出约定。

（5）业主大会的职责 《中华人民共和国物权法》第七十六条、《物业管理条例》第十一条规定，业主大会的职责包括：①制定和修改业主大会议事规则。②制定和修改建筑物及其附属设施的管理规约。③选举业主委员会或更换业主委员会成员。④选聘和解聘物业服务企业或者其他管理人。⑤筹集和使用建筑物及其附属设施的维修资金。⑥改建、重建建筑物及其附属设施。⑦有关共有和共同管理权利的其他重大事项。《中华人民共和国物权法》还规定，上述①、②、③、④、⑦项规定的事项，"应当经专有部分占建筑物总面积过半数的业主且占总人数过半数的业主同意。"上述⑤、⑥规定的事项，"应当经专有部分占建筑物总面积2/3以上的业主且占总人数2/3以上的业主同意。"

3. 业主委员会

（1）业主委员会的性质与地位 业主委员会由业主大会选举产生，在房地产行政主管部门备案。业主委员会是业主大会的常设机构和执行机构，代表业主利益，实现业主自治日常管理。对业主大会负责，也就是对全体业主负责。

（2）业主委员会的组建 第一届业主委员会由第一次业主大会正式选举产生。以后各届业主委员会的换届选举，由上届业主委员会负责组织。

业主委员会的组成人数，应当根据物业管理区域的规模大小决定，通常由5～11人组成。业主委员会应当自选举之日起7日内召开首次会议，推选业主委员会主任和副主任，通过会议确定各自分工。业主委员会主任、副主任在业主委员会委员中推选产生。

《业主大会和业主委员会指导规则》第三十一条规定，业主委员会委员应当是物业管理区域内的业主，并符合下列条件：具有完全民事行为能力；遵守国家有关法律、法规；遵守业主大会议事规则、管理规约，模范履行业主义务；热心公益事业，责任心强，公正廉洁；具有一定的组织能力；具备必要的工作时间。

业主委员会应当自选举产生之日起30日内，将业主大会成立和业主委员会选举的情况、管理规约、业主大会议事规则以及业主大会决定的其他重大事项向物业所在地的区、县房地产行政主管部门和街道办事处、乡镇人民政府办理备案手续。然后可持备案证明向公安机关申请刻制业主大会印章和业主委员会印章。业主委员会任期内，备案内容发生变更的，应当自变更之日起30日内将变更内容书面报告备案部门。

（3）业主委员会职责 《业主大会和业主委员会指导规则》第三十五条规定，业主委员会履行以下职责：执行业主大会的决定和决议；召集业主大会会议，报告物业管理实施情况；与业主大会选聘的物业服务企业签订物业服务合同；及时了解业主、物业使用人的意见和建议，监督和协助物业服务企业履行物业服务合同；监督管理规约的实施；督促业主交纳物业服务费及其他相关费用；组织和监督专项维修资金的筹集和使用；调解业主之间因物业使用、维护和管理产生的纠纷以及业主大会赋予的其他职责。

(4) 业主委员会会议　业主委员会应当按照业主大会议事规则的规定及业主大会的决定召开会议。经 1/3 以上业主委员会委员的提议，应当在 7 日内召开业主委员会会议。在召开会议的 7 天前，应书面通知全体委员。通知书应注明会议召开的时间、地点以及会议的有关议题。委员因故不能参加会议的，可以书面委托代理人参加。业主委员会召开会议时，可以邀请政府有关部门、街道办事处、社区居民委员、派出所、物业服务企业等单位的人员和非业主使用人代表参加，但上述人员没有表决权。

业主委员会会议由主任召集和主持，主任因故不能履行职责，可以委托副主任召集。业主委员会会议应有过半数的委员出席，业主委员会委员不能委托代理人参加会议。需要作出决定或决议的事项，采用少数服从多数的原则进行表决。在表决时，每位委员只有一票表决权，决定或决议必须经全体委员过半数以上委员同意，才能通过。业主委员会会议，应当作书面记录，由出席会议的委员签字后存档。业主委员会的决定应当自作出决定之日起 3 日内以书面形式在物业管理区域内公告。

(5) 业主委员会的任期与换届　《业主大会和业主委员会指导规则》规定，业主委员会委员实行任期制，每届任期不超过 5 年，可连选连任，业主委员会委员具有同等表决权。业主委员会任期届满前 3 个月，应当组织召开业主大会会议，进行换届选举，并报告物业所在地的区、县房地产行政主管部门和街道办事处、乡镇人民政府。业主委员会应当自任期届满之日起 10 日内，将其保管的档案资料、印章及其他属于业主大会所有的财物移交新一届业主委员会。

(6) 业主委员会委员资格终止　《业主大会和业主委员会指导规则》规定，有下列情况之一的，业主委员会委员资格自行终止：因物业转让、灭失等原因不再是业主的；丧失民事行为能力的；依法被限制人身自由的以及法律、法规以及管理规约规定的其他情形。业主委员会委员有下列情况之一的，由业主委员会 1/3 以上委员或者持有 20% 以上投票权数的业主提议，业主大会或者业主委员会根据业主大会的授权，可以决定是否终止其委员资格：以书面方式提出辞职请求的；不履行委员职责的；利用委员资格谋取私利的；拒不履行业主义务的；侵害他人合法权益的；因其他原因不宜担任业主委员会委员的。业主委员会委员资格终止的，应当自终止之日起 3 日内将其保管的档案资料、印章及其他属于全体业主所有的财物移交业主委员会。

(7) 业主委员会的工作经费　业主大会、业主委员会工作经费由全体业主承担。工作经费可以由业主分摊，也可以从物业共有部分经营所得收益中列支。工作经费的收支情况，应当定期在物业管理区域内公告，接受业主监督。

3.3　物业业主自治管理规范

物业业主自治管理规范，是业主实施自治管理的必要依据，物业管理实务中，业主自治管理规范主要是管理规约。

1. 管理规约的性质与作用

（1）管理规约的性质　管理规约由业主公约更名而来，它是业主、使用人、业主大会以及业主委员会等人员与机构，就有关物业使用、维护与管理等方面的权利和义务确立的行为准则（守则）或契约，是业主自治管理的主要文件，或物业自治管理的"总章程"，是物业管理中一个基础性文件。管理规约对全体业主都具有约束力。

（2）管理规约的主要特征　管理规约的基本特征，主要表现在以下三个方面：

1）业主的意思自治。根据私法自治原则，只要不违反强制性规定，不背离公序良俗，不侵犯业主固有权益，公约可以自由确定业主在物业管理中的权利和义务、物业的使用方法，以及禁止或限制等内容。尽管政府部门提供的管理规约示范样本非常重要，但管理规约从本质上来说是由业主根据自己的意志来制定的，不是根据行政管理部门的命令形成的。

2）业主的共同行为。通常所说的共同行为，主要是指有民事法律行为的两个以上的主体参加并且这些主体之间追求的目标是一致的。管理规约主要是为了维护物业管理区域内的公共秩序，由众多业主参与协商、制定并最后达成的一种共识或意愿，并且共同自愿接受公约所规定的各项义务的约束。

3）公约效力的至上性。管理规约的效力，不仅涉及同意设定公约的当事人，还涉及不同意公约的少数业主与特定继受人。特定继受人包括移转继受人与设定继受人。移转继受人是物业所有权的受让人，业主转让物业或发生继承时，管理规约效力不受影响，继续约束新业主。设定继受人是物业承租人、借用人等非业主使用人。非业主使用人也必须接受管理规约的约束。同时，业主的遗嘱执行人、遗产管理人、财产托管人都必须受管理规约约束。如果业主违反管理规约，就要承担违约责任，必要时利益受到损害的业主可提起民事诉讼。所以，管理规约与一般合同等契约只约束订定契约的当事人具有不同的性质。只要是物业的所有人或使用人，不管是否参与了管理规约的制订，都必须遵守管理规约。这样就构成了管理规约的至上性。

（3）管理规约的作用　管理规约应根据《中华人民共和国物权法》的有关规定，以及《物业管理条例》来制定。它是物业管理的有效手段，在物业管理中具有重要作用。其作用主要表现在以下三个方面：①通过签订管理规约，可以加深业主对物业管理和自治管理的理解和支持。②管理规约是业主自治管理的依据，是对违反公约的业主或使用人进行处罚，对业主之间的纠纷予以调解的根据。③管理规约还可以成为宣传文明的行为准则，有利于推动社会精神文明的建设。

2. 管理规约的订立

（1）订立管理规约的原则　订立管理规约，必须坚持以下原则：

1）合法性原则。管理规约是业主为了使用和管理物业形成的一种契约或合同。虽然对业主有约束力，但是它必须遵守或符合国家相关法律、法规，不能与之冲突，否则将影响管理规约的法律效力。

2）整体性原则。管理规约的订立，应当在全体业主自愿和充分协商的基础上进行，当个别意见难以统一的情况下，应当以全体业主的整体利益为原则，少数服从多数。

3）民主性原则。管理规约的订立，应当实行民主与民主集中的原则，即通过业主大会或业主代表大会的形式进行，力求反映全体业主或大多数业主的利益和要求。

（2）订立管理规约的法律依据　管理规约涉及物业这个"物"的使用和管理的问题，因此，《中华人民共和国物权法》首先是订立管理规约的法律依据。《中华人民共和国物权法》对物权的设立、变更、转让和消灭，物权的保护，业主的建筑物区分所有权，不动产相邻关系，不动产的共有，用益物权，担保物权以及不动产的占有等方面都作了详细的规定，这些规定是订立管理规约的法律依据。

《物业管理条例》也是订立管理规约的法律依据。《物业管理条例》第一条就明确指出，制定《物业管理条例》是为了规范物业管理活动，维护业主和物业服务企业的合法权益，改善人民群众的生活和工作环境。《物业管理条例》对业主的权利与义务、前期物业管理、物业管理服务、物业的使用与维护等也都作了详细的规定。因此，无论是从《物业管理条例》的制定目的，还是从《物业管理条例》的具体规范内容来看，《物业管理条例》都是订立管理规约的法律依据。

管理规约是民事法律行为。《中华人民共和国民法通则》第一条和第二条即明确了该通则是为了保障公民、法人的合法的民事权益，调整平等主体的公民之间、法人之间、公民和法人之间的财产关系和人身关系。该通则对公民（自然人）、民事权利能力和民事行为能力、法人、民事法律行为和代理、民事权利以及民事责任也都作了详细规定。这些规定在制定管理规约时都应当遵守。

另外，《城市异产毗连房屋管理规定》也对房屋的使用管理作了一些规定，如第五条规定："所有人和使用人对房屋的使用和修缮，必须符合城市规划、房地产管理、消防和环境保护等部门的要求，并按照有利使用、共同协商、公平合理的原则，正确处理毗连关系。"第六条规定："所有人和使用人对共有、共用

的门厅、阳台屋面、楼道厨房、厕所以及院落,上下水设施等应共同管理使用并承担相应的义务。"这些规定在订立管理规约时也应遵守。

(3) 管理规约的订立程序　管理规约的订立程序包括三个环节:

1) 管理规约的起草。《物业管理条例》规定建设单位应当在销售物业之前,制定管理临时规约,对有关物业的使用、维护和管理、业主的共同利益、业主应当履行的义务、违反公约应当承担的责任等事项依法作出约定。业主自己提出召开第一次业主大会时就应当由业主自己来起草管理规约。上述两种途径中,业主都可以委托专业人士(如律师)来起草管理规约。

2) 管理规约的通过。管理规约应当在第一次业主大会上由参加业主大会的2/3以上业主表决通过方能有效。管理规约通过后,在此前设立的管理临时规约自动失效。

3) 新入住业主对公约的签署。《物业管理条例》规定:建设单位应当在物业销售前将管理临时规约向物业买受人明示,并予以说明。物业买受人在与建设单位签订物业买卖合同时,应当对遵守管理临时规约予以书面承诺。在管理规约通过之后才确认业主身份的,应当在办理有关入住手续的同时,签署管理规约,表示愿意接受管理规约的约束。

3. 管理规约的主要内容

管理规约属业主自治管理范畴,是由业主(区分所有权人)根据自己的意志自由协商确定的。其具体内容因建筑物的规模、用途及业主的习惯、生活水平的不同而有所不同。《业主大会和业主委员会指导规则》第十八条规定,管理规约应当对下列主要事项作出规定:

1) 物业的使用、维护、管理。主要规定业主在使用、维修养护物业时应当注意、需要遵守以及有关禁止的行为规则。

2) 专项维修资金的筹集、管理和使用。对于专项维修资金如何筹集,如何管理和使用作出具体规定。

3) 物业共用部分的经营与收益分配。物业服务企业经营归业主所有的共用部分,所取得收益的具体分配和使用办法。

4) 业主共同利益的维护。物业服务企业的权利规定;物业区域内管理费用的收取方式和承担分配等。

5) 业主共同管理权的行使。规定业主基于物业所有权的物业使用权及作为小区成员的成员权,包括表决权、参与制定规约权、选举和罢免管理机构人员的权利、请求权及监督权等;列举物业区域内的行为守则,对业主相关权利行使进行限制或予以禁止。

6) 业主应尽的义务。如业主遵守管理规约、业主大会议事规则的义务,按时缴纳服务费的义务,遵守物业管理区域内物业共用部位和共用设施设备的使

用、公共秩序和环境卫生的维护等方面的规章制度；按照国家有关规定缴纳专项维修资金的义务等。

7）违反管理规约应当承担的责任。业主违反管理规约，须承担约定的违约责任。有关责任可以在管理规约中具体规定。值得注意的是，我国法律规定，只有法律明确授权的国家机关才有处罚权，才能对某些违法行为处以罚款。所以，管理规约对业主的违约行为不得设定罚款。但可以采取让业主缴纳保证金、违约金方式，当业主有违约行为时，从中予以扣除。

4. 管理规约的生效与效力

管理规约自业主大会审议通过之日起生效。业主委员会应当自管理规约生效之日起 15 日内，将管理规约报所在地的区、县房地产管理部门备案。

生效后的管理规约对全体业主和使用人具有约束力，使用人也应当遵守管理规约。《物业管理条例》规定：物业使用人在物业管理活动中的权利义务由业主和物业使用人约定，但不得违反法律、法规和管理规约的有关规定。

业主、使用人违反管理规约，应当承担相应的民事责任。对于违反管理规约的业主或使用人，业主委员会或者相关的业主、使用人可以向人民法院提起民事诉讼。

物业使用人违反《物业管理条例》和管理规约的规定，有关业主应当承担连带责任。

5. 管理规约的修订

管理规约的修改程序与制定程序相同，均应由业主大会以参加大会的 2/3 以上的表决权通过。

业主大会可以依法根据本物业管理区域内的实际情况对本管理规约进行修改补充，并向房屋管理部门备案。修改补充条款，自业主大会通过之日起生效，无须经业主重新签订。

修改补充条款不得与法律、法规和有关政策规定相抵触，否则房屋管理部门有权予以纠正或撤销。

本 章 小 结

业主是指房屋的所有权人，根据不同的标准，业主可以划分为不同的类型。物业管理活动中，除涉及业主外，还会涉及物业使用人。物业使用人因两种房屋租赁关系而取得物业使用权，这就决定了相应的使用人在物业管理中的地位也存在着一定的差别。

业主在物业管理活动中，既可以享受相关权利，也必须承担相应的义务。业主自治管理组织是业主享受权利和承担义务的平台之一。业主自治管理组织包括业主大会和业主委员会。业主大会是物业管理区域的最高管理机构，承担一定的

职责。业主委员会是由业主大会选举产生，是业主大会的常设机构。业主大会和业主委员会有自己的运作机制。

业主自治管理规范是业主实施自治管理的必要依据。物业管理实务中，业主自治管理规范主要是管理规约。管理规约是业主自治管理的主要表现形式，或业主管理物业的共同意志表现。管理规约必须根据国家有关法律政策由业主大会通过设立和修订。管理规约规定的业主在物业管理中的权利与义务，业主都必须认真执行。

复习思考题

1. 简述物业业主的概念与类型。
2. 物业业主有哪些权利与义务？
3. 简述业主大会的性质与职责。
4. 简述业主委员会的性质与职责。
5. 简述业主委员会的组建与运作。
6. 试对管理规约进行详细论述。

第 4 章

物业服务企业及其管理

4

[内容提要]

物业服务企业是专门从事物业管理服务的专业机构。本章主要介绍物业服务企业的性质、特点与类型；物业服务企业管理物业的依据以及它在物业管理活动中的权利与义务；物业服务企业的组建条件、程序及组织架构选择；物业服务企业资质的认定与管理，以及物业服务企业自身的规章制度建设与人员培训管理。

4.1 物业服务企业及其权利与义务

1. 物业服务企业的性质与特点

物业服务企业是依法定资质条件和程序成立，根据物业服务合同与相关政策法规，对物业实行专业化管理的经济实体。物业服务企业有明确的经营宗旨和公司章程，享有完全的民事权利能力和行为能力，能够独立承担民事和经济法律责任，具有独立法人资格。《物业管理条例》也明确规定：从事物业管理活动的企业应当具有独立的法人资格。按照《民法通则》的规定，法人是具有民事权利能力和民事行为能力，依法独立享有民事权利和承担民事义务的组织。物业服务企业通过有组织的经济活动，取得合理利润。

物业服务企业的主要业务是为业主提供物业管理服务，即对建筑楼宇维修保养，确保物业及环境整洁安全，改善生活设施和物业区域形象。物业服务企业的经营性质，决定了物业服务企业属于服务性行业，即国民经济第三产业部门。但是，物业服务企业提供的服务，不是独立地满足居民的居住需要的，这些服务是依附于物业及其配套设施的。由此决定了物业服务企业的服务具有附属性或配套性。所以，物业服务企业是提供附属性服务的企业。

现代专业化的物业服务企业具有以下一些特点：

(1) 契约性 契约性或合同性，在市场经济体制下，契约或合同具有法规

或法律性质的意义。主要是说，物业服务企业的经营活动根植于物业服务合同。也说是，物业服务企业的管理对象，是通过与业主签订物业服务合同而确立的。物业服务企业的所有经营活动，如员工聘任、专业项目分包等也是通过契约形式确认或建立的。物业服务企业的责、权、利的承担与分享，都是以契约为依据的。

（2）服务性　物业服务企业主要是为业主提供有偿物业管理服务的。在提供物业管理服务活动中遵循的是"业主至上，服务第一"。不仅如此，有些物业服务企业还经常无偿提供各种公益服务，如便民急救服务、公益捐助和孤老帮扶等。总之，提供服务或服务性是物业服务企业最显著的特点。

（3）综合性　物业服务企业大都实行一业为主，多种经营的方式。除对物业修缮养护之外，还经营环卫、秩序维护、绿化及其他社区配套服务，因而具有管理和服务的综合性。

（4）社会性　物业服务企业由于管理和服务对象的特殊性，从而使它的经营管理活动具有广泛的社会性。物业服务企业不仅与物业业主、业主委员会存在着密切的联系和关系，而且与房地产开发企业、国家房地产主管部门及其他管理部门如税务部门、公安部门、城市基础设施和市政部门，特别是与街道、居民委员会等单位和机构，都有着广泛的联系和关系。由此决定了物业服务企业不仅仅是一个专业经济部门，而且还是负有重要使命的社会组织。

2. 物业服务企业的类型划分

物业服务企业根据不同的标准，可以划分为不同的类型。

（1）根据企业所有制性质可分为国有、集体、股份、三资、私营五类　国有物业服务企业也称全民所有制物业服务企业，资产及所有者权益归全民所有，由国家代理经营。国家再依照所有权和经营权分离的原则，授予企业经营者的经营管理权。集体所有制物业服务企业的资产归集体所有。目前也有部分集体所有制企业实行集资创建、承包经营等形式。股份制物业服务企业由股东出资组建而成，资产和债务由股东以其出资份额分享或承担。随着证券化的发展，私人股份将在物业服务企业中占有相当比重。三资公司指外商独资、中外合资、中外合作经营的物业服务企业。随着我国加入WTO后物业市场的全面开放，三资物业服务企业在我国有发展壮大的趋势。私营物业服务企业资产归个人所有，个人承担有限或无限责任。目前，物业管理市场的大部分仍控制在国有、集体和股份公司手中。以物业服务企业数量最多的上海为例，国有、集体、股份、中外合资合作的物业服务企业占98%，管理着99%的上海物业，而且股份制物业服务企业呈上升势头。

（2）根据企业组建形式可分为法人公司、非法人公司两大类　法人公司是依法定资质和程序经注册成立并独立承担债权、债务的独立企业。法人公司的组

建主要有两种形式：一种是计划经济时代的房管所（主要经营单位内国有房产）转制翻牌成立的物业服务企业；另一种是适应市场经济发展而新成立的股份或独资物业服务企业。这类公司主要是为大型开发区、住宅小区、大型商厦的管理服务而组建的。它设备先进，专业化程度高，服务标准化，且有较强的市场竞争力。

非法人公司主要指房地产开发公司或各类大型企业下属的子公司或联营公司，主要从事上级公司开发项目的售后管理。此外，某些房地产开发集团中独立核算的物业管理事业部，也可归入这一类别。

（3）根据规模大小、业务范围等的不同，可把物业服务企业划分为实体型和管理型两种类型　实体型物业服务企业又称综合性物业服务企业，一般均为大中型企业。它一般具有三个层次：第一层是决策层，即公司的总部，负责公司一级的经营策划和决策；第二层是管理层，即管理处，是各个大厦、住宅区的物业管理机构，在总公司的领导下，全权负责本辖区范围物业的管理与服务工作；第三层是作业层，即专业服务队（组），专职负责辖区范围的各项专业服务实务，如绿化队、清扫保洁组、维修工程队、保安组、管理组、电梯组等。实体型物业服务企业规模较大，功能齐全，因此一般都可直接接受项目。同时，它也能提供物业管理的顾问、咨询服务。

管理型物业服务企业，也就是专门负责物业"软件"管理的物业服务企业，大多是中小型企业。管理型物业服务企业主要由管理层人员组成，不带作业层。其主要管理职能是：物业的产权、产籍管理，物业产权经营，中介服务（房地产估价、经纪与咨询等），物业档案资料管理，物业维修计划的制订，整体管理计划的制订与组织实施，建立健全各种规章制度，做好群众工作和其他管理（如签订服务协议、办理入伙手续）等。而具体的作业操作，如清洁、安保、维修、养护和公共服务等，需要时，就采取分包形式，以与专业公司的合同工、钟点工挂钩的服务形式进行分解。这类管理型物业服务企业，必须与专业公司建立合同关系，并且要对专业公司的服务进行及时和经常性的监督、检查和考核，这样才能保证自己的管理目标得以完全实现。与实体型物业服务企业比较，管理型物业服务企业人员相对精干，内部机构精简，规模适中，经营灵活，在物业管理市场中具有较强的竞争力。

（4）根据经营方式可分为委托服务型公司和租赁经营型公司两类　委托服务型物业服务企业指接受业主委托而从事经营管理的公司。公司本身对物业没有产权。租赁经营型公司对物业拥有产权，即对自建后对外租赁的物业进行管理的物业服务企业。

3. 物业服务企业在物业管理中的权利与义务

（1）物业服务企业管理物业的依据　物业服务企业必须根据以下法律法规

与物业服务合同等进行物业管理。①物业服务企业管理物业的法律法规。这些法律法规依据主要是：《中华人民共和国物权法》、《物业管理条例》、《物业服务收费明码标价规定》、《物业服务企业财务管理规定》、《城市公有房屋管理规定》、《物业服务收费管理办法》、《城市异产毗连房屋管理规定》等。②物业服务合同。购房人在前期购房签订合同时，以及在成立业主大会和选聘业主委员会时，已授权委托开发商或业主大会委托物业服务企业进行物业管理。因此，业主就必须遵守物业服务合同。从这个角度看，物业服务合同是物业服务企业实施物业管理的关键依据。③管理规约。管理规约不仅是业主实施业主自治管理的规范文件，也是物业服务企业开展物业管理的重要依据。④业主大会及业主委员会的决议。业主及使用人对于业主大会及业主委员会的决议必须遵守。所以，这也是物业服务企业进行物业管理的依据之一。⑤物业使用管理规则。业主委员会以及物业服务企业通常会依据物业服务合同，编制相应的物业使用管理规定。该规定必然成为物业管理的具体依据。

（2）物业服务企业在物业管理中的权利　在物业管理中，根据《物业管理条例》等有关法律法规规定，物业服务企业有以下权利：

1）根据有关法律法规、政策和合同的约定，结合实际情况，制定物业管理制度。

2）依照物业服务合同和有关规定收取管理费用。

3）制止、处理违反物业管理制度的行为。

4）要求委托人协助管理。

5）有权选聘专营公司（如清洁公司、保安公司等）承担专项管理业务。

6）可以实行多种经营，以其收益补充物业管理经费。

7）法律、法规规定的其他权利。

物业服务企业上述权利的行使受法律法规和物业服务合同的约束。凡超越法律法规和合同授权之外行使的任何"权利"，均由物业服务企业承担一切后果。

（3）物业管理服务企业在物业管理中的义务　在物业管理中，根据有关法律法规规定，物业服务主要承担以下义务：

1）履行物业服务合同，提供物业管理服务。

2）接受业主、使用人、业主大会以及业主委员会的监督。

3）重大的管理措施应当提交业主大会、业主委员会审议确认。

4）接受房地产行政主管部门、有关行政主管部门及物业所在地人民政府的监督指导。如接受政府部门资质核准登记管理、服务价格管理以及其他行政管理与监督指导等。

5）法律、法规规定的其他义务。

4.2 物业服务企业的组建

1. 物业服务企业组建条件

物业服务企业是物业管理市场的主体，大都采取了公司的经济组织形式。因此，组建物业服务企业必须按照《公司法》的有关规定进行。

设立物业服务有限责任公司，按照《公司法》第十九条的规定，必须具备以下条件：股东符合法定人数；股东出资达到法定资本最低限额；股东共同制定公司章程；有公司名称，建立符合有限责任公司要求的组织机构；有固定的生产经营场所和必要的生产经营条件。

设立物业服务股份有限公司，按照《公司法》第七十三条规定，必须具备以下条件：发起人符合法定人数；发起人认缴和社会公开募集的股本达到法定资本最低限额；股份发行、筹办事项符合法律规定；发起人制定公司章程，并经创立大会通过；有公司名称，建立符合股份有限公司要求的组织机构；有固定的生产经营场所和必要的生产经营条件。

2. 物业服务企业组建程序

组建物业服务企业，通常按照以下程序和步骤进行：

（1）开展可行性研究　设立物业服务企业，通常需要进行可行性研究。可行性研究报告的内容，主要包括物业服务市场发展的情况；组建物业服务企业的必要性；组建物业服务企业的可行性和条件，如资金、人员、办公地址等；以及拟组建企业具有的特殊性和优越性等。只有在设立的物业服务企业具有现实的必要性、财务上的可行性、法律上又允许的情况下，才能着手组建物业服务企业。否则就会造成社会人力、物力和财力资源的浪费。

（2）工商注册登记　组建物业服务企业，应当持设立申请书、公司章程、验资证明书以及公司董事名单等到所在地工商行政管理部门，申请办理注册登记手续，领取营业执照。

（3）获得资质审批　根据《物业服务企业资质管理办法》的规定，新设立的物业服务企业应当自领取营业执照之日起 30 日内，持营业执照、企业章程、验资证明、企业法定代表人的身份证明、物业管理专业人员的职业资格证书和劳动合同，以及管理和技术人员的职称证书和劳动合同向工商注册所在地直辖市、设区的市的人民政府房地产主管部门申请资质。

（4）领取税务登记和刻制企业公章　在取得上述有关证件后，物业服务企业必须持批准开业的证件和工商行政管理部门核准的工商企业的营业执照副本，申报办理税务登记手续，填写税务登记表。税务机关根据申请人报送的各种申请文件，对税务登记表的内容进行认真审核，经审查确认合格，在表格上加盖税务

机关印章，予以登记，并向申请人签发税务登记证。

完成上述工作和程序，物业服务企业就取得了从事物业服务的资格。

3. 物业服务企业的组织架构

物业服务企业在确立组织结构时，需要遵守分工协作原则，精干、灵活原则以及责权分明原则等原则。在遵循上述原则的基础上，可以在以下几种组织形式或组织结构中选择合适的组织架构或部门设置：

（1）直线制　直线制的特点是公司各方面的工作按垂直系统直接领导，由公司各级、各部门领导者直接负责，各级领导者对所属单位的一切问题负责，不设专门职能机构，只设职能人员协助主管领导的工作，如图 4-1 所示。

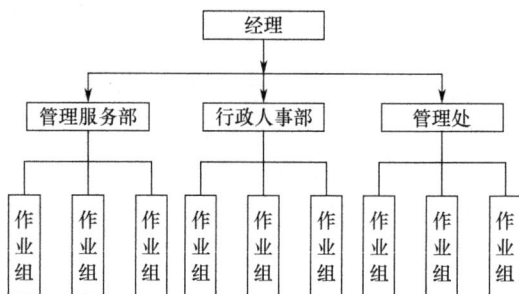

直线制组织结构图的优点是：层次分明，责权清楚，权力集中

图 4-1　物业服务企业直线制组织结构图

统一，指挥及时，行动效率高；其缺点是：机构不够灵活，对领导者素质的要求较高。因此，这种组织形式仅适用于物业服务业务比较单一的小型专业公司，如绿化、保安、保洁等公司，也适用于一些大厦或小区物业服务企业的初期管理。具有较大规模和较复杂业务的物业服务企业一般不宜采用此种组织结构。

（2）职能制　职能制的特点是在直线制的基础上，为各级领导者相应地设置职能机构或专职人员，以协助领导工作。当然，这些职能机构或专职人员也有权在各自的职能范围内直接指挥其下属单位，如图 4-2 所示。

职能制组织结构的优点是：对管理复杂的、专业性较强的物业管理业务适应性较强；职能部门和人员参与公司管理，可以减轻行政领导的负担。其缺点是：由于职能部门和人员参与行政管理，容易形成公司的多头管理，造成指挥权的不统一，不利于健全公司的责任制。

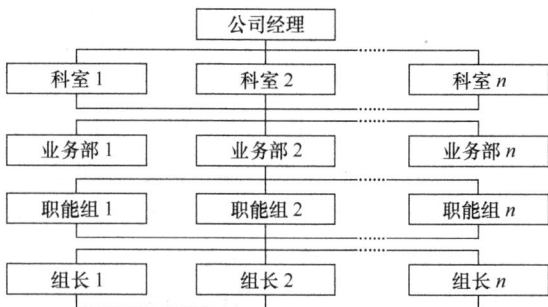

图 4-2　物业服务企业职能制组织结构图

职能制组织形式一般适合于业务比较复杂、服务项目较多的物业服务企业，但现在已很少采用。

（3）直线职能制 直线职能制又称直线参谋制，它是一种"条块结合"的组织机构形式。它吸收了直线制和职能制的优点，在各级领导者之间设置相应的职能机构和人员，并将管理人员分成两类：一类是行政指挥人员，负责指挥下级；另一类是职能管理人员，是前者的参谋和助手，对下级没有指挥权，只有受行政负责人委托时，才可在自己主管的业务范围内负责某方面的管理工作，直线职能制组织结构如图4-3所示。

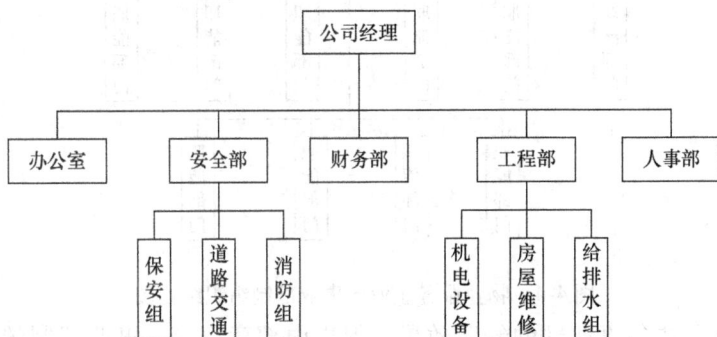

图4-3 物业服务企业的直线职能制组织结构图

直线职能制组织结构的优点是：各部门责任明确，易于管理和及时调整；利润来源明确，管理层直接对成本与利润负责；既能发挥职能机构专业管理的作用，又便于领导统一指挥。直线职能制的缺点是：最高层对下属缺乏经常的直接沟通；下级通常缺乏必要的管理自主权；各个职能部门之间容易产生脱节和矛盾，不利于沟通信息，工作效率有时也比较低等。

直线职能制特别适合于那些具有专业涉及面广、技术复杂、服务多样化与管理综合性强的物业服务企业。它是目前我国大中型物业服务企业较多采用的组织形式。

（4）事业部制 事业部制又称分权组织，或称部门化机构。其主要特点是：①把总公司中那些相对独立的业务部门分离出来，建立起各个独立的单位或分公司，称之为事业部。②实行分权管理体制，公司最高管理层主要负责重大方针的制定，掌握公司重大问题的决策权，如分公司（事业部）负责人的任免、发展战略的制定等。各事业部的经理在总公司经理的领导下，负责日常经营与管理活动。③每个事业部都是一个在总公司控制之下的利润中心，实行独立核算和自负盈亏，对公司负有完成利润计划的责任，同时在经营管理上拥有自主权。这是目前较适合于大型物业服务企业的一种组织形式，如图4-4所示。

事业部制组织结构的主要优点是：利于公司最高管理者摆脱日常的事务性工作；有助于调动各分公司（事业部）的积极性和创造性；有助于公司积极拓展管理经营业务；有利于培养复合型的管理人才；有利于建立考核管理人员业绩的标

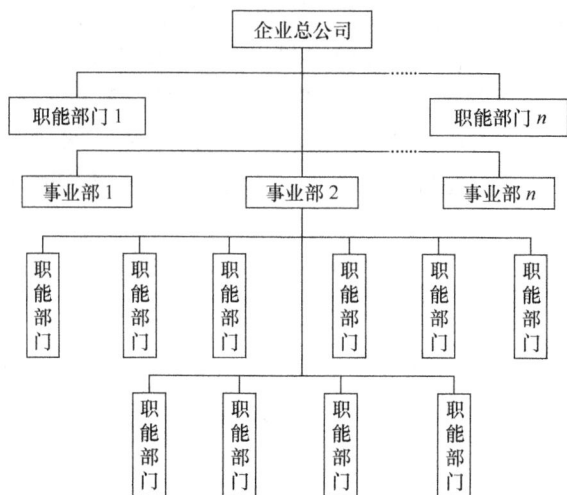

图 4-4　物业服务企业的事业部制组织结构图

准；有利于分清各事业部的经营效果，促进内部竞争等。事业部制的主要缺点是：各事业部相对独立，造成职能部门重叠；各事业部的利益难以协调，容易影响公司整体利益；易于造成各事业部之间的本位主义等。

事业部制一般适用于规模庞大、管理内容多样、管理范围较为分散的大型物业服务企业或集团公司的组织机构设置。

4.3　物业服务企业的管理

1. 物业服务企业的资质及其管理

（1）物业服务企业资质等级标准　物业服务企业从事物业管理必须取得相应的资质。《物业服务企业资质管理办法》将物业服务企业资质分为三级。各资质等级的标准如下：

物业服务企业的一级资质，必须具备以下条件：

1）注册资本人民币 500 万元以上。

2）物业管理专业人员以及工程、管理、经济等相关专业类的专职管理和技术人员不少于 30 人。其中，具有中级以上职称的人员不少于 20 人，工程、财务等业务负责人具有相应专业中级以上职称。

3）物业管理专业人员按照国家有关规定取得职业资格证书。

4）管理两种类型以上物业，并且管理各类物业的房屋建筑面积分别占以下相应计算基数的百分比之和不低于 100%：①多层住宅 200 万 m²；②高层住宅 100 万 m²；③独立式住宅（别墅）15 万 m²；④办公楼、工业厂房及其他物

业 50 万 m²。

5）建立并严格执行服务质量、服务收费等企业管理制度和标准，建立企业信用档案系统，有优良的经营管理业绩。

物业服务企业二级资质，必须具备以下条件：

1）注册资本人民币 300 万元以上。

2）物业管理专业人员以及工程、管理、经济等相关专业类的专职管理和技术人员不少于 20 人。其中，具有中级以上职称的人员不少于 10 人，工程、财务等业务负责人具有相应专业中级以上职称。

3）物业管理专业人员按照国家有关规定取得职业资格证书。

4）管理两种类型以上物业，并且管理各类物业的房屋建筑面积分别占以下相应计算基数的百分比之和不低于 100%：①多层住宅 100 万 m²。②高层住宅 50 万 m²。③独立式住宅（别墅）8 万 m²。④办公楼、工业厂房及其他物业 20 万 m²。

5）建立并严格执行服务质量、服务收费等企业管理制度和标准，建立企业信用档案系统，有良好的经营管理业绩。

物业服务企业三级资质，必须具备以下条件：

1）注册资本人民币 50 万元以上。

2）物业管理专业人员以及工程、管理、经济等相关专业类的专职管理和技术人员不少于 10 人。其中，具有中级以上职称的人员不少于 5 人，工程、财务等业务负责人具有相应专业中级以上职称。

3）物业管理专业人员按照国家有关规定取得职业资格证书。

4）有委托的物业管理项目。

5）建立并严格执行服务质量、服务收费等企业管理制度和标准，建立企业信用档案系统。

（2）资质等级核定管理　新设立的物业服务企业，其资质等级按照最低等级核定，并设一年的暂定期。物业服务企业在申请核定资质等级时，必须向主管部门提交下列材料：企业资质等级申报表；企业营业执照；企业资质证书正、副本；物业管理专业人员的职业资格证书和劳动合同，管理和技术人员的职称证书和劳动合同，工程、财务负责人的职称证书和劳动合同；物业服务合同复印件以及物业管理业绩材料。

资质审批部门应当自受理企业申请之日起 20 个工作日内，对符合相应资质等级条件的企业核发资质证书；一级资质审批前，应当由省、自治区人民政府建设主管部门或者直辖市人民政府房地产主管部门审查，审查期限为 20 个工作日。

（3）资质等级证书的颁发与管理权限　《物业服务企业资质管理办法》规定，国务院建设主管部门负责一级物业服务企业资质证书的颁发和管理。

省、自治区人民政府建设主管部门负责二级物业服务企业资质证书的颁发和

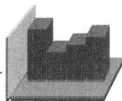

管理，直辖市人民政府房地产主管部门负责二级和三级物业服务企业资质证书的颁发和管理，并接受国务院建设主管部门的指导和监督。

设区的市的人民政府房地产主管部门负责三级物业服务企业资质证书的颁发和管理，并接受省、自治区人民政府建设主管部门的指导和监督。

（4）资质等级管理的其他具体规定 《物业服务企业资质管理办法》规定，物业服务企业申请核定资质等级，在申请之日前一年内有下列行为之一的，资质审批部门不予批准：①聘用未取得物业管理职业资格证书的人员从事物业管理活动的。②将一个物业管理区域内的全部物业管理业务一并委托给他人的。③挪用专项维修资金的。④擅自改变物业管理用房用途的。⑤擅自改变物业管理区域内按照规划建设的公共建筑和共用设施用途的。⑥擅自占用、挖掘物业管理区域内道路、场地，损害业主共同利益的。⑦擅自利用物业共用部位、共用设施设备进行经营的。⑧物业服务合同终止时，不按照规定移交物业管理用房和有关资料的。⑨与物业管理招标人或者其他物业管理投标人相互串通，以不正当手段谋取中标的。⑩不履行物业服务合同，业主投诉较多，经查证属实的。⑪超越资质等级承接物业管理业务的。⑫出租、出借、转让资质证书的。⑬发生重大责任事故的。

任何单位和个人不得伪造、涂改、出租、出借、转让资质证书。物业服务企业遗失资质证书，应当在新闻媒体上声明后，方可申请补领。

企业发生分立、合并的，应当在向工商行政管理部门办理变更手续后30日内，到原资质审批部门申请办理资质证书注销手续，并重新核定资质等级；企业的名称、法定代表人等事项发生变更的，应当在办理变更手续后30日内，到原资质审批部门办理资质证书变更手续；企业破产、歇业或者因其他原因终止业务活动的，应当在办理营业执照注销手续后15日内，到原资质审批部门办理资质证书注销手续。

物业服务企业取得资质证书后，不得降低企业的资质条件，并应当接受资质审批部门的监督检查。有下列情形之一的，资质审批部门或者其上级主管部门，根据利害关系人的请求或者根据职权可以撤销资质证书：审批部门工作人员滥用职权、玩忽职守作出物业服务企业资质审批决定的；超越法定职权作出物业服务企业资质审批决定的；违反法定程序作出物业服务企业资质审批决定的；对不具备申请资格或者不符合法定条件的物业服务企业颁发资质证书的；依法可以撤销审批的其他情形。

（5）不同资质等级物业服务企业的业务范围 《物业服务企业资质管理办法》规定，不同资质等级的物业服务企业，只能承担与其资质等级相应的物业管理项目。一级资质的物业服务企业可以承接各种物业管理项目，二级资质的物业服务企业可以承接30万 m² 以下的住宅项目和8万 m² 以下的非住宅项目的物业

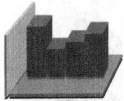

管理业务，三级资质的物业服务企业可以承接 20 万 m² 以下住宅项目和 5 万 m² 以下的非住宅项目的物业管理业务。

2. 物业服务企业的管理规章制度

为了加强物业服务企业自身管理，提高物业服务企业的经营管理水平，协调内部各部门的关系，规范各部门的行为，必须建立和健全企业内部各项规章制度。

（1）物业服务企业的领导制度　根据《中华人民共和国企业法》的规定，企业必须建立两种领导制度，一是经理负责制，二是职工代表大会制。经理是企业的法人代表，在企业的活动中处于中心地位，是企业的最高领导。职工代表大会是企业实行民主管理，决定企业重大问题的领导机构。基层党组织是企业的领导核心，领导企业的政治思想工作，保证和监督党和国家的方针政策在企业中的贯彻执行。经理和企业职工代表大会，要接受党组织的政治领导，并在贯彻执行党的路线、方针、政策方面接受党组织的监督。企业中党组织的政治领导，企业职工代表大会制度，企业经理在经营活动中的负责制，构成了中国企业完整的领导制度。

（2）物业服务企业内部的管理制度　物业服务企业内部的管理制度，主要由以下一些制度构成：①思想政治工作管理制度。这是物业服务企业的主要制度之一。其主要内容包括：企业职工代表大会制度；党的基层工作制度；党组织建设制度。②物业管理制度。根据物业服务合同，具体制订各项物业管理制度，其中主要是房屋及其设施设备管理制度；住宅小区内市政工程管理制度；环境卫生管理制度；安全治安管理制度；车辆管理制度等。③经济核算管理制度。主要是财务工作管理制度；成本工作管理制度；收费制度等。④行政和人事管理制度。这是企业日常工作和人事调配方面的规章制度。主要有各种会议制度；文印文件管理制度；档案管理制度；人事工作管理制度；职工考勤管理制度等。

（3）物业服务企业内部职能与经济责任制　物业服务企业内部经济责任制，主要是正确处理企业内部责、权、利的关系，调动各方面的积极性。物业服务企业的内部经济责任制，可以分为两个方面：一方面是各职能部门的集体经济责任制；另一方面是职工个人的经济责任制。企业内部各职能部门的经济责任制，主要是关于企业内部各部门的责任制度，即办公室、各个职能管理部门、财务部门等的集体经济责任制。职工个人经济责任制主要是关于经理、副经理、经济师、会计师、工程师、部门经理和党的领导人员等经济责任制，以及各种工作岗位上职工的经济责任制。这里的基本原则，是把各部门的职能、业绩和经济效益统一起来。

（4）工资与社会保障制度　物业服务企业内部，必须贯彻按劳分配原则，正确处理企业与职工、职工与职工之间的分配关系，把职工的劳动成果与职工的

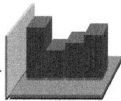

劳动收入直接挂钩。同时要按照国家有关规定，为职工建立健全劳动社会保障关系。

3. 物业服务企业的人员培训管理

由于从事管理的岗位不同，物业服务企业对管理人员的知识结构和执业要求不同，培训的要求也不同。根据国家的有关规定，一些专业性、技术性岗位，如电梯维修、锅炉操作等，必须参加政府有关行业主管部门组织的专业培训，经过考试或考核，达到要求标准，取得资格合格证后，才能持证上岗。

企业根据自己的需要，通常要进行以下培训工作。

（1）岗前（职前）培训　岗前或职前培训，是员工上岗之前进行的培训。培训的要求是让新员工了解企业的基本情况，熟悉企业的各项规章制度，掌握基本的服务知识和岗位工作的具体要求（如工作流程与要求、操作要领等）。通过岗前（职前）培训，可以使新招员工熟悉和适应新的工作环境并掌握必要的工作技能。

（2）在职培训　在职培训，是为了提高和更新在职职工履行职责所必须具备的知识和技能。培训的内容主要是进一步提高职工的工作技能、管理水平和语言培训。培训的具体形式包括轮换学习、总结经验、专题讲座以及外派培训。

（3）交叉培训　交叉培训，主要是提高和增加员工本职工作以外的知识和经验，了解和加深对公司各部门的认识，积累各有关方面的知识和经验，培养物业服务企业的后备人才。

物业服务企业应运用理论与实践相结合的培训方式，采取定期和不定期的多种学习方法，如课堂教育、模拟角色、自我教育、派驻友邻单位观摩学习等。培训宜采取的具体方式包括：建立教育培训基地；利用企业的服务手册，聘请有职业资格的教师授课；聘请专业培训机构进行培训；企业内部指导计划以及经验传授，等等。

本 章 小 结

物业服务企业是依法定资质条件和程序成立，根据物业服务合同与相关政策法规，对物业实行专业化管理的经济实体，是提供附属性服务的企业。它的特点主要表现为契约性、服务性、综合性和社会性。根据不同的标准，可以把物业服务企业划分为不同的类型。物业服务企业管理物业的依据包括法律法规、物业服务合同、管理规约等，在物业管理中，物业服务企业应注意自己的权利和义务。

物业管理服务企业必须根据国家有关规定组建设立。必须到工商管理部门注册登记，领取经营执照，到资质管理部门领取资质证书，到税务部门领取税务登记证等之后，才可以从事物业管理服务活动。

物业服务企业的资质分为三级。由于物业管理的特殊性，物业服务企业的业务范围必须与企业资质等级相符合。物业服务企业应根据自己的资质等级承接相

应的物业管理项目。

　　为了提高物业管理水平，加强自身管理，协调内部各部门的关系，规范各部门的行为，物业服务企业必须建立和健全企业内部各项规章制度，并需要加强企业服务人员的培训管理。

复习思考题

1. 简述物业服务企业的性质与特点。
2. 简述物业服务企业的几种类型。
3. 简述物业服务企业的权利与义务。
4. 简述物业服务企业管理物业的依据。
5. 简述物业服务企业组建的条件与程序。
6. 试述物业管理服务企业组织架构主要模式。
7. 试述物业服务企业资质等级与条件。
8. 简述不同资质等级物业服务企业的业务范围。
9. 简述物业服务企业的规章制度建设。

第5章

物业管理市场与物业服务合同

[内容提要]

　　本章阐述物业管理市场及其结构；物业管理招标与投标的程序；招标文件和投标书的构成，以及物业管理投标过程中的策略、技巧与方法。根据《物业管理条例》的有关规定，简要地介绍物业服务合同的分类与内容、签订及其履行等。

5.1　物业管理市场及其结构

1. 物业管理市场及其特点

　　市场是商品交换或商品买卖关系的总和，是实现商品使用权和价值的场所，是连接生产者和生产者，生产者与消费者的纽带。物业管理市场有广义和狭义之分。广义的物业管理市场是指所有物业管理劳务商品交换关系的总和。凡是存在物业管理劳务商品交换关系的地方，就存在着物业管理市场。狭义的物业管理市场指物业管理劳务商品交换的场所。

　　物业管理市场是建设单位或物业业主与物业服务企业，通过某种选择方式，签订物业服务合同，确立物业服务企业向建设单位或业主提供物业管理服务关系的平台。也就是说，物业管理市场，实际上就是确立物业管理和服务关系的市场。

　　在物业管理市场上，业主购买的或物业服务企业出售的本质上或基本上是一种(管理)服务性商品。这种商品，与其他商品一样，具有价值和使用价值。但是，它又与其他商品不同，它是无形的商品，即它是不能独立存在的或没有独立存在的形态，或者说它的使用价值只能存在于服务的对象上；同时，服务商品与生产过程是不能分开的，即服务商品的生产与消费是同时进行的，服务商品的生产过程也就是服务商品的消费过程。由此也就决定了由服务劳动形成的服务商品的价值，只能存在于服务的对象上。物业服务商品以及物业本身的特点，决定了物业管理市场的以下特点：

（1）服务地域或场所的固定性　物业涉及土地和建筑物，建筑存在于土地之上，土地是不能移动的，由此决定了物业管理服务的对象在空间上是不能移动的。物业管理或服务活动，必须在物业所在的区域内进行。

（2）交换行为（结果）的约定性（契约性）　在一般商品市场上，商品经过交换，购买者取得了商品（使用价值），出卖者取得商品的价值（货币），交易即告结束。在物业管理市场上，市场交换过程只是在供求或买卖双方之间，签订了一个契约，约定了在签约以后一定时期内根据双方确立的责任、权利、义务关系，再提供服务商品或使用价值。也就是说，在物业管理市场上，确立买卖关系在前，提供物业管理服务商品在后。

（3）交换关系或交换过程的整体性　在物业管理市场上，确立的物业管理服务商品，不是单个商品，而通常是包含了物业维护维修、秩序维护、清扫保洁、庭园绿化等多种服务集中于一体的综合性服务。这些综合性服务的内容，对于业主来说，本来就是相互关联、相互补充的。由此决定了物业市场交换关系的整体性或综合性。

2. 物业管理市场的结构

物业管理市场与其他专业市场一样，也是由市场主体、市场客体、市场运行机制和市场环境等构成的。

（1）物业管理市场主体　任何市场的市场主体，都是由需求主体和供给主体构成的。物业管理市场的需求主体，是物业的所有权者和使用人。物业管理市场的供给主体，是物业管理的经营者，即通过合法手续取得物业管理经营资质资格的组织，如综合性的物业服务企业、专业化的服务公司等。为使物业保值增值及更具使用性，业主需要一定标准、专业化的物业管理服务。这种需求创造了供给，物业服务企业为业主提供这种服务并获得报酬。

（2）物业管理市场客体　任何市场的市场客体，都是由在市场上进行交换或买卖的对象构成的。由于在市场上交换或买卖的商品不同，成为一种市场区别于另一种市场的主要标志。在物业管理市场上交换或买卖的对象，是物业管理服务商品，它是一种无形商品。物业管理服务商品，通常由三个方面商品构成，即常规性的公共服务，如提供保洁、秩序维护、绿化服务等；针对性的专项服务，如经营超市、健身场所等；委托性的特约服务，如提供保姆服务、看护等。物业管理市场的客体范围及具体内容是通过物业服务合同来界定的。物业服务合同规定这一客体的内容、形式、存续时限及与客体相关的主体间的权利与义务关系。

（3）物业管理市场运行机制　任何市场交易都是通过市场机制进行或实现的。市场机制指价值规律、供求规律和竞争规律三者之间相互制约、相互作用的关系。它调节着物业管理市场的各个方面，实现物业管理资源优化配置。

价值规律在物业管理市场中表现为物业管理收费与物业管理劳动量的基本一

致性。物业管理服务价格既反映物业管理劳动价值量，实行等价交换；又反映供求状况。物业管理劳务商品的交换是在供求双方讨价还价的基础上完成的。业主提出某种物业管理需求时，物业服务企业就此核算成本并报出价格。业主对此报价作效用评价并与物业服务企业还价。双方经过多次要约与反要约，最终形成交易。

在物业管理市场上，供给是在一定时间内，已经存在于市场和能够提供给市场销售的物业管理服务的总量；需求是在一定时间内，市场上消费者对物业管理服务的具有货币支付能力的需求数量。物业管理市场供求规律，是物业管理市场上的供给与需求双方，通过市场博弈，使供给和需求相互适应，逐渐达到平衡与协调的规律。

竞争主要是物业服务企业之间的竞争。竞争规律主要表现为物业管理资源的转移，即从利润低的物业服务企业向利润高的物业服务企业转移。转移的资源包括资本、技术、人才和客户等。物业服务企业之间的竞争对业主选择物业服务企业及价格的决定都有重要影响。通过竞争，可以使物业管理市场资源逐渐实现合理配置。同时可以打破物业管理市场垄断，提高物业管理服务的层次与水平。

我国尚处于市场经济初级阶段，价格、供求和竞争规律所构成的市场机制的作用还不能完全发挥。尤其是住宅小区，它的物业管理服务价格仍以政府定价或指导价为基础。

（4）物业管理市场秩序　在物业管理市场上，为了确保供求、竞争、价格等市场机制充分发挥作用，必须建立良好的物业管理市场秩序，即确立物业市场运行的规则。其中主要是进入退出条件与秩序、规范经营对象和经营方式、维护合法竞争等规则。

进入物业管理市场的物业服务企业，必须具备一定的资质资格条件；物业服务企业自行破产退出市场，要按规定清偿债务，确定清偿债务的方式和期限。对无偿还能力的债务人（企业）的财产，要按法定程序公平合理地清算，以保证物业管理市场的平等竞争的秩序。对违反国家政策、法律、法令的物业服务企业，要吊销营业执照，责令其退出物业管理市场；对非法经营、质量低劣的物业服务企业，要限期改正，以保证物业管理市场的正常秩序。

规范进入物业管理市场的经营对象和经营方式，即规范物业管理服务的质量等级；委托代理制的经营方式，即由业主委员会决定委托某一物业服务企业进行管理，而不能由任何其他个人或团体强加于业主。

为了维护物业管理市场自由竞争的性质，必须通过法律确立比较完善公开、公平、公正的竞争秩序，约束不合理的竞争行为，

（5）物业管理市场环境　物业管理市场环境，主要是由保证市场交换进行的各项法律法规制度，以及交换主体的主观意志构成的。物业管理市场各项法律

法规制度，主要是由基本社会制度、市场经济体制及国家大法——宪法；与物业管理相关的各种专门性法律，如民法、经济法、合同法等；关于物业管理的具体法规和政策；各类物业管理的契约或合同等构成的。这些制度与法律法规，共同制约着物业管理市场的交换行为。物业管理市场交换主体的主观意志，主要是关于交换主体在服务项目、服务水平、服务收费等方面约定，必须符合物业管理各有关法律法规的规定，才能构成交换主体能够接受的交易条件。

3. 物业管理市场的形成

物业管理市场的形成源于人们对物业管理的需求。需求又创造了供给，物业服务企业应运而生。极少的物业服务企业形成垄断利润，诱使资源注入，使物业管理经营从垄断走向竞争，竞争的无序使代表公众利益的政府介入物业管理，以立法形式规范业界行为，为供求交易提供法律保障。从而才形成了有序的物业管理交易关系，形成了物业管理市场。

（1）物业管理市场需求的形成　物业管理需求的形成受到多种因素的影响：

1）产权形式。产权形式的多元化，是打破传统房管走向物业管理的体制因素。产权多元化程度越高，对物业管理的需求就越大；产权越单一，对物业管理的需求就越小。

2）物业状况。各国物业管理的共同起源均源于中低收入阶层住房状况的改善，源于低档、密集住宅的修缮、消防与秩序维护。所以，物业本身的质量状况、居住密度、住宅年限等是物业管理需求的物质成因基础。

3）经济发展水平。国民经济的发展水平是物业建设和物业市场发展的基础，也是物业管理市场需求的经济条件。国民经济越发达，人们居住、工作环境越好，对物业及其环境的管理服务需求也就越大。所以，物业管理需求与经济发展水平成正比。

4）价格水平。物业管理的需求受业主和住户经济支付能力的制约。因此，物业管理需求的形成与变化必然受到物业管理价格的影响。尤其在我国现阶段，物业管理收费的多少对其需求的影响更大。一般来说，收费越低，物业管理需求越高，即物业管理需求与价格成反比。

5）科技进步状况。科技进步使经济高速发展，物业建设得以增长。这使物业管理需求大幅度增长。同时，科技进步使物业逐步实现智能化，更需要高标准的专业化管理，使物业管理需求向高技术、高标准发展。物业管理与科技进步成正比。

此外，居民的消费倾向与偏好、社会文化水平、精神文明发展程度及人口数量的变化，都对物业管理的需求有重要影响。

（2）物业管理市场供给的形成　物业管理市场供给的形成受多种因素的制约：

1）价格水平。物业服务企业以盈利为目标。当物业管理价格高涨、存在经济利润时，就会吸引社会资本充斥物业管理市场，从而刺激物业管理劳务供给的增加。反之，物业管理资本就会脱离物业管理业转移到利润更高的行业中去，从而减少供给。

2）经济发达程度。经济发达程度不仅决定着物业管理市场的容量和需求水平，进而影响着市场供给，而且决定着可用于物业管理的社会资本量。所以，经济越发达，物业管理供给也越大。

3）成本水平。成本决定着物业管理利润水平。成本高则利润低，资本将从物业管理市场转移出去。所以，成本水平与物业管理供给成反比。

4）竞争状况。竞争使物业管理的经济利润减少、丧失或出现负利润。一部分供应商退出市场，并无形地阻止着新供应商的市场介入。同时，竞争使优胜劣汰，促进物业服务企业改进管理、提高服务水平、开发更多的服务项目，使微观上的供给增加。

5）人才状况。物业管理是专业性较强的经营、技术活动，需要有大量的专业人才。所以，物业管理的经营和技术人才的质与量，制约着物业管理供给的水平。

此外，物业市场的发育程度、房地产宏观经济政策等也对物业管理市场的形成与发展起着重要作用。

（3）物业管理市场规范的形成　物业管理市场形成与发展的道德条件是市场主体间的信用。信用的建立与保持则需要法律。所以，物业管理市场的形成离不开相应的法律规范。在物业管理市场形成过程中，各国政府为维持市场秩序、保护业主与居民权益，均制定了与物业管理有关的法律、行政规章，并依此调整物业管理市场各主体间的经济关系，物业管理市场才得以健康发展。所以，物业管理法制是物业管理市场得以存续的基本原因之一。

5.2　物业管理市场招标与投标

1. 物业管理招标、投标市场

在物业管理市场上，进行买卖和交易物业服务商品的主要方式，是招标和投标。

物业管理市场的发展，物业服务企业的数量与服务项目越来越多。业主有了更多的选择余地。为了得到质优、价廉的物业管理服务，业主开始以招标方式选定委托物业服务企业。物业管理招标是指业主向社会或某个群体公开物业管理权转让条件，吸引物业服务企业竞争物业管理权的商业要约邀请行为。这是业主运用价值规律和竞争规律实现委托物业管理的基本方式之一。

为了应对业主的招标，物业服务企业就必须有针对性的参与投标。物业管理投标是指物业服务企业为了开拓业务，依据物业管理招标的要求与标准，组织编制投标标书、报价竞标的一种商业要约行为。随着物业管理市场的不断发展，参与物业管理市场的投标，将会是物业服务企业取得物业管理权或物业管理业务的主要途径。

实行物业管理招投标制，既是价值规律的内在要求，也是提高物业管理水平的需要。一方面，物业管理劳务必须在市场中等价交换，才能实现其内在的价值。通过招标来评定其价值和价格的可接受程度，正是价值规律的客观要求。另一方面，通过招标，可以促进物业服务企业在价格、服务上相互竞争。这对提高物业管理水平、推动物业管理市场的发展具有现实意义。

《物业管理条例》规定，"国家提倡建设单位按照房地产开发与物业管理相分离的原则通过招投标的方式选聘具有相应资质的物业服务企业。住宅物业建设单位，应当通过招投标的方式选聘具有相应资质的物业服务企业。"

业主或业主委员会，为了更好地管理与使用自己的物业，除了清楚地认识自己所拥有的物业管理权能外，还必须了解物业管理市场，以及物业管理市场上的招投标运行的规律和规则。

2. 物业管理市场招标

（1）物业管理市场招标的方式　在物业管理招投标市场上，通常存在三种招标方式：

1）公开招标。由招标单位在报纸、杂志、广播、电视及专业性刊物等传播媒介上刊登或播出招标通告，公开邀请各投标人竞争。公开招标的最大特征是具有最大限度的公开性，招标人有较大范围的选择空间，可以在众多的投标者中选择报价合理、水平高、信誉良好的投标者成为中标者。这种方式的不足之处是招标工作量大，手续繁琐、费时费力。

2）邀请招标。这是非公开招标方式中的一种，也叫做有限招标，即由招标单位向预先选择的物业服务企业发出邀请信，邀请他们参加物业管理投标竞争。被邀请单位的数量是有限的，通常在3～10个。未被邀请的物业服务企业一般不得参与投标。邀请招标可以节省招标费用，而且还能提高每个投标者中标的概率。但是这种招标方式也限制了竞争范围。

3）协议招标。这种方式同邀请招标一样，属于非公开招标方式的一种，即由业主或其代理人直接邀请某一物业服务企业进行协商，然后达成协议的招标形式。这种招标形式通常适用于物业服务合同的续签；或慕名某一卓越物业服务企业而与之达成协议；或者保密的物业单位等。由于这种招标方式不公开举行，因此具有选择对象单一，缺乏竞争性等缺陷。

在物业管理招标中，究竟选择哪种方式，要根据物业本身的具体情况、招标

单位的实力及有关规定决定。通常需要考虑以下几方面因素：物业管理规模的大小；物业管理的特殊要求；社会上物业企业的数量；物业管理紧急程度；物业管理的保密程度等。

（2）物业管理招标的程序 招标工作由业主组织主持，但也可以委托社会化的管理咨询机构代理。被委托的代理机构，必须具备一定的行业资质和法人资格，同时要具有良好的职业道德。

按照招标惯例，公开招标的整个程序大致可以划分为招标准备、招标实施和招标结束三个阶段。

1）招标准备。招标准备阶段是建设单位或业主决定进行物业管理招标到正式对外招标之前这一阶段所作的一系列准备工作。这一阶段的主要工作是成立招标机构；编制招标文件；确定标底；制定评标、定标方法等。

2）招标实施。招标实施是招标工作的实施过程，大体要经过发出招标邀请或通知；投标单位经营资格预审；分发招标文件及有关技术资料、设计图等，组织投标单位现场查勘和招标文件答疑；开标、公开标底，审查投标书和保函；评标和定标、决定中标单位等几个步骤。

3）招标结束。中标人一旦确定，招标工作便进入结束阶段。在这一阶段，要完成发出中标通知书、签订物业服务合同、整理招投标资料和归档等几项工作。

（3）招标文件的构成及编制 招标文件就是招标单位根据国家有关规定和招标单位的具体要求，向社会发出的招标信息。根据我国招投标法的规定和国际惯例，招标文件基本上由以下几个部分构成。

1）投标邀请书。投标邀请书是向社会或某一群体发出的招标信息，邀请参加者参与投标活动。招标邀请书主要包括以下内容：业主名称、项目名称、地点、范围、技术规范及要求；招标文件的售价；投标文件的投报地点；投标截止时间、开标时间、地点等。投标邀请书可以归入招标文件中，也可以单独寄发。

2）投标人须知。投标人须知是投标的指导性文件。其内容主要包括：①总则。总则是对招标文件的适用范围、常用名称释义、合格投标人和投标费用等问题的说明。②招标文件说明。招标文件说明主要是对招标文件构成、招标文件格式、招标文件修改等问题的说明。③投标书编写要求。投标书编写要求是对投标书编写的具体要求，主要包括：投标书使用的语言文字及计量单位；投标文件组成；投标文件格式；投标报价；投标货币；投标有效期；投标保证金；投标文件份数及签署等。④投标文件递交要求。投标文件递交要求是对投标文件密封和标记、递交投标文件截止时间、投标文件修改和撤销等问题的说明。⑤开标和评标的说明。开标和评标说明主要包括以下内容：开标规则的说明；组建评标委员会的要求；投标文件相应性的确定；投标文件的澄清；对投标文件的评估和比较；

评标原则及方法；评标过程保密。⑥授予合同。授予合同的内容通常包括：定标准则；资格最终审查；接收和拒绝任何或所有投标的权力；中标通知；授予合同时变更数量的权力；合同协议书的签署；履约保证金。

3）招标文件技术规范和要求。招标技术规范是详细说明招标项目的技术要求（如物业管理项目的服务标准、具体工作量等）的文件。招标技术规范，通常以技术规格一览表的形式进行说明，另外还需附上项目的工程图等，作为投标人计算标价时的重要依据。

3. 物业管理投标

（1）物业管理投标程序 物业管理投标程序大致分为以下几个阶段：

1）取得并阅读招标文件。物业服务企业在获得招标信息或招标邀请后，即可与招标人联系获得标书。取得标书之后，就要详细阅读标书的内容。重点是研究招标文件中的各项规定，如开标时间、定标时间、投标保证书等，尤其是对工程设计图、设计说明书和管理服务标准、要求和范围等更要仔细研究。

2）考察物业现场。详细研究招标文件掌握其核心内容后，应进行物业实地考察，参加招标人组织的现场参观，听取其对物业的详细介绍。具体考查工程土建构造、周围设施分布、业主情况以及当地的气候、地质、地理条件等。

3）进行可行性研究。该研究主要包括以下内容：招标物业条件分析、本企业情况分析、竞争对手的分析、风险分析以及财务可行性分析。其中，财务可行性分析主要是进行投标测算。根据成本、市场行情及竞争状况，核算出各项服务的价格及总标价。根据投标测算情况，了解物业管理的财务可行性。

4）编制投标书。根据招标文件和投标测算，本着务实、质优、价廉的原则，制订物业管理方案并编制投标书，在规定的时间内将投标书密封送达招标人。

5）发出投标致函（书）。投标致函（书）是表明物业服务企业决定参与投标的信息。投标致函应当包括以下一些内容：表明投标者完全愿意按招标文件中的规定承担物业管理服务的各项内容（任务）；表明投标者愿意接受该物业整个合同委托管理期限；表明投标者愿意按招标文件规定金额提供履约保证金；说明投标报价的有效期；表明本投标书连同招标者的书面接受通知均具有法律约束力；表明招标者接受其他投标的理解。

6）中标签约。中标物业服务企业接到中标通知以后，要作好签订合同的准备。未中标企业应在收到未中标通知后，及时分析失利原因，总结教训，积累经验。投标物业服务企业无论是否中标，在竞标结束后都应将投标过程中一些重要文件进行分类归档，以备查核。这些文档资料主要是招标文件、招标文件附件及工程设计图、对招标文件进行澄清和修改的会议记录和书面文件、公司投标文件及标书、同招标方的来往信件以及其他重要文件资料等。

（2）物业管理投标书的内容及编制 投标书是投标物业服务企业的投标意

图、报价策略与目标的集中体现，也是招标单位评标、议标和最后签约的主要参考依据。因此，投标书编制的情况如何，将直接影响投标单位投标竞争的成败。

一份正式和完整的投标文件一般要包括封面、序言、正文、附录四个部分。标书的封面一般写招标单位名称、物业管理项目或本投标书的名称（标题）、投标单位名称、投标单位负责人姓名以及标书送投日期等。标书的序言一般包括本公司的简短介绍、投标对象的认定、拟采取的管理策略等。标书的目录一般把标书的主要内容轮廓性地突现出来，以让招标单位在审阅投标文件时一目了然。同时，标书目录也是招标文件要求和投标单位投标意图和经验的反映。投标书正文的内容一般包括招标单位在招标文件中要求投标单位予以解决和明确回答的各个问题。这些主要包括：拟采取的管理方式与方法、提供的管理服务内容及功能、管理人员的配备与培训、经费收支预算、管理规章制度、各项管理指标要求、便民服务项目内容以及愿意承受的有关奖罚内容。标书的附件，一般是对标书正文的补充。那些在标书正文中不能详细说明、难以安排或需要另外附加的资料、证书、演算过程、解释等，都可以安排在附件中。

编制物业管理投标书，需要注意以下几个方面：

投标文件应完全按照招标文件的各项要求，如语言、内容、格式等编制，不得改变标书的格式或要求，如有特殊情况，则可另附补充说明。标书一般不要带任何附加条件（否则将被作为废标）。

确保填写无遗漏，无空缺。投标文件中的每一空白都需填写，如有空缺，则被认为放弃意见；重要数据未填写，可能被作为废标处理。

填写方式规范。投标文件中的每一处空白都最好用印刷字填写，或者用墨水笔正楷字填写，不得任意修改填写内容。投标方递交的全部文件均应由投标方法人代表或委托代理人签字；若填写中有错误而不得不修改，则应由投标方负责人在修改处签字。

投标书最好用印刷字填写，或者用墨水笔工整填写；除投标方对错处作必要修改外，投标文件中不允许出现加行、涂抹或改写痕迹。

计算数字必须准确无误。投标公司必须对单价、合计数、分步合计、总标价及其大写数字进行仔细核对。若发现错误，要及时修改；个别数字，要请示领导后再作决定。

报价合理。高于市场的报价难以被接受，低于成本的报价将被作为废标，或者即使中标也无利可图。投标人应严格按照招标文件的要求填写"开标一览表"、"投标价格表"等。

包装整洁美观。投标书应保证字迹清楚，文本整洁，纸张统一，装帧美观大方。

报价方式规范。凡是以电报、电话、传真等形式进行的投标，招标方概不

接受。

要有说服力、竞争力、鼓动力、吸引力。

严守秘密，公平竞争。投标人应严格执行各项规定，不得行贿、徇私舞弊；不得泄漏自己的标价或串通其他投标人哄抬标价；不得隐瞒事实真相；不得做出损害他人利益的行为。

（3）物业管理投标标价估算　物业管理投标标价是指物业服务企业根据招标方提供的招标文件以及购买的有关物业的工程图资料，考虑招标方的管理要求、物业的实际状况、消费者的消费水平、自己公司的管理实力及形象、物业管理市场价格平均水平等确定的、自己公司拟接管某物业将考虑接受的最低物业管理收费水平。

投标标价的估算主要有以下几个步骤：

投标标价估算的准备。投标企业在决定参与投标后，就要尽快着手进行资料的收集、整理与分析工作，并就招标文件资料编制疑问目录，根据该目录向招标方询问，以便澄清相关疑问；同时，还应编制管理组织安排，确定器械、设备等的成本。

制定管理服务方法及工作量。通常投标公司可根据招标文件中的物业情况和管理服务范围、要求，详细列出完成所要求管理服务任务的方法及工作量。

制订资金计划。资金计划应当在确定管理服务内容及工作量的基础上制订。资金计划应以资金流量为根据进行测算，一般说来，资金流入应适当大于资金流出，这样的资金计划安排对评标委员会才具有说服力。

有的国家标价的试算。通常，在确定了工作量之后，就可用服务单价乘以工作量，得出管理服务费用。对服务单价有具体规定；没有规定的，投标单位可以根据物业的不同情况，竞争对手的状况，针对具体问题具体分析后再确定。

标价评估与调整。对于上述试算结果，投标者必须经过进一步评估才能最后确定标价。现行标价的评估内容大致包括两方面：一是价格类比，二是竞争形势分析。分析之后便可进行标价调整。投标标价调整的内容主要包括服务项目的单价调整和加价调整。

投标标价的确定。通过上述几个步骤，参与投标的物业服务企业便可以确定出适合自身情况的最终的合理标价。

5.3　物业服务合同及其签订

1. 物业服务合同的性质与类型

（1）物业服务合同的概念与性质　《中华人民共和国物权法》第八十一条规定，业主可以自行管理建筑物及其附属设施，也可以委托物业服务企业或者其他

管理人管理。《物业管理条例》第二十一条规定，在业主、业主大会选聘物业服务企业之前，建设单位可以选聘物业服务企业。委托或者选聘物业服务企业从事物业管理，必须签订物业服务合同。物业服务合同是建设单位或业主与物业服务企业，为实现物业管理服务的目标，就委托物业管理事项所达成并签订的明确双方权利和义务关系的协议。

很明显，物业服务合同属于委托合同。委托合同是受托人以委托人的名义并由委托人出资为委托人处理委托事宜，委托人支付约定报酬的协议。通过招标和投标，建设单位或业主与中标的物业服务企业签订物业服务合同（或协议书），这样就在法律上确立了物业服务企业取得物业管理权的事实。实际上，物业服务企业与建设单位或业主签订的物业服务合同，在程序上也表明了建设单位或业主把物业管理权委托给了物业服务企业。物业服务企业行使的物业管理权是以建设单位或业主对物业的管理权为基础和限度的。或者说是建设单位或业主对物业管理权的外部表现。

物业服务合同也是一种劳务合同。劳务合同是一方付出劳务，另一方支付报酬的合同。其特点是交易双方不存在一一对应关系。物业服务合同就是物业服务企业为建设单位或业主提供劳务服务并获得报酬的合同。

物业服务合同还是一种综合性合同。一般的合同标的通常都较单一。而物业服务合同的标的不仅包括房屋及设备设施的维修养护，而且通常还会有秩序维护、环境卫生、绿化美化、道路养护等多项内容。

（2）物业服务合同的类型　依据委托人和委托阶段的不同，物业服务合同基本上可以分为以下两大类型：

1）前期物业服务合同。《物业管理条例》第二十一条规定："在业主、业主大会选聘物业管理企业之前，建设单位选聘物业服务企业的，应当签订前期的书面物业服务合同"。前期物业服务合同是建设单位（如房地产开发企业、公房出售单位及其他房屋建设单位）在销售或分配物业之前，与物业服务企业签订的物业服务合同。这个合同是针对前期物业管理服务所签订的，是实施物业管理的第一个合同。合同甲方是建设单位，合同乙方是甲方选聘的物业服务企业。《物业管理条例》第二十六条规定，"前期物业服务合同可以约定期限；但是，期限未满、业主委员会与物业服务企业签订的物业服务合同生效的，前期物业服务合同终止。"

2）物业服务合同。《物业管理条例》第三十五条第一款规定："业主委员会应当与业主大会选聘的物业服务企业订立书面的物业服务合同。"由此可见，物业服务合同是业主委员会成立后，由业主委员会与业主大会所选聘的物业服务企业签订的书面物业服务合同。《中华人民共和国物权法》第八十一条指出，"对建设单位聘请的物业服务企业或者其他管理人，业主有权依法更换。"在同等条件下，业主委员会应当优先选聘与物业买受人签订过《前期物业服务合同》的物业服务企业。物业服务合同的甲方是业主委员会，合同的乙方是业主大会选聘的物业服务企业。该合同一经签订生效，《前期物业服务合同》即自行终止。

2. 物业服务合同的主要内容

物业服务合同大体包括以下内容：

（1）总则　物业服务合同总则是对物业服务合同的总的说明。其主要内容大致包括：

1）合同当事人，包括委托方（一般简称为甲方）的名称（姓名）、登记号（身份证号）、通信地址、电话等联系方式；受托方（一般简称为乙方）的名称、营业执照注册号、企业资质证书号、法定代表人、委托代理人、通信地址、电话等联系方式。

2）物业服务合同主要是依据哪些法律法规和政策规定。通常会说明签订的物业服务合同是根据《中华人民共和国合同法》、《中华人民共和国物权法》、《物业管理条例》等有关法律、法规的规定，甲乙双方在自愿、平等、公平、诚实、信用的基础上，就物业服务有关事宜协商订立的。

3）委托服务的物业项目的基本情况。该情况大致包括物业的名称（地名核准名称或暂定名）、类型、坐落位置、占地面积和建筑面积、区域、建成年月、规划平面图和委托的物业构成明细（以实际验收清单为准）等。

（2）委托服务事项或物业服务内容　委托服务事项主要是关于物业服务内容的构成情况。通常可以包括以下方面：

建筑物本体建筑的维修养护与更新改造。

物业共用部位的日常维修、养护和管理（共用部位明细另附）。

物业共用设施设备的日常维修养护、运行和管理（共用设施设备明细另附）。

环境卫生管理与服务，包括公共绿地、景观的养护；清洁服务，包括物业共用部位、公共区域的清洁卫生，垃圾的收集等。

秩序维护与消防管理与服务，包括车辆道路交通管理；公共区域消防设施的维护以及消防管理制度的建立；发生安全事故，及时向有关部门报告，协助做好救助工作等。

物业装饰装修管理。按照法律、法规和有关约定对物业装饰装修提供管理服务。

物业档案资料管理。

其他管理服务事项。

（3）物业服务质量标准　明确物业服务质量的要求和标准，既有利于物业服务企业提高管理效率和管理水平，也有利于业主实施对物业服务企业的监督、检查。甲乙双方可以约定物业服务标准（另附附件），也可以按照中国物业管理

协会 2004 年颁发的《普通住宅小区物业管理服务等级标准》(试行)或者当地行政主管部门编制的物业管理服务标准来执行。

(4) 物业服务费用　物业服务合同中的服务费用的主要内容是:

物业区域物业服务收费方式,应标明是包干制还是酬金制。

在包干制收费方式下,应说明不同类型物业的具体收费标准以及企业盈亏处理办法。

在酬金制收费方式下,应说明预先缴纳的时间,不同类型物业的具体收费标准;物业服务的具体支出构成;物业服务企业酬金的提取方式和提取标准。

物业服务费按年、半年或季度的缴纳方式与每次缴费的具体时间。

服务费标准调整的办法与依据等。

专项服务和特约服务收费的标准。

(5) 共用部位、共用设施收益及分配　物业服务企业经营归业主所有的共用部位、共用设施设备用于广告、房屋租赁、会所经营、商业促销等活动,所取得收益的具体分配和使用办法。如收益归业主的部分,是按补充专项维修资金,分摊到户,还是抵减下一年度物业服务费,分摊到户,或者由业主大会表决等方式来决定。

(6) 合同双方权利与义务　由于物业服务企业的不同,物业管理项目和具体内容等的不同,物业服务需求双方的权利与义务也就不可能完全一样。所以,合同双方必须根据物业的性质和特点,在物业服务合同中有针对性地确立双方的权利与义务关系。

(7) 合同终止　说明合同期限以及合同终止的具体情况,合同终止前和终止后的各项注意事项或处理办法。

(8) 违约责任　违约责任是合同一方或双方当事人违反合同规定的义务,依照法律规定或合同约定由过错一方当事人应承担的补偿责任。这里应详细列举具体的违约行为、违约责任及违约处理办法。

(9) 附则　附则一般记录合同双方对合同生效、变更、争议解决、续约和解除等的约定。

(10) 附件　一般包括规划平面图、物业构成明细、物业共用部位明细、物业共用设施设备明细、物业服务标准、移交资料清单以及违约责任约定等。

3. 物业服务合同的签订、履行与解除

(1) 物业服务合同的签订　签订物业服务合同大致要经历以下几个阶段:合同双方就一些不清晰、不完备的条款进行协商、补充和完善;签订谅解备忘录;发送中标函或签发意向书;签订物业服务合同。

物业服务合同的签订双方是建设单位与物业服务企业,或者业主与物业服务企业。作为物业服务企业,在中标或被选定(选聘)之后,在签署合同之前,应

与招标方或选聘方一起本着求同存异的原则，围绕物业管理业务的方方面面，从主要款项到具体细节进行研究和磋商。对合同中的每一条款反复琢磨，对合同中存在疑义的条款，要认真辨析或请对方给予清楚的解释，必要时请有关的法律顾问协助谈判和签约。对于有些地方有物业服务合同规范文本的，合同签订双方也应该就具体内容，如共用部位的范围、物业服务收费方式及标准的内涵等进行商讨。同时，对于难以实现的服务质量标准，也不能出于某种目的而轻易承诺。一旦物业管理区域发生承诺过的恶性事件，物业服务企业就将难以摆脱责任，必须承担相应的赔偿责任。

（2）物业服务合同的履行　物业服务合同签订以后，就进入履行阶段。物业服务合同的履行不仅指签订合同双方最后的交付行为，而且还包括双方一系列行为及其结果的总和。物业服务合同的履行在法律上通常规定为全部履行，即中标企业按照合同规定的标的及其质量、数量、服务期限、服务地点等，全面完成各项物业服务的过程，也是建设单位或业主协助物业服务企业完成物业服务的过程。

在双方履行物业服务合同过程中，应当遵循以下原则：①协作履行原则。任何一方履行合同义务，另一方当事人应适当受领给付；一方履行合同义务，另一方应当积极提供方便；一方因故不能履行或不能完全履行合同时，应积极采取补救措施以减少损失；当发生合同争议纠纷时，双方都应当主动承担责任，不得相互推诿。②情势变更原则。这一原则是指在合同成立之后，不是因当事人双方的过错而发生情势变更，致使继续履行合同对某一方当事人会显失公平，此时当事人可以请求变更或解除合同。其中，物业服务合同履行中的变更，通常具有两个主要特点：协商一致性和局部变更性。

（3）物业服务合同的解除　物业服务合同解除，就是物业服务合同的终止或解除。导致物业服务合同终止或解除，大体上有以下一些原因：合同规定的期限届满；当事人一方违约，经法院判决解除合同；当事人一方侵害另一方权益，经协商或法院判决解除合同；当事人双方商定解除合同。物业服务合同解除后，尚未履行的项目（部分），终止履行。已经履行的，根据履行情况，当事人有权要求得到补救，并有权要求赔偿损失。

必须明确的是，由业主和物业服务企业等当事人各方，采用协商方式变更或解除物业服务合同，在协议未达成之前，原物业服务合同仍然有效。所以，不管是业主还是物业服务企业都要继续认真履行原服务合同。否则，就必须承担由此而带来的损失的赔偿责任。

本 章 小 结

物业管理市场是建设单位或物业业主与物业服务企业，通过某种选择方式，

签订物业服务合同，确立物业服务企业向建设单位或业主提供物业管理服务关系的平台。物业管理市场是由市场主体、市场客体、市场运行机制和市场环境等构成的。在物业管理市场上，交换或买卖的是劳务与服务商品。因此，物业管理市场的形成与物业服务需求、供给及相关规范的形成密切相关。

物业管理市场上的交易，通常是通过招标和投标方式进行的。物业管理招标和投标主要类型有公开招标、邀请招标、协议招标等方式。无论是业主招标，还是物业服务企业投标，都根据招标投标程序，按要求编制招标书和投标书，根据有关要求对投标书进行评定，最后确定中标企业。

中标的物业服务企业，必须与招标单位或业主，认真签订物业服务合同。物业服务合同不仅确立了物业企业管理物业的权利，而且确立了物业服务企业服务的内容。因此，合同双方应在认真商讨物业服务合同的基本内容的基础上，协商一致后签订物业服务合同。这也为物业服务合同的顺利履行、变更甚至解除打下良好的基础。

复习思考题

1. 试述物业管理市场的性质、特征和构成。
2. 简述物业管理招标的方式。
3. 简述物业管理招标的程序。
4. 简述物业管理招标文件的构成。
5. 简述物业管理投标的程序。
6. 简述物业管理投标书的内容及编制方法。
7. 简述物业管理投标标价的估算。
8. 试述物业服务合同的性质与类型。
9. 试述物业服务合同的主要内容。
10. 简述物业服务合同的签订、履行与解除。

第3篇　物业管理的基本内容

这一篇是由第6章前期物业管理，第7章物业日常管理与服务，第8章物业服务质量与品牌管理，第9章物业服务企业财务管理，第10章物业管理纠纷防范与处理共5章构成，主要说明物业管理的基本过程和基本内容。

前期物业管理是物业管理的一个重要且特殊的阶段。第6章主要介绍前期物业管理的含义、内容和意义；接管验收的内容、程序及注意事项；入伙与物业装饰装修的管理；物业档案资料的整理和管理等内容。前期物业管理为后续的物业管理奠定了良好的基础。

物业日常管理是物业服务企业提供的最基本的管理和服务内容。第7章概述房屋维修与养护管理、房屋附属设备设施管理、综合环境管理以及物业区域综合经营服务等内容。

加强物业服务的全面质量管理，创建物业管理品牌，是物业服务企业的重要任务。为了提高物业管理质量和环境管理水平，要求物业服务企业建立一个符合国际惯例的质量和环境管理体系，并加强品牌管理。第8章主要介绍全面质量管理、ISO 9000和ISO 14000标准的产生发展及内容，管理体系的建立、实施和认证程序，以及物业服务企业品牌管理等内容。

物业服务企业财务管理是进行物业管理的基本条件。第9章简要说明物业服务企业财务管理的含义与内容、物业服务资金收缴管理以及财务报告分析与公布等内容。

物业管理涉及人们的切身利益，极其容易引起矛盾与纠纷。第10章简要地介绍物业管理纠纷的类型、特点及其产生的原因；物业服务企业防范物业纠纷的措施；说明物业服务企业应当如何正确对待和处理物业投诉，以及处理物业管理纠纷的依据和方式方法。

通过这一篇的学习，可以掌握物业管理的基本过程和基本业务内容。

第6章

前期物业管理

[内容提要]

前期物业管理是物业管理的一个重要且特殊的阶段。本章主要介绍前期物业管理的含义、内容和意义；物业服务企业对物业的接管验收的条件、程序及注意事项；物业服务企业对入伙以及装饰装修的管理；物业服务企业对物业档案资料的建立和管理等内容。

6.1 前期物业管理的意义与任务

1. 前期物业管理含义

根据《物业管理条例》等相关法律法规的规定，前期物业管理是在业主委员会与业主大会选聘的物业服务企业签订物业服务合同之前，由建设单位选聘的物业服务企业实施的物业管理。实际状况是，房地产开发商会在新建商品住宅出售前选聘好物业服务企业，并与其签订前期物业服务合同，这样业主一旦入住，就能够享受到物业服务企业提供的各种服务。

由于业主大会的成立需要具备一定的条件，并要遵循一定的程序，因此，从物业开始销售、部分业主开始入住，到业主正式选聘物业服务企业进行物业管理一般需要一到两年，甚至更长时间。在此期间，先期入住的业主所需要的房屋维修养护、卫生、秩序维护、绿化等物业管理服务如何得到保障就成了物业消费者关注的重点。前期物业管理因此而变得非常必要。

对前期物业管理的理解应注意以下几点：

1）前期物业管理阶段的物业服务企业是由开发商或建设单位选聘的。这是由于业主大会尚未成立，无法由其选聘物业服务企业。此时开发商或建设单位作为最大的业主，它熟悉物业的各种情况，无论是从对先期入住的业主负责的角度，还是从促进物业后期销售的角度考虑，都应该而且可以选聘物业服务企业实施前期物业管理。

2）物业服务企业要同开发商或建设单位签订前期物业服务合同。在房屋销售时，开发商或建设单位要将前期物业服务合同向买房人明示，并取得买房人的书面认可。这样就可以尽可能地避免诸如买房以后发现开发商售房时所承诺的水、暖、电梯等配套设施不到位，或者业主入住以后，才发现物业服务收费和当初的约定有很大出入等许多矛盾纠纷情况的出现。

3）前期物业管理是不定时的管理。前期物业管理的时间一般是从房屋销售之前，到业主委员会与业主大会选聘的物业服务企业签订正式的物业服务合同生效时为止。这个时间太长并且是不确定的。《物业管理条例》明确规定，业主委员会成立以后，全体业主所持投票权 2/3 以上通过，即可选聘物业服务企业。在这之后，业主委员会与物业服务企业应签订正式的物业服务合同。

4）前期物业服务期间所涉及的法律主体有三方，即开发商或建设单位、物业服务企业和房屋买受人。建设单位或开发商是物业的供应者，也是前期物业管理的责任人，房屋销售以后应负责所售房屋的物业管理，并应承担保修义务。物业服务企业作为独立的法律主体，受建设单位的委托，对业主提供协议约定的物业管理服务，并收取相应的费用。未售出部分物业的物业管理费用由建设单位承担。房屋买受人购房以后，按照协议的约定享受物业服务企业提供的服务，并承担缴费等相应的义务，接受物业服务企业的服务。

2. 前期物业管理的意义

前期物业管理，无论是对物业、物业业主以及对开发商都有着重要的意义。

（1）有利于后期管理工作的顺利进行　物业服务企业通过前期管理，形成了对物业质量和功能的全面了解，可以保证维修质量，提高工作效率和工作质量。同时，在前期管理中，业主和物业服务企业建立了密切的联系，经过一段时间的磨合，物业管理的观念逐步深入人心，建立了顺畅的服务渠道。经过一段时间的管理，物业服务企业初步建立了同环卫、水电、煤气、通信、维修、绿化等各部门之间的关系，外部环境逐步理顺，这也有利于物业后期管理工作的进行。如果前期物业服务企业能够获得成立后的业主大会的聘任，在开展后期物业管理中，将会比较顺利地开展相关工作。

（2）规范的前期物业管理是对开发商、物业服务企业、业主三方都有利的明智选择　对开发商来说，实行前期物业管理可以促进物业的推销和招租，使开发商圆满完成物业开发全过程。良好的物业管理服务提升了物业的附加价值，增加了物业的卖点，必然会促进物业的后期租售，有利于开发商树立良好的企业形象。

对业主来讲，前期物业管理可以维护全体业主的合法权益。由于在前期物业管理中，物业服务企业已经站在业主的立场上，用专业化的手段对物业进行了严格的接管验收，有利于业主入住后相关工程质量等问题的顺利解决。

有利于物业服务企业的长远发展。物业服务企业要通过市场竞争，以招投标方式取得物业的管理权。前期物业管理结束以后，如果业主不满意，有可能失去管理权。这有利于督促物业企业完善自身的管理机制，促进其服务质量的提升。

（3）有利于建立良好的物业管理秩序　前期物业管理的介入，要求开发商在房屋销售前，必须与物业服务企业签订前期物业服务合同。业主或购房人，必须对前期物业服务合同中所规定的内容予以书面确认，明确物业管理的内容、标准、价格、期限以及物业服务企业的名称和资质等级等。建设单位与物业买受人签订的买卖合同应当包含前期物业服务合同的内容。买房人如果拒绝接受拟订的前期物业服务合同也就意味着物业买卖无法成交，这是对开发商和物业服务企业最有效的制约。反之，业主一旦接受了这份合同的规定内容，就必须在前期物业管理阶段服从物业服务企业依法依约进行的管理。

3. 前期物业管理的主要任务

前期物业服务合同一经签订，物业服务企业就必须开始落实物业管理工作。前期物业管理主要有以下几个方面工作或任务。

（1）设立物业服务机构　前期物业服务合同一经签订，物业服务企业就应着手落实该物业的管理服务机构（如管理处、项目处等）以及管理人员。机构的设置应根据委托物业的用途、面积等确定；人员的配备除考虑管理人员的选派外，还要考虑操作层如维修养护、秩序维护、清洁、绿化等人员的招聘。管理人员与操作人员确定以后，还应根据各自的职责进行培训，以便他们对所管理的物业有清晰的了解，明确各自的服务对象和职责范围。

（2）制定前期物业服务的规章制度　必要的规章制度是实施和规范前期物业管理行为的保证。规章制度的制定应依据国家和政府有关部门的法律、法令和文件，并结合本物业的实际情况，这是物业管理逐步成熟并走向规范化、程序化、法制化道路的重要前提。重要的规章制度如：管理机构的职责范围、各类人员的岗位责任制、装饰装修管理制度、秩序维护管理制度、财务管理制度等。这些文件和制度的制定应在业主入住以前完成。

（3）承接查验物业　物业的查验是直接关系到今后物业管理工作能否正常开展的一个重要环节。严格按规范做好承接查验工作，提前熟悉所安装的设备设施，可以确保物业服务企业从物业开始投入使用即能为业主提供良好的物业服务。验收合格后，开发商或建设单位应向物业服务企业移交整套物业相关明细资料，以方便今后的物业管理和维修养护。在物业保修期间，物业服务企业还应与开发商或建设单位签订保修实施合同，明确保修项目、内容、原则、责任和方式。

（4）业主入伙和装修管理　"入伙"是指购房业主收到书面通知书，在规定期限内办完相应手续并实际入住，即将物业正式交付业主或使用人使用的过

程。这个过程需要物业服务企业的参与。业主入伙以后，通常要面临房屋装饰装修的问题。物业服务企业要加强业主装饰装修的管理，以避免装修污染、装修扰邻、危害公共利益甚至装修工程质量事故的出现。

（5）做好物业档案资料管理　物业档案是物业维修养护、设备更新改造的依据，是物业服务企业和业主保持联系、提供业主所需服务的必要资料，也是物业服务企业解决可能遇到的纠纷的法律凭据。所以，在物业服务企业接管物业和业主或租户入伙以后，应及时建立物业服务档案及相关的管理制度。

6.2　物业承接查验与管理

6.2.1　物业承接查验的条件、依据及资料

2011年1月1日起执行的《物业承接查验办法》（建房〔2010〕165号）指出，物业承接查验是指承接新建物业前，物业服务企业和建设单位按照国家有关规定和前期物业服务合同的约定，共同对物业共用部位、共用设施设备进行检查和验收的活动。前期物业服务合同终止后，业主委员会与业主大会选聘的物业服务企业之间的承接查验活动可以参照执行本《物业承接查验办法》。

1. 物业承接查验的条件

《物业承接查验办法》第十一条规定，实施承接查验的物业，应当具备以下条件：①建设工程竣工验收合格，取得规划、消防、环保等主管部门出具的认可或者准许使用文件，并经建设行政主管部门备案。②供水、排水、供电、供气、供热、通信、公共照明、有线电视等市政公用设施设备按规划设计要求建成，供水、供电、供气、供热已安装独立计量表具。③教育、邮政、医疗卫生、文化体育、环卫、社区服务等公共服务设施已按规划设计要求建成。④道路、绿地和物业服务用房等公共配套设施按规划设计要求建成，并满足使用功能要求。⑤电梯、二次供水、高压供电、消防设施、压力容器、电子监控系统等共用设施设备取得使用合格证书。⑥物业使用、维护和管理的相关技术资料完整齐全。⑦法律、法规规定的其他条件。

2. 物业承接查验的依据

《物业承接查验办法》规定，实施物业承接查验，主要依据下列文件：

（1）物业买卖合同　建设单位与物业买受人签订的物业买卖合同，应当约定其所交付物业的共用部位、共用设施设备的配置和建设标准。

（2）临时管理规约　建设单位制定的临时管理规约，应当对全体业主同意授权物业服务企业代为查验物业共用部位、共用设施设备的事项作出约定。

（3）前期物业服务合同　建设单位与物业服务企业签订的前期物业服务合

同，应当包含物业承接查验的内容。前期物业服务合同就物业承接查验的内容没有约定或者约定不明确的，建设单位与物业服务企业可以协议补充。不能达成补充协议的，按照国家标准、行业标准履行；没有国家标准、行业标准的，按照通常标准或者符合合同目的的特定标准履行。

（4）物业规划设计方案。

（5）建设单位移交的竣工图资料。

（6）建设工程质量法规、政策、标准和规范。

3. 物业承接查验的资料

《物业承接查验办法》第十四条规定，现场查验 20 日前，建设单位应当向物业服务企业移交下列资料：①竣工总平面图，单体建筑、结构、设备竣工图，配套设施、地下管网工程竣工图等竣工验收资料。②共用设施设备清单及其安装、使用和维护保养等技术资料。③供水、供电、供气、供热、通信、有线电视等准许使用文件。④物业质量保修文件和物业使用说明文件。⑤承接查验所必需的其他资料。未能全部移交前款所列资料的，建设单位应当列出未移交资料的详细清单并书面承诺补交的具体时限。

该办法第九条规定，建设单位应当按照国家有关规定和物业买卖合同的约定，移交权属明确、资料完整、质量合格、功能完备、配套齐全的物业。第十五条规定，物业服务企业应当对建设单位移交的资料进行清点和核查，重点核查共用设施设备出厂、安装、试验和运行的合格证明文件。

6.2.2　物业承接查验的程序、内容及现场查验

1. 物业承接查验的程序

《物业承接查验办法》第十条规定，建设单位应当在物业交付使用 15 日前，与选聘的物业服务企业完成物业共用部位、共用设施设备的承接查验工作。第十三条规定，物业承接查验按照下列程序进行：

1）确定物业承接查验方案。

2）移交有关竣工图资料。

3）查验共用部位、共用设施设备。

4）解决查验发现的问题。

5）确认现场查验结果。

6）签订物业承接查验协议。物业承接查验协议应当对物业承接查验基本情况、存在问题、解决方法及其时限、双方权利与义务、违约责任等事项作出明确约定。物业承接查验协议作为前期物业服务合同的补充协议，与前期物业服务合同具有同等法律效力。物业承接查验协议生效后，当事人一方不履行协议约定的交接义务，导致前期物业服务合同无法履行的，应当承担违约责任。

7）办理物业交接手续。建设单位应当在物业承接查验协议签订后 10 日内办理物业交接手续，向物业服务企业移交物业服务用房以及其他物业共用部位、共用设施设备。交接工作应当形成书面记录。交接记录应当包括移交资料明细、物业共用部位、共用设施设备明细、交接时间、交接方式等内容。交接记录应当由建设单位和物业服务企业共同签章确认。分期开发建设的物业项目，可以根据开发进度，对符合交付使用条件的物业分期承接查验。建设单位与物业服务企业应当在承接最后一期物业时，办理物业项目整体交接手续。

2. 物业承接查验的内容

《物业承接查验办法》第十六条规定，物业服务企业应当对下列物业共用部位、共用设施设备进行现场检查和验收：

（1）共用部位　一般包括建筑物的基础、承重墙体、柱、梁、楼板、屋顶以及外墙、门厅、楼梯间、走廊、楼道、扶手、护栏、电梯井道、架空层及设备间等。

（2）共用设备　一般包括电梯、水泵、水箱、避雷设施、消防设备、楼道灯、电视天线、发电机、变配电设备、给排水管线、电线、供暖及空调设备等。

（3）共用设施　一般包括道路、绿地、人造景观、围墙、大门、信报箱、宣传栏、路灯、排水沟、渠、池、污水井、化粪池、垃圾容器、污水处理设施、机动车(非机动车)停车设施、休闲娱乐设施、消防设施、安防监控设施、人防设施、垃圾转运设施以及物业服务用房等。

该办法第十七条同时规定，建设单位应当依法移交有关单位的供水、供电、供气、供热、通信和有线电视等共用设施设备，不作为物业服务企业现场检查和验收的内容。

3. 物业承接的现场查验

根据《物业承接查验办法》的规定，现场查验应当综合运用核对、观察、使用、检测和试验等方法，重点查验物业共用部位、共用设施设备的配置标准、外观质量和使用功能。

现场查验应当形成书面记录。查验记录应当包括查验时间、项目名称、查验范围、查验方法、存在问题、修复情况以及查验结论等内容，查验记录应当由建设单位和物业服务企业参加查验的人员签字确认。

现场查验中，物业服务企业应当将物业共用部位、共用设施设备的数量和质量不符合约定或者规定的情形，书面通知建设单位，建设单位应当及时解决并组织物业服务企业复验。

建设单位应当委派专业人员参与现场查验，与物业服务企业共同确认现场查验的结果，签订物业承接查验协议。

物业承接查验可以邀请业主代表以及物业所在地房地产行政主管部门参加，

可以聘请相关专业机构协助进行，物业承接查验的过程和结果可以公证。

6.2.3　物业承接查验的注意事项与责任划分

物业承接查验应当遵循诚实信用、客观公正、权责分明以及保护业主共有财产的原则。鼓励物业服务企业通过参与建设工程的设计、施工、分户验收和竣工验收等活动，向建设单位提供有关物业管理的建议，为实施物业承接查验创造有利条件。

物业承接查验费用的承担，由建设单位和物业服务企业在前期物业服务合同中约定。没有约定或者约定不明确的，由建设单位承担。

物业交接后，建设单位未能按照物业承接查验协议的约定，及时解决物业共用部位、共用设施设备存在的问题，导致业主人身、财产安全受到损害的，应当依法承担相应的法律责任。物业交接后，发现隐蔽工程质量问题，影响房屋结构安全和正常使用的，建设单位应当负责修复；给业主造成经济损失的，建设单位应当依法承担赔偿责任。

自物业交接之日起，物业服务企业应当全面履行前期物业服务合同约定的、法律法规规定的以及行业规范确定的维修、养护和管理义务，承担因管理服务不当致使物业共用部位、共用设施设备毁损或者灭失的责任。

物业服务企业应当将承接查验的有关文件、资料和记录建立档案并妥善保管。物业承接查验档案属于全体业主所有。前期物业服务合同终止，业主大会选聘新的物业服务企业的，原物业服务企业应当在前期物业服务合同终止之日起10 日内，向业主委员会移交物业承接查验档案。

建设单位应当按照国家规定的保修期限和保修范围，承担物业共用部位、共用设施设备的保修责任。建设单位可以委托物业服务企业提供物业共用部位、共用设施设备的保修服务，服务内容和费用由双方约定。建设单位不得凭借关联关系滥用股东权利，在物业承接查验中免除自身责任，加重物业服务企业的责任，损害物业买受人的权益。建设单位不得以物业交付期限届满为由，要求物业服务企业承接不符合交用条件或者未经查验的物业。

物业服务企业擅自承接未经查验的物业，因物业共用部位、共用设施设备缺陷给业主造成损害的，物业服务企业应当承担相应的赔偿责任。

建设单位与物业服务企业恶意串通、弄虚作假，在物业承接查验活动中共同侵害业主利益的，双方应当共同承担赔偿责任。

6.2.4　物业承接查验的管理

《物业承接查验办法》规定，国务院住房和城乡建设主管部门负责全国物业承接查验活动的指导和监督工作。县级以上地方人民政府房地产行政主管部门负

责本行政区域内物业承接查验活动的指导和监督工作。

物业服务企业应当自物业交接后 30 日内，持下列文件向物业所在地的区、县(市)房地产行政主管部门办理备案手续：前期物业服务合同；临时管理规约；物业承接查验协议；建设单位移交的资料清单；查验记录；交接记录；承接查验的其他有关文件。建设单位和物业服务企业应当将物业承接查验备案情况书面告知业主。

物业承接查验活动，业主享有知情权和监督权。物业所在地房地产行政主管部门应当及时处理业主对建设单位和物业服务企业承接查验行为的投诉。

建设单位、物业服务企业未按本办法履行承接查验义务的，由物业所在地房地产行政主管部门责令限期改正；逾期仍不改正的，作为不良经营行为记入企业信用档案，并予以通报。

建设单位不移交有关承接查验资料的，由物业所在地房地产行政主管部门责令限期改正；逾期仍不移交的，对建设单位予以通报，并按照《物业管理条例》的规定处罚。

物业承接查验中发生的争议，可以申请物业所在地房地产行政主管部门调解，也可以委托有关行业协会调解。

6.3　入伙管理及装修管理

1. 入伙管理的准备

物业管理中的"入伙"，就是业主或租户领取了钥匙，进入住房或入住，就叫做"入伙"。物业服务企业在业主入伙阶段，必须做好以下一些准备工作。

（1）熟悉物业和业主情况　物业管理人员，应及时从开发商手中取得已售物业业主的详细资料，努力熟悉业主及其所购置的物业单元的情况，做到为每一位业主提供周到的服务。

（2）制订并落实入伙方案　该方案包括：拟订入住流程；拟订入住后在秩序维护、停车管理、垃圾清运等方面的制度和管理措施；拟订物资采购计划，主要是维修材料、工具、办公用品等；拟订、印刷相关的文件资料，如《管理公约》、《住户手册》、《入伙通知书》、《收楼须知》、《收费通知单》、《物业交接书》和《入住表格》等。

（3）管理人员培训和动员　业主入伙前，管理人员必须全部到位，并进行严格培训，做好动员工作，激发员工工作热情，减少工作中的差错，确保提高服务质量。

（4）协调相关部门关系　物业服务企业应当与开发商或建设单位一起，同水、电、燃气、电信等公用事业部门协调关系，努力解决业主入住以后市政设施

供应问题，为业主生活提供方便，以利于开展物业管理工作。

（5）设备设施试运行　物业管理中的给排水、电梯、照明、空调、燃气、通信、消防报警等系统，必须进行试运行，如果发现问题应当及时整改，确保设备设施正常运行。

（6）做好清洁卫生和秩序维护工作　物业管理一开始，就应当做好环境卫生工作。加强秩序维护工作。使业主生活在一个整洁和安全的环境中。

2. 入伙管理的实施

物业服务企业实施入伙管理的大致流程如下：

（1）入伙验证　物业管理入伙验证，就是出示有效证件。入伙验证包括两个方面工作。一是物业服务企业主动出示公司有关证件、委托合同、政府文件及开发商同意交楼的书面文件；二是业主出示身份证件或授权委托书、购租房合同、房屋缴款证明等。

（2）发出入伙函件　物业服务企业向业主发出的入住函件，主要包括入伙通知书、入伙手续书、收楼须知、收费通知单、住户登记表等，告知业主或租户在规定时间备齐相关资料，到指定地点办理入住手续。认真接受业主咨询，确保业主清楚地知道如何办理入住手续，熟悉相关的管理规定。

（3）帮助业主租户验楼　业主或租户在入住时，对物业进行检验，是业主或租户的基本权利，也是其入住的重要程序。为了帮助业主与租户检验物业，物业服务企业应当派专人接待，并陪同验楼。验收的重点项目是给排水、门窗、供电、墙面、屋顶、地板、公共设施等。如果发现问题，应当及时整修。

（4）签订和发放临时管理规约　临时管理规约是物业管理依据的主要文件。所以，在物业服务企业与业主签订管理规约之前，应给业主一定的时间，让其仔细阅读和认真推敲其中各项条款。经充分考虑，在不存在疑义的情况下签约。然后发放《住户手册》、《装修管理规定》、《收费项目一览表》和《装修申请表》等文件。

（5）费用缴纳　目前，业主入伙或入住时，物业服务企业通常要求业主提前缴纳一定期限的物业服务费。当然，根据物业服务经费收取的包干制或酬金制的不同，物业服务费的收取内容、标准和方式也会不同。

（6）组织搬迁入住　在业主或租户办理完各项入住手续后，业主就可以搬迁入住了。物业服务企业可以帮助其联系专门的搬家公司或自行组织力量协助业主搬迁入住。

3. 装饰装修管理

业主或者使用人取得物业以后，通常都必须对物业进行装修和装饰，才能进住（使用）或满足需要。装饰装修涉及各方面的关系和利益，必须加强管理。

（1）装修申报与审批　装修申报与审批主要包括以下方面：

1）装修申报管理。接受业主申报之前，物业服务企业应加强宣传，事先准备好相关的法规制度文件、设计图技术资料、所需填写的各种表格和证件，以备使用。物业服务企业还可以事先联系一些正规的装修施工单位，以方便业主选择和确保工程质量。

业主在开工前应持规定的资料向物业服务企业进行申报登记，填写《业主装修申请表》，领取《装修管理规定》或《住宅装修须知》等文件资料。申请得到批准后才能开工。

2）装修审核批准程序。物业服务企业装修管理处，必须对业主申报的资料进行认真的审核。审核的资料主要有以下几种：

业主提供的文件资料的审核。如房屋产权证件、业主身份证件或授权委托书是否真实、有效等。

装修方案的审核。装修方案应包括的设计图和技术资料是否完备、设计合理，有无违反规定的设计。

装修施工队伍的审核。装修施工队伍应有营业执照、资质证书，特殊的施工项目按规定必须由有相应资质等级的施工单位来承担。装修施工人员应有合法、有效的身份证件，特种作业人员应有规定的作业证书。

特殊批准文件的审核。如：搭建建筑物、构筑物、改变住宅外立面，在非承重外墙上开门、窗的，应有城市规划行政主管部门的批准文件；拆改供暖管道和设施的，应当有供暖管理单位的批准文件；拆改燃气管道和设施，需提交燃气管理单位批准的设计方案或者施工方案。

管理处应在规定的时间内完成审批工作，并向申请人作出书面答复。如认为所递交的资料不完整或不清楚，或认为装修方案需要修改，应要求业主整改以后重新提出申请。

3）签署《装修管理服务协议》，办理装修《施工许可证》。装饰装修申请获得审查批准以后，业主和装修单位负责人，必须在《装修管理服务协议》或《装修承诺书》上签字，承诺遵守物业服务企业装修管理规定。《装修管理服务协议》主要包括装修工程实施内容、实施期限；外立面设施及防盗窗安装要求；允许施工时间；废弃物清运与处置；禁止行为和注意事项；管理服务费用；违约责任等。

《装修施工许可证》一般应张贴在大门口等显著位置，以便物业管理部门巡查。

（2）装修施工管理　物业服务企业必须依据有关规定，加强对物业装修的管理。必须建立装修检查巡视制度，配备相关的专业人员，加强对物业装修施工指导和监督，确保房屋结构、小区供水、供电、供气、消防安全及环境保护等符合各项工程和设施设备的要求。

物业装修施工人员，应当凭《施工人员临时出入证》出入，遵守施工安全操

作规程，文明施工。物业服务企业发现业主或者装修施工队有违反规定的，应当立即制止，要求整改，并将检查记录存档。对于损坏房屋承重结构、违章搭建等违规行为，必须加以制止，进行整改；如果拒绝整改，应当及时报告房地产行政主管部门，必要时应当通过法律途径加以解决。

（3）装修验收与保修 装修工程施工结束后，由业主通知物业服务企业派人进行验收。业主应填写《装修验收申请审批表》申请装修验收。验收不合格的，装修企业应当返工，并由责任人承担相应损失。验收合格后，由物业服务企业向业主出具验收单。

（4）装修保修 装修工程竣工验收后，物业服务企业还必须监督装修企业应对所施工的工程履行保修义务。保修期自装修工程竣工验收合格之日起计算，最低保修期限按国家有关规定执行，没有国家规定的，按行业规定或由业主和装修单位约定。

6.4 档案资料收集与管理

1. 物业档案资料的收集

物业档案资料是物业服务企业在管理工作中形成的，在物业的建设、售租、使用和管理过程中直接生成的、具有保存和使用价值的历史记录。

（1）物业档案资料收集的要求 物业档案资料收集应注意以下方面：

1）资料收集应尽可能及时并需要不断更新。物业服务企业应及时收集建立物业档案，并在随后的使用和管理过程中不断更新，以保持档案资料的现实性，满足有关方面利用的需要。

2）收集的关键是尽可能完整。时间上要包括从规划设计到工程竣工的全部工程技术资料；空间上要包括物业从地下到楼顶、从主体到配套、从建筑物到环境等方面的资料。

3）物业档案资料的收集工作要制度化、规范化。根据物业管理的要求，通过例行的接管制度和专门的收集办法，将分散在各个单位、部门、个人以及其他地方的有保存利用价值的文件资料，有组织、有计划地集中到物业档案管理部门，实现档案的统一管理。

4）收集的资料要有专人管理。物业服务企业应设立专门的档案室，并由专人负责管理，在资料收集时应保证内容的丰富及收集渠道的广泛。

（2）物业档案资料收集的渠道 物业服务企业可以从物业管理参与者的各方面收集资料，主要是：物业接管移交时，与开发商及设计单位、施工单位积极合作，全面、准确地收集工程建设、工程技术及物业产权等原始资料；业主入伙、装修阶段，从业主、租户及物业管理的具体工作部门收集住户资料；日常管

理中,从物业服务企业相关部门收集设备运行档案、房屋维修档案、业主投诉与回访记录及其他资料,并将档案收集工作制度化、规范化;通过政府主管部门获取相关信息。

(3) 物业资料和住户资料的收集　物业服务企业对物业进行承接查验时开始收集物业资料。承接查验过程中,开发商应按规定向物业服务企业移交全部的物业资料,包括物业从开始立项,到进行规划设计、建筑设计、办理规划许可证、用地许可证、施工许可证、施工管理、设备安装以及竣工验收等各个环节的相关资料。承接查验以后,物业进行维修养护、更新改造时的资料也应及时收集归档。

承接查验时可以从开发商收集到购买物业的业主资料。业主或租户入伙以后,物业服务企业应及时建立他们的详细资料。例如,业主或租户的姓名、家庭成员情况、工作单位,日常联系的电话或地址,收缴管理费情况,所属物业的装修、使用或维修养护情况等。

(4) 不同阶段应收集的物业档案资料　规划设计阶段应收集用地批准文件、出让合同、土地使用证、规划许可证、建筑施工许可证等批准证书,及建筑图、施工图、施工组织设计等文件;竣工验收阶段应收集的资料主要包括工程项目竣工报告,图纸会审和设计交底记录,工程质量事故发生后的调查和处理资料,材料、设备、构件的质量合格证明资料,隐蔽验收记录及施工日志,竣工图,质量检验评定资料,工程质量评估报告,规划验收许可文件,消防验收文件,电梯验收使用准用证及分部验收文件等;委托管理阶段应收集委托管理招投标文件、物业委托管理合同或协议资料;租售阶段应收集租售许可证书、广告策划资料、租售价格及管理费测算书、物业平面图等;入伙阶段收集入伙通知书、收楼须知、管理公约、用户手册、用户资料、进户验收表、交费单等;日常管理阶段应收集各部门工作制度规范、工作记录、物业维修记录、各服务项目的承包合同及预决算资料、住户变动情况和建议、投诉及处理资料,以及人事档案、财务报表、管理费收缴凭证等资料、年度工作计划及总结报告等。

2. 物业档案资料的整理

原始资料统一由档案管理人员进行整理、分类,然后归档。

(1) 资料整理　档案整理的主要内容包括:区分全宗、全宗内档案的分类、编立保管单位(立卷)、案卷的排列和案卷目录的排列。

(2) 资料分类　档案整理过程中要按照资料本身的内在规律进行分类与保存。可按每一建筑分类,如设计、施工、竣工、维修改造以及设备资料等;也可按系统项目分类,如供电、供水排水、消防、空调以及中央控制系统等;也可以按工作部门分类,如办公室文件、工程部资料、经营服务部资料、财务部资料等;还可以按文件连贯性分类。如物业档案资料按文件连贯性可以分为12大类:

产权与工程技术资料，住（用）户档案，装修档案，维修资料，秩序维护资料，设备设施管理资料，绿化清洁资料，社区文化资料，员工管理资料，业主反馈资料，行政文件资料以及业主委员会的资料。

（3）资料归档　对于分类整理好的信息资料进行分类保存即为归档。在物业管理中可实行原始资料和计算机档案管理双轨制，以确保储存方式的多元化。并尽可能地将资料转化为计算机磁盘储存以便于查找。同时运用录像带、录音带、照片、表格、资料片等多种形式保存。档案管理人员应编制统一的档案分类说明书及档案总目录，并按部门内容、部门、年度、保存期限及保密程度的分类顺序进行组卷，逐一编号、登记造册、编制目录、分柜保存。

3. 物业档案资料的管理

物业档案资料管理是指物业服务企业在物业管理活动中，对物业的原始记录进行收集、整理与分类、鉴定、保管、统计、利用，为物业管理提供客观依据和参考资料。这里主要介绍以下内容：

（1）物业管理档案的鉴定　物业档案的鉴定是指对保存的物业档案去粗取精、确定档案保存价值的工作。鉴定包括鉴定档案资料的价值和真伪。具体的工作包括：制订档案价值的统一标准及各种档案的保存期限表；具体分析某档案的价值，确定其价值和保存期限；把无价值和保存期限满的档案销毁处理。

（2）物业管理档案的保管　档案的保管工作主要包括档案管理用房的建设与管理、保护档案的专门技术措施两方面的内容。具体来说，主要有以下方面：有条件的要设专门的库房保管。档案也可以由各个工作部门保管，但分库保管的，总处要有统一编号；存放处要通风良好，卫生环境良好，保持适当的温度和湿度；要有防晒、防盗、防火、防虫、防鼠、防尘、防有害微生物、防潮、防污染等措施；要定期进行库存档案的清理核对工作，做到账物相符；档案架的排放要整齐，便于取放、搬运和利用。

（3）物业管理档案的统计　档案的统计是以表册、指标数字等形式揭示档案有关情况的一种档案业务工作。例如，统计档案保管用房面积、档案管理人员总数及岗位分布、案卷数、利用档案人次增长率、档案利用率等。档案统计工作的内容包括：档案统计调查、档案统计整理以及档案统计分析等内容。

（4）档案的利用　档案的利用管理首先应编制档案检索工具。按照信息处理的手段分，档案检索工具分手工检索工具和机械检索工具。手工检索工具是由人工直接查找档案线索使用的目录或索引，有卡片式和书本式。机械检索工具是指借助于计算机手段，查找档案材料所使用的检索工具，如机读目录、微缩目录等。按照收录的分类内容分，物业档案检索工具有案卷目录、案卷文件目录等。

物业档案提供利用的方式包括：①以档案原件提供利用。利用者可以在档案室内阅览，但一般不得带出室外，并要有借阅记录。②档案外借。物业档案原则

上不得外借，特殊情况必须外借时，须履行一定的审批手续，并按期收回。当借出的档案归还时，必须认真清点，发现有损坏等情况时，要进行处理，必要时向领导报告。③制发档案副本。档案管理处有义务按照规定，为申请人提供所需图件的复印件。④制发档案证明。档案证明是根据物业服务企业有关部门、业主或租户以及其他单位和个人的询问和申请，为证明某些事实在物业档案管理部门有无记载和如何记载，档案管理人员根据档案摘抄的书面证明材料。证明材料的文字要确切、明了，要限定其内容范围，不得超出申请范围，认真核对后，加盖公章发出。

本 章 小 结

前期物业管理是在业主委员会与业主大会选聘的物业服务企业签订物业服务合同之前，由建设单位选聘的物业服务企业实施的物业管理。前期物业管理，有利于物业服务企业熟悉物业情况，有利于开发商、物业服务企业以及业主三方的利益，也有利于建立良好的物业管理秩序。

物业服务企业签订前期物业服务合同后，首要任务就是设立服务机构、制定规章制度。验收和接收物业以后，业主开始入住并对物业进行装修。这个阶段物业服务企业的主要任务，是加强业主入住的管理和业主的装饰装修管理。业主入住管理主要是根据入住流程，帮助业主接收物业，启动物业管理服务各项工作。装修管理主要是加强装修申报和审批工作，加强施工管理工作，认真做好装修的验收工作。

物业档案资料的搜集、整理和管理，也是前期物业管理的一项重要工作。对于这项工作，首先是注意搜集有关档案资料；其次是对资料进行认真的鉴定、整理和分类；再次是加强保管和使用管理。

复习思考题

1. 简述前期物业管理工作的意义和主要任务。
2. 试述物业接管验收的程序及注意事项。
3. 简述业主入伙管理工作的内容。
4. 简述装饰装修管理工作的内容。
5. 试述物业档案资料管理的内容。

第7章

物业的日常管理与服务

[内容提要]

物业的日常管理与服务是指业主入住后，物业服务企业在实施物业管理中所做的各项基本工作。本章主要介绍房屋维修与养护管理、房屋附属设备设施管理、物业区域综合环境管理以及物业区域综合经营服务等内容。通过本章的学习，能对物业服务企业的日常管理与服务工作有一个概括的了解。

7.1　房屋维修与养护管理

1. 房屋维修养护管理的内容

房屋或物业在使用过程中会发生磨损和损坏，为了维护房屋的正常使用或使用价值，必须对房屋或物业进行保养与维护。

(1) 制订房屋维修计划　物业服务企业，应当对房屋使用情况随时进行实地查勘，根据房屋的完损程度(情况)，以及《城市房屋修缮规定》、《建设工程质量管理办法》等规定和办法的要求，拟订维修计划和技术方案。

(2) 加强房屋维修施工管理　房屋维修施工大体上有两种情况。如果物业服务企业自己拥有维修养护队伍，维修工程则由自己的施工单位负责。如果物业服务企业自己没有维修队伍，或者是通过招投标方式，确定房屋维修工程单位，或者是以承包方式把房屋的维修养护工程，承包给社会上专业维修队伍。无论哪种情况，都必须根据维修计划和技术方案，组织和监督施工单位，严格按照技术规范的要求施工。维修工程竣工以后，还要根据技术要求，严格工程验收工作，确保维修工程质量达到工程要求的标准。

(3) 严格房屋维修资金管理　进行房屋维修养护，都需要支出相应的资金。房屋维修资金，主要来源于业主缴纳的维修基金、物业管理服务费，以及物业服务企业多种经营收入。房屋维修基金，主要用于房屋大修和中修；物业管理服务费中包含的维修基金，主要用于房屋的日常维修养护；开展各种经营收入中的部

分盈余，主要是弥补维修资金不足的部分。所以，业主委员会与物业服务企业，必须加强房屋维修基金的管理。房屋维修基金管理主要包括维修基金的筹措，以及维修基金的使用。维修基金的筹措主要是拓宽筹资渠道；维修基金使用管理，主要是严格基金支出和审核管理。

2. 房屋维修管理

造成房屋损坏，需要进行维修的原因是多方面的。在通常情况下，主要是由于施工遗留下来的问题，使用过程中造成的损坏（或磨损），以及自然灾害造成的损坏等原因。房屋维修的任务，就是维护和弥补房屋的损坏，恢复房屋的使用性能和使用价值。

由于房屋损坏的情况和程度不同，决定了房屋维修工程大小和维修方式的不同。通常房屋维修基本上分为以下五种情况或五种类型：

（1）房屋小修 小修是及时修复房屋的小损小坏，保持房屋原来等级和使用功能。小修工程特点是项目简单、零星分散、量大面广、时间要求较紧。诸如屋面补修、修补渗水、屋脊，房屋检查发现的危险构件的临时加固、维修等。小修属于日常养护工程。

（2）房屋中修 中修是房屋的少量部位损坏或已经不符合建筑结构的要求，在维修中只牵动或拆换少量主体构件，保持房屋原有的规模和结构。中修通常涉及的项目主要是屋顶瓦面局部拆换，平屋面局部修补或部分重做面层等。

（3）房屋大修 大修是房屋主体结构的大部分严重损坏，无倒塌或有局部倒塌危险的房屋；公用生活设施设备需要拆换、改装、新装等，但是并不需要全部拆除的工程。总的来说，大修工程属于严重损坏的房屋。大修后的房屋，必须达到基本完好或完好房的标准。

（4）房屋翻修 需要翻修的房屋主体结构全部或大部分严重损坏，丧失承载能力和正常使用功能，有倒塌危险、不能再继续使用，以及国家基本建设规划范围内需要拆除恢复的房屋。翻修工程是将原房全部拆除后，在原地或移动更新建造的工程。翻修工程投资大，工期长，翻修后的房屋必须达到完好房屋的标准。

（5）综合维修 综合维修是成片多幢楼房或面积较大单幢楼房，大部分严重损坏，需要进行的成片维修和为改变单幢房屋面貌进行的维修工程。这类维修工程应根据各地情况、条件的不同，考虑到一些特殊要求，如抗震、防灾、防风、防火等，在维修中一并予以解决。维修后的房屋必须符合基本完好或完好房屋的标准要求。

3. 房屋的日常养护管理

房屋的日常养护是物业服务企业物业管理日常工作的重要内容。这项工作，主要是为了维持房屋建筑物的正常使用功能，对房屋或物业进行的管理工作。房屋日常养护工作主要是对房屋进行的小修养护、季节性养护和计划养护三种类

型。小修养护主要是装配五金、平屋面裂缝修补、墙体局部挖补、给水管道的少量拆换、电线的修换等。季节性养护是由于季节性气候原因而对房屋进行的预防保养工作，如防台风、防汛、防梅雨、防冻以及防治白蚁等。计划养护属于房屋保养的性质，是定期对房屋进行的检修保养。

7.2 房屋附属设备设施管理

1. 房屋附属设备设施的构成

房屋附属设备设施主要由给排水、燃气、供暖、通风、电梯等系统构成。现代高智能的建筑还包括中央空调、自动报警、办公自动化的通信网络等设施。

（1）给排水系统 房屋给排水系统主要包括供水系统、排水系统、卫生设备以及消防设备等。供水设备由引入管、水表节点、配水管、给水附件和开关出水设备组成；排水设备是房屋设备中用来排出生活污水和屋面雨雪水设施，主要由排水管道、通风管设备、抽水设备、室外排水管等设备构成；房屋卫生设备是房屋建筑内部设备中的卫生设施，也是房屋内污水产生和排泄的主要系统，主要由浴缸、水盒、抽水马桶、洗面盆等设施构成；房屋消防设备主要由供水箱、消防水箱、喷头、灭火机、灭火瓶、消防龙头、消防泵等设施构成。

（2）燃气系统 燃气主要是由人工煤气、液化石油气和天然气三大类构成。由于其性质不同，输送的方式也不同。天然气、人工煤气主要是通过城市燃气管道输送的，液化石油燃气采用的是瓶装供应的方式。

（3）室内供暖、供冷、通风设备 室内供暖设备是房屋建筑物内部提高室内温度的设备，主要由锅炉、壁炉、鼓风机、水汀片、回龙泵等设备构成；室内供冷设备是房屋建筑物内部降低室内温度的设施，主要由冷气机、深水泵、空调机、电扇、冷冻塔、回龙泵等设备构成；室内通风设备是房屋建筑内部使空气流动的设施，主要由通风机、排气机等净化除尘设备等构成。

（4）房屋建筑电气工程设备 房屋建筑物电气工程设备主要由以下一些部分构成：

1）房屋供电及照明设备设施。房屋建筑物内的供电及照明设备设施，主要由高压开关、变压器、各种温控仪表、计量仪表、低压配电柜、配电干线、楼层配电箱、备用电源、电能表、总开关、照明器等构成。

2）房屋弱电设备设施。房屋弱电设备设施主要由布线设施、广播设备、电信设备设施系统、电视系统设备设施、计算机网络设备设施、建筑物安全监视等系统构成。

3）房屋运输设备。房屋运输设备主要由电梯、自动扶梯等构成。电梯主要由电梯机房、轿厢、井道部分构成。电梯按用途可以分为客体、货梯、消防梯及

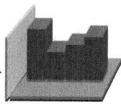

各种专用电梯等。

4）房屋防雷设备。房屋的防雷设施主要由避雷针、避雷网、避雷带、引下线和接地线等部分构成。

2. 给排水系统管理

（1）给水系统管理　物业服务企业对给水系统的管理，各地市政府部门都明确规定了管理的范围。大体来说，高层住宅楼，以楼内供水泵房总计费表为界；多层住宅楼，以楼外自来水表井为界。界线以外（含计费水表）的供水管线及设备由供水部门负责维护、管理。界线以内至用户的供水管线及设备，由物业服务企业负责维护、管理。供水管线及管线上设置的地下消防井、消防栓等消防设施，由供水部门负责维修管理，公共消防部门负责监督检查；高低层消防供水系统包括泵房、管道、室内消防栓等，由物业服务企业负责维护、管理，并接受公共消防部门的检查。

给水系统管理的任务或内容主要是：防止二次供水污染；对水池水箱定期消毒，保持水源清洁卫生；对供水管道、阀门、水表、水泵、水箱进行经常性维护和定期检查；发生漏水、停水故障应及时抢修；检查水泵、电动机有无异常声响，如发现情况要及时处理；对使用到期或过期的残旧设备应及时更换，以防止各类事故发生；暴露于空间的管道及设备，定期进行检查，力求延长设备的使用寿命；保持消防水系统的正常工作；对于临时停用的设备和备用设备，要按规定时间进行使用试验，使设备经常处于备用状态；加强配水管网的管理，做好管网的压强、流量测量工作，全面掌握管网负荷、压力和完好程度，充分发挥管网的配水能力；节约用水，防止跑冒滴漏；搞好供水设备和设施的维护，明确规定各项设备设施的维修周期、技术要求和质量标准，按规定进行检修、改造、更新，保证设备设施的效率。

维修养护人员应经常检查给水管道及阀门（地上地下及屋顶等）的使用情况，注意地下有无漏水、渗水、积水等异常情况，如发现有漏水情况，应及时进行维修。寒冷地区，在每年冬季来临之前，维修人员要注意做好室内外的管道、阀门、消防栓等的防冻保温工作。

（2）排水系统管理　小区内市政部门与物业服务企业对市政排水设施管理的分界，是以3.5m路宽为划分界限的。凡道路宽在3.5m（含3.5m）以上的，其埋设在道路下的市政排水设施由市政工程部门负责，凡路宽在3.5m以下的由物业服务企业负责。居住小区内各种地下设施的检查、井盖的维护，由地下设施检查井的产权单位负责，有关产权单位也可委托物业服务企业负责。室内排水系统由物业服务企业负责。

排水系统管理的任务或要求包括：定期维护和清理排水系统；教育住户不要把杂物投入下水道；定期检查排水管道及阀门是否生锈或渗漏，发现隐患及时处

理；定期检查和清扫室外排水沟渠，清除淤泥和杂物；检查楼板、墙壁、地面等处有无滴水、洇水、积水等异常情况。

3. 供电系统管理

（1）建立健全供电设备档案　为了加强用电管理，物业服务企业必须掌握物业供电设施和电路等情况。为此就必须建立健全供电设施设备档案资料及其管理。

档案资料主要是：供电范围内各建筑物的构造、用电内容及用电要求；供电方式、电压等级、用电容量、分配方案、配线方法；电气平面图、系统图、原理图、配线图等；核对实际安装的路线及设备的数量、规格、型号、位置是否与设计施工图要求相符；地下埋设管道具体位置及其平面图；各用电户内的主要用电设备数量、容量及使用规律与负荷变动的情况等。

（2）加强供电设备维护与保养　供电设施设备维护工作，分为日常巡视维护和定期检查保养两个方面。日常巡视主要是重点检查供电系统薄弱环节及容易出现故障的部位；定期检查重点是操作频繁、易损、易磨、易动等部位。为了加强管理，应当根据供电范围内的具体情况，参照供电局的电气设备运行管理规程，订出固定的检查日期和内容；按照设备的使用频率和季节的不同，确定重点检查的项目。

（3）加强管理制度建设　物业服务企业为了加强供电管理，要做好安全用电、合理用电的宣传工作；应设立专门的供电管理科室或班组，把供电管理工作落实到具体的个人；必须建立24小时电力运行及维修值班制度；认真听取用户投诉，及时排除故障，确保用电需要与用电安全。

4. 供暖系统管理

物业服务企业可以把供暖工作委托给专业公司，日常只需做好监督管理工作。直接从事供暖工作的物业服务企业，其供暖系统管理的主要工作内容包括以下几个方面。

（1）建立健全管理机构和制度　物业服务企业必须建立健全供暖管理机构。同时，要建立健全管理制度，其中主要是供暖锅炉房管理制度、热网管理制度和用户管理制度等。

（2）供暖锅炉房管理　物业服务企业供暖锅炉房管理主要包括以下几个方面：

1）供暖锅炉运行管理。主要包括：根据主管部门规定，运行前必须办理锅炉使用登记证或换证手续；做好供暖前对锅炉的各项检查；做好系统的冲洗、上水、定压与启动等管理工作；检查、维护和保持锅炉及附属设备的完好状态。

2）供暖锅炉操作管理。建立健全锅炉上岗操作岗位责任制；建立健全轮班制度。

3）锅炉及附属设备维护。锅炉大修理工作应当安排在供暖前或供暖后停运期间进行。水质硬度高的地区，要定期清除水垢，检查各类阀门、开关的灵活性和封闭性等。做到随时发现问题，随时进行维修。

（3）热网管理　为了保证供暖的及时性、可靠性，必须对热网设备、管路、阀门、伸缩器（补偿器）、支架、法兰垫等进行检查与修理；对地下建筑物要及时清理、抽水和排水。检修一般分为预检预修和事故检修两种。

（4）采暖用户管理　其主要工作包括以下方面：

1）签订供暖协议。物业服务企业应与用户订立供暖合同（协议），确定供暖双方的权利与义务。明确物业服务企业必须按国家或城市规定期限供暖；用户必须按国家或城市的规定按期缴纳取暖费等。

2）编制用户手册。用户手册主要包括供暖管理办法（如24小时值班制度、公布接待电话、用户报修处理程序等）、收费原则、收费标准和费用缴纳方式等内容。

3）供暖费用确定的方法。供暖费用标准的计算方法有：①按建筑面积或使用面积计算。②按热水或蒸汽的实际流通量计算。③按户计，即不论面积大小每户都承担同样标准的取暖费。目前我国基本采用的是第一种计费方法。

5. 电梯设备的管理

电梯的管理主要包括电梯运行管理、电梯设备管理以及电梯运行安全管理。其中，很多工作需要专业电梯公司直接进行维修管理。物业服务企业需要做好协助工作。

（1）运行管理　电梯运行管理主要包括：

1）制定运行制度。目前实行值班制的电梯，大都采取的是二班16小时制和三班24小时制。24小时制，大体采取的是白天连续运行，夜间值班运行。无驾驶员值班运行的电梯，必须严格执行白天巡视制度，夜间要有值班人员。

2）制定服务规范。其中主要是服务公约、电梯驾驶员守则、乘梯须知、维修工守则以及电梯服务标志等。

3）实行记录与报表制度。记录和报表的主要内容是电梯运行记录；保修单；电梯运行月报；电梯设备年报；电梯运行维护费用报表；电梯维修工程费用报表。

（2）设备维修管理　电梯设备维修管理主要包括：日常维修保养和小修、中修、大修、专项修理以及更新改造。电梯维修通常需要专业电梯公司进行。

（3）安全管理　电梯运行的安全管理，主要涉及以下几个方面内容：

1）电梯驾驶员和维修人员安全管理要求。第一，持证上岗。根据有关规定，电梯作业属于特种作业。电梯驾驶员和维修人员必须通过培训，经过严格考核以后，取得资质资格后，才能持证上岗。第二，严格遵守安全操作规程。物业服务

企业，必须根据国家有关规定，制定"驾驶员安全操作规程"、"电梯维修工安全操作规程"。电梯驾驶员和电梯维修人员，必须严格遵守操作规程的要求。第三，加强考核。对于所有在岗电梯驾驶员和维修人员，每半年要进行一次安全规程考核。

2）设备安全管理。必须定期对电梯及其设施进行安全结构运行试验，以及整体性能试验。加强防火、防水、防盗、抗震等措施的建设，即通向机房的楼梯口应设有防火的安全铁门；机房必须安装防盗警报器和灭火器；机房内不允许有上下管线；井道坑应做好防水层；机房地板所开的孔洞应有防水隔离圈；井道内壁不应有梁、柱、管道等凸出部分等，确保安装、维修、运行的安全。

3）加强对住户安全教育。主要是制定"乘梯须知"，并张贴或悬挂在轿厢内；向用户宣传电梯安全使用知识；对破坏电梯设备的要责令赔偿，必要时应依法制裁。

7.3　物业区域综合环境管理

1. 秩序维护管理

为业主和物业使用人提供一个安全的生活环境，是物业管理服务的一项重要内容。秩序维护管理要求做好以下工作。

（1）建立健全秩序维护管理机构　物业服务企业为了加强秩序维护管理，应当设立秩序维护管理部门或机构。秩序维护管理部门大体上由"三班一室"构成，即电视监视班、门卫班、安全巡逻班和秩序维护办公室等部门。这些部门从不同角度负责物业秩序维护管理和服务工作。

（2）制定秩序维护管理制度　物业秩序维护管理，涉及方方面面，为了协调各方面的关系，加强秩序维护管理，必须建立严格的管理制度。物业秩序维护管理制度，大体上可以分为两个部分，即秩序维护员制度与小区秩序维护管理制度。秩序维护员制度主要包括：秩序维护员值班岗位责任制度、秩序维护员行为规范、秩序维护员交接班制度、对讲机使用管理制度、警械器具使用管理规定以及秩序维护员奖罚制度等。对小区或业主、使用人的秩序维护制度，主要包括：秩序维护管理规定、车辆出入停放管理制度、防风防火管理规定等。

（3）建立日常巡视制度　建立日常巡视制度是物业秩序维护管理工作的重要内容。日常巡视制度应当明确巡视的范围、重点巡视目标，做到点、面结合，不留死角。这项工作，是由门卫、守护和巡逻三个方面负责实施的。

（4）加强秩序维护设施建设　为了提高秩序维护工作管理水平，应当尽可能地建设一些秩序维护设施和器具。这些设施主要是在小区四周修建围墙或护栏；在重要部位安装防盗门；在适当地点设置举报信箱，以及信息反馈记录簿和

来信来访登记簿等。同时，除了为秩序维护员配备必要的保安器具外，还应当为秩序维护员办理人身保险，解除他们的后顾之忧，使他们积极地投入到秩序维护工作中去。

（5）联系区内群众，搞好群防群治　物业服务企业可采取定期上门的办法，及时走访群众，通报秩序维护情况，听取他们的意见，改进工作缺点或失误，联络双方的感情；也可在办公地点附近设置信息反馈记录簿和来信来访登记簿等，由专人负责管理等。

另外，必须与周边单位建立联防联保制度，并加强与当地公安部门的联系，与他们建立良好的工作关系，接受公安部门指导，争取公安部门对物业秩序维护工作的支持。

2. 消防管理

物业管理中的消防管理，必须注意做好以下一些工作：

（1）建立消防队伍　加强消防管理，必须建立专群结合的消防队伍。专职消防队伍，通常是在物业保安部门内部设立专职机构（消防处或消防班）和专职消防人员。专职消防机构和消防人员的主要任务，是从事消防值班、消防培训、消防器材管理与保养，以及协助公安消防队进行消防灭火等工作。义务消防队伍或人员是从物业服务企业工作人员、业主、使用人中选拔的义务消防员组成的消防队。义务消防队主要从事火灾预防工作。消防人员必须坚持消防（灭火）训练。通过消防训练，熟悉防火、灭火的措施和技术。

（2）建立消防管理规章制度　建立消防管理规章制度是消防管理工作的重要内容。消防管理规章制度主要由消防值班管理制度、消防档案管理制度、消防岗位责任制度以及防火规定等构成。

（3）加强消防设备管理　消防设备是进行消防工作的主要工具和器械；消防设备管理是消防管理的重要内容。消防设备管理的主要内容是消防设备保养、维护和使用管理。消防设备维修，需要专门的技术，特别是一些关键设备，必须由经政府主管部门认可的、持有合格消防证照的专业公司进行此项工作。

日常物业服务企业消防管理的主要任务是：了解各种消防设备的使用方法，制定物业消防管理制度；禁止擅自挪用和更改消防设备；定期检查消防设备的完好状况，发现问题必须及时改正；保持公共安全通道畅通，绝对不允许堆放其他物品等。

（4）疏散工作管理　当消防出现紧急情况时，即当火灾一旦发生，又无法控制时，物业服务企业一方面应立即报警，另一方面要积极组织人员疏散。通常的做法是，先切断电源，然后利用楼内的分隔装置，将事故现场隔断，组织人员通过紧急通道、疏散楼梯等迅速撤离。在确保人员安全疏散的情况下，为了避免险情的扩大，应尽量将危险品转移至安全地带，然后，将贵重物品运送至安全

场所。

3. 车辆交通管理

现今，业主与物业使用人拥有汽车等现代交通工具非常普遍。由于物业规划设计跟不上车辆发展的需要，造成物业区域内车辆、停车场和交通管理的困难。为了做好车辆、停车场和交通的管理工作，物业服务企业必须注意做好以下几个方面工作。

（1）建立车辆管理规章制度　加强车辆管理，必须建立健全车辆管理的规章制度。其中主要是自行车管理制度、机动车管理制度、摩托车管理制度以及车辆保管制度等。

（2）搞好停车场建设与管理　为了保证业主停车的需要，应当加强停车位或停车场(库)等设施的建设。在可能的情况下，应当把停车场(库)划分为不同的区域或类型，要求车主根据车辆的性质使用停车车位。对于需要经常停放的车辆，应当建立有偿使用固定车位的制度；对于外来车辆和临时停放的车辆，实行有偿使用非固定的车位。有条件的物业区，应当尽量建设地下车库。地下车库的光线应当充足，一方面能够使车主清楚地找到停车位，很快地识别自己车辆的位置；另一方面可以使管理人员能轻易地发现撬盗车辆的案犯，提高车辆安全管理。

（3）加强交通管理，建立交通秩序　物业区域内交通管理的主要任务是正确处理人、车、路的关系。交通管理的重点是力争做到人、车分流，确保居住区内交通的安全和畅通。具体措施包括：①加强对驾驶员和业主及使用人的宣传教育。②制订道路交通管理规定，主要内容有：机动车通行证制度，禁止过境车辆通行；根据区内道路的情况，确定部分道路为单行道，部分交叉路口禁止左转弯；禁止乱停乱放车辆，尤其在道路两旁停放；限制车速，铺设减速墩，确保行人安全。③设置易于识别的交通指示、警告等标志。具体包括：限制车辆噪声的标志；限制车辆速度的标志；限制车辆承载量的标志；禁止车辆通行的标志；引导车辆行驶方向的标志以及车辆慢行的标志。

4. 物业保洁管理

物业卫生保洁，不仅关系物业区整洁，而且关系业主的健康。物业服务企业保洁管理工作主要涉及以下几个方面内容。

（1）建立保洁管理制度　物业服务企业应当根据法律法规的有关条文和专业化物业管理的要求，制定切实可行的物业区域保洁管理办法和公共契约等规章制度。这些规章制度应当包括保洁的范围、保洁的标准、保洁部门的责任制、保洁人员的劳动纪律、保洁部门和人员的奖罚条例以及业主清洁管理制度等。

（2）加强清洁卫生设施建设与管理　清洁卫生设施设备是进行清洁的主要工具和器械，是维护卫生的重要设施。所以，加强清洁卫生工作管理，必须加强

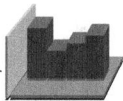

清洁卫生设施设备建设和管理。清洁卫生设施设备主要包括：清洁车辆的配置与管理，物业区域内便利群众的卫生设施，如垃圾清运站、果皮箱等。为了更好地发挥这些设施设备的作用，必须做好向业主与使用人爱护和正确使用这些设施设备的宣传教育工作。

（3）做好清洁管理日常工作　物业清洁管理日常工作主要是物业区域的日常清扫与保洁、生活废弃物的清除、清洁卫生的宣传教育工作以及清洁卫生检查和督促工作等。

5. 物业绿化管理

物业管理区域内的绿化管理是物业生态建设的重要内容。物业服务企业绿化管理的主要工作包括以下几个方面：

（1）建立绿化管理机构　物业区域的绿化管理工作，大体存在着两种管理模式：一是物业服务企业与专业绿化公司签订协议，将绿化工作转包给专业绿化公司；二是由物业服务企业自己来实施绿化管理。如果承包给专业绿化公司，物业服务企业通常只设立一个绿化监督小组，由专业管理人员对专业园林绿化部门的工作进行监督管理。如果物业服务企业自己实施具体的绿化管理，就必须根据实际情况，建立管理机构，配备管理人员。

（2）制定管理规章制度　物业绿化管理制度主要包括绿地营造、养护管理制度等。同时，还应当根据国家《城市绿化管理条例》的规定，加强绿化管理，对违章占用绿地、毁坏绿地等行为，加大处罚力度，维护物业区域内的绿化成果。

（3）加强绿化宣传教育工作　为了做好物业区域内的绿化工作，物业服务企业必须通过组织、协调、督导、宣传教育等工作，动员业主与物业使用人，积极参与绿化的建设，努力维护绿化建设的成果。不断地培养和提高企业员工和物业区的广大居民的绿化和生态环境建设的意识。

（4）努力拓展绿化物业区绿化面积　为了扩大物业管理区域内的绿化面积，在加大平面绿化的同时，积极拓展竖向绿化。竖向绿化包括以下几种类型：

1）屋顶绿化。在房屋的屋顶上进行绿化，又叫做"空中绿化"、"空中花园"。屋顶绿化在不超负荷的情况下，除了不能栽植较大的树木外，可以同地面绿化一样进行布局和造景绿化。

2）墙面绿化。墙壁绿化就是在外墙立面栽植攀缘性藤木类植物。当前墙面绿化栽植的主要是爬山虎。爬山虎使墙面变绿，不仅增加了绿化面积，美化了外墙，还会使空气清新湿润，室温冬暖夏凉。

3）阳台绿化。城市楼房大都有阳台。有些阳台有花池花槽，填放基质就可以栽植花卉；无池槽的阳台，则可以用盆栽花卉。由于阳台属业主所有，阳台绿化归住户控制。在这方面，物业服务企业可以从两个方面开展工作：一方面是向住户提供技术咨询，即向住户传授有关绿化的知识或技艺；另一方面是对住户进

行安全教育，提醒住户注意绿化安全，防止事故发生。

7.4 物业区域综合经营服务

1. 物业区域综合经营服务条件

从事物业管理综合经营服务，需要具备一定的条件，既需要有"硬件"条件，也需要有"软件"条件。"硬件"条件就是资金和场地（包括建筑物）；"软件"条件是经营的内容或项目，即提供的各类服务。

（1）资金 在开设综合经营项目之时，能得到政府或上级公司、单位拨款是最理想的。但如果没有得到拨款，而物业服务企业又决意投资综合经营服务，并经过了可行性论证分析，那么还可以通过银行借贷和融资来解决资金来源问题。

（2）场所 场所包括空地或建筑物，其来源有两个：其一，由开发商无偿提供。目前，在开发经营时，开发商一般都适当留有开设综合经营服务场所，而且一般在建筑物的底层、裙房或住宅小区的中心、出入口处。这种来源的前提是物业服务企业是开发商的子公司或下属单位。其二，租借或自建。物业服务企业可以向业主或使用人租借房屋，或是寻找合适的场地自行搭建。

（3）经营人才 为了保证经营服务的效果和收益，物业服务企业必须聘用或抽调既具有一定经营管理知识，又具有足够经营服务意识的人才来从事经营服务。

（4）经营思路和项目 物业服务企业开展综合经营服务应考虑以下思路：即在经营项目的选择上，可大致采取以下原则，如日常生活类的优先，消费周期短的优先，易损易耗品优先，优势特色项目优先，中介服务项目优先等。

（5）经营原则和体制 综合经营服务的总原则是等价交换、有偿经营。经营体制方面，应打破常规，按承包经营责任制的办法，进行个人承包。包盈不包亏，定额上缴，亏损自负，余额自留。其中可采用风险承包和抵押承包两种方式。

2. 物业区域综合经营服务项目

综合经营服务项目，可以根据需要设立。

（1）日常生活服务项目 主要包括以下类型和具体项目：

穿着方面的服务项目，包括买衣、送衣、熨衣、制衣、补衣等服务。

饮食方面的服务项目，包括餐饮业、送餐服务、食品糖果、酒烟业、粮、油、酱、醋等买卖；酒吧、茶坊等；还可以送货上门；以及果蔬业，包括菜场设置。

居住方面的服务项目，包括房屋装修，房屋清扫保洁，清洗百叶窗、玻璃窗等。

出行和旅游方面的服务项目，包括自行车、摩托车、轿车寄放、清洗、保养、维修、接送小孩上学、入托，接送病人看病，代订购车、船、机票等。

日用百货方面的服务项目，包括开设小百货店，日常生活用品买卖；小五金、小家电和生活用品的维修，如修钟表、配钥匙、修电饭煲、修电热器等。

（2）文化教育体育等服务项目 该种服务项目主要包括以下类型和具体项目：

文化生活方面的服务项目，包括图书室、小电影、录像室、音乐茶座，开办展览、文化知识讲座，提供图书阅览、音像出租等服务。

教育方面的服务项目，包括开办各类培训班、介绍各种家教等。

体育方面的服务项目，包括开班乒乓球室、健身房、桌球房等。

（3）经纪中介等方面的服务项目 该种服务项目主要包括以下类型和具体项目：房产出租、出卖等经纪代理服务；房产评估、公证等中介服务；开设家政服务等社会服务项目等；其他社会服务项目，如为业主、房屋使用人等聘请家教等方面的服务。

3. 物业区域综合经营服务管理

物业服务企业在物业管理区域内开展综合经营服务，不仅有利于满足业主和物业使用人的需要，提高他们的生活质量，而且也有利于物业服务企业实现创收的目的，提高其盈利水平。但是物业服务企业必须端正思想，加强管理，从总体上提高物业服务水平。

（1）坚持开展多种经营服务提高物业管理水平的目的 物业服务企业开展综合经营服务项目，必须坚持以提高物业管理水平为基础，立足于满足业主的需要为基础，绝对不能为了开展综合经营服务，占用物业管理大量的资源和精力，影响物业管理工作的进行和物业管理水平的提高。

（2）开展综合经营服务不能影响物业区环境 物业服务企业在开发综合经营服务项目时，一定要注意保持楼宇和住宅小区环境的净化、美化；防止噪声、废气、灰尘、煤烟、污水等影响周围环境和居民生活；更不能因为建设服务设施如服务场地侵占绿化用地，影响住宅小区绿化等问题。所以，物业服务企业在开展综合经营服务时，必须正确处理综合经营服务与物业区域环境和绿化工作的关系，绝对不能因为开展综合经营服务，为了提高经营效益，影响环境、绿化和物业管理水平的提高。

（3）注重提高经营服务质量 物业服务企业在开展综合经营服务时，一定要注重提高经营服务的质量。其中主要是产品的质量和服务质量。如餐饮业中出售的食品的质量等；特别是不能因为综合经营服务"独此一家，别无分店"，以及由于缺乏竞争机制等原因，降低服务的质量。为了保证产品与服务质量，物业服务企业必须规范服务行为，树立服务企业的良好形象；努力搞好企业内部管理，强化从业员工的考核，确保为居民提供优质满意的服务。

（4）坚持经营和收益的合法性 物业服务企业开展综合经营服务，必须按

照国家和地方政府法规的要求进行，尤其要区分清楚哪些经营权和收益是属于业主(收入用于补贴管理费)的，哪些是属于开发商或物业服务企业的。根据国家有关法律和规定，特别是物权法的规定，只有拥有产权的单位、个人或组织，才拥有经营权和收益权(如地下停车场、户外广告及公共场地等)。如果物业服务企业利用业主拥有产权的物业或公共场所、设施等进行经营，必须获得产权人的同意，并与产权人通过协商，就经营内容、方式以及收益分配等方面的问题，进行协商达成共识，然后正式签订协议，确保双方的权益。

本　章　小　结

物业的日常管理与服务是物业服务企业的主要管理与服务工作。房屋在使用过程中，由于各种原因会引起损坏。为了维持房屋正常的使用性能与使用价值，必须对房屋或物业进行维修和日常养护。物业日常养护主要是对物业日常保护和零星损坏的修理；物业维修根据物业损坏的程度分为小修、中修、大修、翻修和综合维修等类型。

房屋附属设备设施主要由给排水、燃气、供暖、通风、电梯等系统构成。现代高智能的建筑还包括中央空调、自动报警、办公自动化的通信网络等设施。物业服务企业对物业附属设施设备管理主要是维护这些设施设备的完好，加强设施设备运行管理，安全使用，确保满足业主和用户的需要。

物业区区域综合环境管理主要是秩序维护管理、消防的管理、车辆交通管理、清洁卫生的管理以及绿化管理。通过这几方面的管理，为物业区域营造了一个安全、清洁和景观优美的环境，更好地满足业主和使用人居住生活的需要。

物业服务企业在物业区内开展的各种综合经营服务，在满足业主和使用人各种生活需要，提高物业服务企业收入水平的时候一定要加强对经营服务的管理，不断地提高服务质量，绝对不能损害业主和使用人的利益。

复习思考题

1. 房屋维修养护管理的内容有哪些？
2. 简述房屋维修工程的分类。
3. 简述房屋日常养护管理。
4. 简述给排水系统的管理。
5. 简述供电系统的管理。
6. 简述供暖系统的管理。
7. 简述电梯设备的管理。
8. 简述物业区域综合环境管理。
9. 如何做好物业管理综合经营服务的管理？

第8章

物业服务质量与品牌管理

[内容提要]

经济全球化的发展，要求物业服务企业加强全面质量管理，建立一个符合国际惯例的服务与环境质量管理体系，同时还须进行品牌管理。本章主要介绍物业服务企业的全面质量管理、ISO 9000 标准和 ISO 14000 标准的产生、发展及内容，管理体系的建立、实施和认证程序，以及物业服务企业的品牌管理等内容。

8.1 物业服务企业的全面质量管理

1. 全面质量管理的涵义

全面质量管理在早期被称为全面质量控制（Tatal Quality Control，TQC）。20 世纪 80 年代后期逐渐由全面质量控制（TQC）演化成为全面质量管理（Total Quality Management，TQM）。费根堡姆在《全面质量管理》一书中，首先提出了全面质量管理的概念："全面质量管理师为了能够在最经济的水平上，并考虑到充分满足用户要求的条件下进行市场研究、涉及、生产和服务，把企业内各部门的研制质量、维持质量和提高质量的活动构成一体的一种有效体系。"而 ISO 8402 则是这样定义的："全面质量管理是指一个组织以质量为中心，以全员参与为基础，目的在于通过让顾客满意和本组织所有成员及社会受益而达到长期成功的管理途径"。我国质量管理专家的定义是：全面质量管理就是企业全体员工和有关部门同心协力，把专业技术、经营管理、数理统计和思想教育结合起来，使服务质量产生、形成和实现全过程中的所有保证和提高服务质量的活动构成一个有效体系，从而充分地利用人力、物力、财力、信息等资源，以最经济的手段提供让顾客满意的服务。

很明显，全面质量管理的含义远远超出了一般意义上的质量管理的领域，而成为一种综合的、全面的经营管理方式和理念。与以往的质量管理对比，全面质量管理的一个重要特点在于它的全面性。其全面性具体表现在以下几个方面：

质量的含义是全面的。质量包括服务质量和工作质量。服务质量是指一组固有特性满足要求的程度；工作质量是指企业的服务工作、技术工作和组织管理工作对达到服务质量标准、减少不合格品数量的保证程度。

管理的范围是全面的。好的服务质量是设计和制造出来的。因此，全面质量管理要求把不合格的服务消灭在它的形成过程中，做到防检结合、以防为主。

全员参加的管理。服务质量是企业各方面工作的综合反映，服务质量的好与坏，涉及企业的所有部门和所有人员。提高服务质量需要依靠全体人员共同努力。

管理方法的全面性。全面质量管理要求企业在建立严密的质量保证体系的同时，充分地利用现代科学的一切成就，广泛地运用现代化的管理方法、管理手段和技术手段，达到提高工作质量的目的。

经济效益的全面性。它指除保证本企业取得最大经济效益外，还应从业主、使用人以及社会角度考虑，使物业服务企业、业主或使用人等均能取得最大效益。

2. 全面质量管理的内容

全面质量管理的基本内容包括设计、服务、辅助服务、使用过程四个方面。

（1）设计过程的质量管理　设计过程包括市场调研、服务设计、服务测试等项工作，也就是物业服务正式生产之前的全部技术准备过程。

加强设计过程的物业服务质量管理，一般要抓好以下几个方面的工作：

1）制订服务质量目标。质量目标是根据质量方针的要求，企业在一定期间内在质量方面所要达到的预期成果。物业服务企业质量目标的制订，首先要对业主要求和物业的实际情况充分地作好调查研究，同时还要掌握国内外同行业的发展趋向。

2）加强设计工作中的试验研究工作。试验研究工作是设计过程质量管理的重要环节，做好试验研究工作，可以保证后期服务工作的顺利进行。为做好这项工作，企业应建立一支科学试验队伍，运用先进的测试手段，高效率地开展试验研究工作。

3）设计评审。设计评审是保证服务设计质量的主要手段之一，其目的是为了早发现并设法弥补设计上的缺陷，以避免为以后的服务带来损害。

4）检查服务试制、鉴定质量。在完成设计后，必须通过试验和鉴定，才能确定设计的正确程度，发现设计中意想不到的问题和缺陷，对设计进行必要的修正和校正。

5）保证技术文件质量。技术文件是设计的成果，它既是服务过程技术活动的依据，也是质量管理的依据，这就要求技术文件本身也有质量保证。

（2）服务过程的质量管理　服务过程是保证服务质量的关键，是质量管理

的中心环节。经过鉴定符合质量标准的服务设计方案正式实施后，能否保证达到质量标准，在很大程度上取决于服务过程的质量管理水平。

服务过程的质量管理，一般要抓好以下几方面的工作：

1）健全质量检验制度。质量检验是用一定检验测试或检查方法，测定服务质量特性，并把它同规定的质量标准作比较，对服务是否合格作出判断。质量检验工序，是监督服务质量的重要手段，是整个服务过程不可缺少的一个重要环节。

2）掌握质量动态。为了充分发挥服务过程质量管理的预防作用，就必须系统地、经常地、准确地掌握企业在一定时间内服务质量或工作质量的现状及发展动态。质量状况的综合统计与分析是掌握质量动态的有效工具。

3）加强不合格服务的统计与分析。分析不合格品产生的原因，采取措施，"对症下药"，避免下次再出不合格品。此外，还要做到三个"不放过"，即不合格品没找到责任人和原因"不放过"；没有提出防患措施"不放过"；当事人没受到教育"不放过"。

4）工序的质量控制。要建立质量管理点，对于服务工序或工作中的质量关键因素，需要特别注意监控和管理。

（3）辅助过程的质量管理　辅助服务过程包括原材料、外购件等物资供应、设备维修、运输服务等。所有这些部门都为服务第一线提供质量良好的物质技术条件，因此，这一过程的质量管理要面向服务、面向基层，充分发挥各自的质量保证作用。

（4）使用或消费过程的质量管理　使用过程的质量管理，既是质量管理的归宿，又是质量管理的出发点。因此，企业的质量工作，必须从服务过程延伸到使用过程。使用过程的质量管理应着重做好以下三个方面的工作：开展对业主的技术服务工作，如提供适用的业主手册；做好服务质量信息的反馈分析工作，通过走访业主，搜集业主对服务质量的意见，发现问题和分析业主新的、潜在的服务要求，为改善设计、提高服务质量提供真实可靠的依据；认真处理业主投诉问题，对业主投诉要充分关注，要热情、耐心、细心处置；还要追溯到企业内部，直到找到问题出现点为止。

3. 全面质量管理的要求

推行全面质量管理，必须要满足"三全一多样"的基本要求：

（1）全过程的质量管理　为了保证和提高物业服务质量，就必须把影响服务质量的所有环节和因素都控制起来。为此，全过程的质量管理包括了从市场调研、服务产品的设计开发，以及生产（作业）和接受投诉服务等全部有关过程的质量管理。全过程的质量管理要体现和强调两大思想：一是预防为主，不断改进的思想。全面质量管理要求把管理工作的重点，从"事后把关"转移到"事前

预防"上来；从管结果转变为管因素，实行"预防为主"的方针，把不合格品消灭在形成过程之中。

（2）全员的质量管理　产品质量人人有责，人人关心产品质量和服务质量，人人做好本职工作，全员参加质量管理，才能生产出令顾客满意的产品。要实现全员的质量管理，应当做好三个方面的工作：第一，必须抓好全员的质量教育和培训。通过教育与培训，使员工牢固树立"质量第一"的思想。同时，提高员工的技术能力和管理能力，增强参与意识。第二，要制订各部门、各级、各类人员的质量责任制，明确任务和职权，各司其职，密切配合，以形成一个高效、协调、严密的质量管理工作的系统。第三，要开展多种形式的群众性质量管理活动，充分发挥广大职工的聪明才智和当家做主的进取精神。

（3）全企业的质量管理　全企业的质量管理可以从纵横两个方面来加以理解。从纵向的组织管理角度来看，质量目标的实现有赖于企业的上层、中层、基层管理乃至一线员工的通力协作，其中尤以高层管理能否全力以赴起着决定性的作用。从企业职能间的横向配合来看，要保证和提高产品质量必须使企业研制、维持和改进质量的所有活动构成为一个有效的整体。

（4）多方法的质量管理　目前，质量管理中广泛使用各种方法，统计方法是重要的组成部分。除此之外，还有很多非统计方法。常用的质量管理方法有七种工具，包括因果图、排列图、直方图、控制图、散布图、分层图、调查表；还有新七种工具，具体包括：关联图法、KJ 法、系统图法、矩阵图法、矩阵数据分析法、PDPC、矢线图法。除了以上方法外，还有很多方法，如：质量功能展开（QFD）、故障模式和影响分析（FMEA）、头脑风暴法、六西格玛法以及水平对比法等。

总之，为了实现质量目标，必须综合应用各种先进的管理方法和技术手段，必须善于学习和引进国内外先进企业的经验，不断改进本组织的业务流程和工作方法，不断提高组织成员的质量意识和质量技能。

8.2　物业服务的 ISO 9000 认证管理

1. ISO 9000 的内容与原则

ISO 9000 是物业服务质量管理认证的标准体系。提高物业管理水平的一个重要任务，就是加强服务质量管理。为了提高物业服务的质量水平，必须引进 ISO 9000 质量管理体系。

ISO 是国际标准化组织（International Standardization Organization）的简称，成立于 1947 年，是世界上最大的非政府性国际标准化机构，也是世界上最大的国际科学技术组织之一。ISO 主要职能就是制定各行业管理的国际标准。

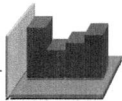

全球化经济社会发展，国际交往日益增多和普遍化，迫切需要在国际贸易等交往交流中有一个评价质量的准则。ISO 就是在总结世界各国，特别是发达国家质量管理经验的基础上，通过协调世界各国质量标准的差异，在 1987 年发布了 ISO 9000 族标准。这套标准发布后，立即在全世界引起强烈的反响，并被广泛应用于工业、金融、交通、通信、政府以及宾馆、旅游、物业管理等管理领域。这样就为全球性质量体系认证的多边互认、减少技术壁垒和贸易壁垒作出了积极的贡献。

ISO 9000 族标准一般每隔五年修订一次。1987 年版是其第一个版本，第二个版本于 1994 年颁布，第三个版本是 2000 年颁布的，目前最新的一版是 2008 年颁布的。

ISO 9000 质量管理是由四个核心标准、一些支持性标准、技术报告和小册子构成的一个完整的质量管理认证体系。四个核心标准是：ISO 9000 质量管理体系基础和术语，ISO 9001 质量管理体系　业绩改进指南，ISO 9004 质量管理体系要求，ISO 19011 质量和(或)环境管理体系审核指南。支持性标准包括 ISO 10012 测量控制系统。技术报告包括 ISO/TR 10006 质量管理项目管理质量指南，ISO/TR 10007 质量管理技术状态管理指南，ISO/TR 10013 质量手册编制指南，ISO/TR 10014 质量经济性管理指南，ISO/TR 10015 教育和培训指南，ISO/TR 10017 统计技术应用指南。小册子是指质量管理原理选择和使用指南。

ISO 9000：2008 确定了八项质量管理原则：①以顾客为关注焦点。组织应理解和满足顾客的需求，并超越其期望。②领导作用。领导者应创造使员工能够充分参与实现组织目标的环境。③全员参与。各级员工的充分参与能给组织带来最佳效益。④过程方法。组织应将相关资源和活动作为过程进行管理。⑤管理的系统方法。针对设定的目标，识别、理解并管理一个由相互关联的过程所组成的体系。⑥持续改进。它是组织的一个永恒发展的目标。⑦基于事实的决策方法。针对数据和信息的逻辑分析或判断是有效决策的基础。⑧互利的供方关系。通过互利的关系，增强组织及其供方创造价值的能力。

2. 实施 ISO 9000 族标准认证的意义

ISO 9000 族标准是世界上许多经济发达国家质量管理实践经验的科学总结，具有通用性和指导性。物业服务企业认证和实施 ISO 9000 族标准，主要有以下几方面的作用和意义：

（1）强化物业服务品质管理，提高企业效益　负责 ISO 9000 品质体系认证的认证机构都是经过国家认可机构认可的权威机构，对企业品质体系的审核是非常严格的。企业按照经过严格审核的国际标准化的品质体系进行品质管理，就能很好地提高工作效率和服务产品的合格率，迅速提高企业的经济效益。

（2）全员素质会发生质变　通过实施 ISO 9000 族标准，理解工业化国家从几百年市场经济运行中总结出的管理经验，促进职工市场意识、质量意识的转变，这对物业服务企业提高服务水平具有重要的意义，是企业永续经营的成功关键。

（3）取得了市场通行证 随着全球经济一体化进程的加速和不可逆性，越来越多的企业家意识到市场竞争的规则在逐步统一。ISO 9000 族标准已经成为全球企业在质量控制上的基本要求，要取得国内市场甚至国际市场的准入证，就必须踏进质量认证这道门槛。

（4）增强客户信心，扩大市场份额 第三方认证的方式和特点，使企业的知名度及声誉得以大大提高。而当业主或建设单位了解到物业服务企业按照国际标准实行管理，拿到了 ISO 9000 品质体系认证证书，就可以确信该企业是能够稳定地提供合格或优秀物业服务产品的信得过的企业，从而放心地与企业订立服务合同，扩大了企业的市场占有率。

（5）能够有效地减少物业服务纠纷 通过 ISO 9000 品质体系证书，物业服务企业的服务将会更为规范、科学，服务水平也会有一个大的提升。严格按照 ISO 9000 品质体系提供物业服务，能有效防范物业服务纠纷，从而也可以减少物业服务的纠纷。

3. ISO 9000 的认证程序及管理

物业服务企业实施 ISO 9000 认证是指企业建立质量管理和质量保证标准体系，并通过认证机构审核的过程。一般来讲，这个过程可分为 6 个阶段。

（1）前期准备阶段 领导班子要统一思想，认识 ISO 9000 认证的重要性，成立以总经理（或副总经理）为组长的企业 ISO 9000 认证领导小组，并成立企业 ISO 9000 认证工作小组；企业 ISO 9000 认证小组要确定企业的质量方针，制订质量目标；进行质量体系要素和质量职能的展开或分配到有关部室；同时，还要抓好内审员、领导层、管理人员等的全员培训。

（2）编写质量文件阶段 质量管理体系文件应包括：质量方针和质量目标；质量手册；ISO 9000 族标准所要求的形成文件的程序；企业为确保其过程的有效策划、运行和控制所需的文件；ISO 9000 族标准所要求的记录。

（3）质量保证体系运行与内审阶段 企业质量保证体系试运行，试运行一定阶段后，进行内部质量体系审核。根据内审结果，企业管理评审修订原有质量保证体系，再运行。

（4）质量保证体系认证阶段 该阶段大致包括以下几个具体环节：

1）向审核机构提出认证申请。物业服务企业首先选择一家 ISO 9000 认证机构，按照认证程序规定的内容和格式提出书面申请。书面申请的内容包括组织名称、地点、员工总人数、专业类别、申请认证的标准、范围、删减的条款、体系运行的时间、内部审核和管理评审的情况以及其他特殊要求等。负责受理申请的认证机构，应当在收到申请之日起的 60 天内，作出是否受理申请的决定，并书

面通知物业服务企业。

2）审核机构开展体系审核。接受物业服务企业申请 ISO 9000 认证的机构，根据要求派出审核组，对申请的物业服务企业的质量管理体系进行文件审查和现场审核。通过审核，对于认证机构在审核中提出的不合格的项目，物业服务企业必须根据要求认真进行整改。整改一旦完成，还必须进行复查。经过复查，认为合格或达到了标准，物业服务企业再向认证机构提交审核报告。该阶段大致包括以下几个具体环节：审核机构来企业访问；审核机构进行文件审核；审核机构进行预审；审核机构进行现场正式审核。

（5）审批发证　ISO 9000 认证机构对审核组提交的报告进行严格审核。通过审核，对符合规定要求的批准认证，并向物业服务企业颁发 ISO 9000 质量管理证书。对于不符合标准要求的，ISO 9000 认证机构也应当书面通知物业服务企业。

（6）监督管理。ISO 9000 体系认证证书的持有者，必须按照体系认证机构的规定使用其专用标志，不得将标志使用在产品上，防止顾客误认为是产品获得的认证。ISO 9000 体系证书有效期为三年。在证书有效期内，如果要改变认证审核时的质量管理体系，或证书的持有者不愿保持其认证资格，应当及时通报认证机构。认证机构对证书持有者的质量管理体系，每年至少进行一次监督审核，以保持质量管理体系的管理质量标准。

物业服务企业在 ISO 9000 认证中应注意几个问题：①企业最高管理者必须充分认识 ISO 9000 认证的重要作用与意义，全力以赴支持该项工作。②质量文件的编写必须按照实事求是的原则，结合本单位的实际情况，形成具有自己特色的科学、合理、简便、可行的质量体系。③参加内审人员必须是与该审核部门无关的人员。④所有质量活动必须要有书面记录证实。⑤企业内部质量保证体系应充分利用以往的管理经验，遵照质量标准有效进行，发现问题及时纠正修订。⑥企业通过认证，取得证书，并不意味着贯标结束，贯标工作只有起点，没有终点。

8.3　物业环境的 ISO 14000 认证管理

1. ISO 14000 标准的结构与特点

ISO 14000 是物业环境质量管理认证的标准体系。物业环境管理是物业管理的一个重要方面。物业环境质量管理是物业环境管理的主要任务。为了提高物业环境管理水平，必须引进 ISO 14000 环境质量管理体系。

ISO 14000 是针对全球性的可持续发展战略而制定的具体措施，实施 ISO 14000 会给企业带来众多的直接和潜在利益，如提高企业形象；减少企业污染、节能降耗、促进企业长期良性发展；增强环保意识，保护环境，保障员工职业健康；减少环保成本，降低环境风险、法律风险等。正因如此，ISO 14000 标准颁布以后，

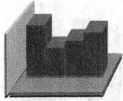

得到全世界 100 多个国家的响应。ISO 14000 系列第一批标准正式公布以后不久，我国即等同为国家标准正式发布，编号为 GB/T24000 系列。中国环境管理体系认证指导委员会，负责我国环境管理体系的宣传、实施和推广工作。1998年 11 月，我国开展环境管理体系的认证工作，ISO 14000 认证工作开始步入正常轨道。

ISO 14000 体系的结构构成，或者 ISO 14000 体系的系列标准有以下几个：ISO 14001 环境管理体系　规范及使用指南；ISO 14004 环境管理体系　原则、体系和支持技术通用指南；ISO 14010 环境审核体系　通用原则；ISO 14011 环境审核体系审核程序　环境管理体系审核；ISO 14012 环境审核体系　环境审核员资格要求；ISO 14050 环境管理　术语；ISO 14040 生命周期评价　原则和框架以及 ISO 14020 环境标志通用原则。除此之外，还有其他标准，如 ISO 14024、ISO 14021、ISO 14025、ISO 14031 等。

总的来看，ISO 14000 系列标准具有主动性、预防性以及广泛适用性的特点：

主动性。主动性主要说明企业进行自身环境质量管理的动力。它不是来自政府的强制管理，而是来自社会的需求，以及相关方和市场的压力。ISO 14000 就是为了适应企业这种主动性的需要而制定的，同时又为企业提供了自我约束的手段。

预防性。环境质量管理系列标准突出了以预防为主的原则，强调了从污染的源头开始治理，对污染进行全过程的控制，以及相应的控制程序，保证环境质量管理目标的实现。

广泛适用性。环境质量管理标准体系，不论组织（企业、机构等）的类型及其规模的大小，也不分发达国家与发展中国家，无论是第一产业、第二产业还是第三产业，都可以建立自己的环境质量体系，也都可以向认证机构申请认证。

2. ISO 14000 环境管理体系的建立与实施

ISO 14000 环境管理体系的建立和实施遵循自愿原则，由物业服务企业最高管理者决策是否建立和实施 ISO 14001 环境管理体系。如果决定建立体系，则应完成以下工作：

做好人、财、物方面的准备。由最高管理者书面任命环境管理者代表。最高管理者应授权建立相应的机构，并给予人力和财物方面的支持，以保证体系建立和运行的需要。

做好初始环境评审。这项工作是对物业服务企业过去和现在的环境管理情况进行评价，总结经验，找出存在的主要环境问题并分析其风险，以确定控制方法和未来的改进方向。一般来说，要作初始环境评审，应先组建由从事环保、生产、技术、设备等各方面的人员组成的工作组。工作组要完成法律法规的识别和评价，环境因素的识别和评价，现有环境管理制度和 ISO 14001 标准差距的评

价，并形成初始环境评审报告。

完成环境管理体系策划工作。根据初始环境评审的结果和组织的经济技术实力，制定环境方针，确定环境管理体系构架，明确组织机构与职责，制定目标、指标、环境管理方案，确定哪些环境活动需要制定运行控制程序。

编制体系文件。ISO 14001 环境管理体系是一个文件化的环境管理体系，需编制环境管理手册、程序文件、作业指导书等。物业服务企业可聘请专业的 ISO 14000 咨询机构协助进行策划，在此基础上，协助编制体系文件。

运行环境管理体系。环境管理体系文件编制完成，正式颁布，就标志着环境管理体系已经建立并投入实施。在体系运行期间，为审查企业的环境管理活动是否已按环境管理体系文件的规定进行，环境管理体系是否得到了正确的实施和保持，为确定体系的持续适用性、充分性、有效性，企业应组织内部审核和管理评审。

贯穿这些工作始终的另一项重要工作是全员培训。全体员工的培训内容，主要是本组织的环境质量管理的方针、环境质量管理的目标和环境质量管理手册，以及与各个部门有关的环境质量管理程序文件，各个岗位有关环境质量管理作业指导书，环境质量管理使用的记录等。通过培训，让全体员工懂得 ISO 14000，了解本组织的环境质量管理体系，并严格按照文件的要求办事。在实施环境质量管理体系的过程中，管理者要进行充分的协调，防止单位之间、部门之间出现矛盾，影响环境质量管理工作的进行。

3. 物业服务企业 ISO 14000 的认证程序

在我国，物业服务企业要申请 ISO 14001 环境质量管理体系认证，必须满足两个基本条件：遵守中国国家和地方的环境法律、法规、标准和总量控制的要求；已经建立环境质量管理体系，并试运行满 3 个月。

物业服务企业申请 ISO 14001 认证的程序大致包括以下几个步骤：

提出认证申请。经过内审和管理评审，物业服务企业如果确认其环境管理体系基本符合 ISO 14000 标准要求，对企业适用性较好，且运行充分、有效，可向已获得认证资格的认证机构提出认证申请。认证机构接到申请书之后，对申请文件进行初步审查，如果符合申请要求，即可签订环境质量管理体系审核/注册合同。认证机构应当在收到认证申请之日起 60 天内作出是否受理申请的决定并书面通知申请者；如果不受理申请，也应当说明理由。

环境质量管理体系审核。认证机构受理申请之后，即组建审核小组，任命审核组长。审核工作基本分为文件审核、现场审核以及跟踪审核三个步骤。认证机构经过认证评定，将确定是否批准物业服务企业的认证注册和颁发认证证书。

报批与颁发证书。环境质量管理机构审核组长，对物业服务企业上报的材料进行整理，填写注册推荐表。将审核的结果，上报认证机构进行复审。认证机构认为合格的，将申请方列入获证目录，并颁发证书。获得认证的物业服务企业可以通过各种媒介进行宣传，并可以在相关地方加贴注册标志。

监督检查及复审和换证。认证证书有效期三年。在认证证书的有效期限内，物业服务企业必须接受认证机构的监督检查，确保环境质量管理体系符合 ISO 14001 标准要求，并且能够切实、有效地运行。证书有效期满后，或者公司的认证范围、模式、机构名称等发生变化后，物业服务企业必须提出换证申请，确保企业不断改进和完善环境质量管理体系。

8.4　物业管理品牌及品牌形象管理

1. 物业管理品牌及其构成

物业管理品牌是用以识别不同的物业服务企业及其服务产品，使它与其他物业服务企业和服务产品区分开来的标志。物业管理品牌是由物业服务企业品牌以及物业服务产品品牌两部分构成的。

（1）物业服务企业品牌　物业服务企业品牌主要由以下要素构成：

1）物业服务企业知名度。物业服务企业的知名度，就是物业服务企业在物业管理行业中被认可的程度，标志着物业服务企业在行业中的声誉、地位和竞争力。

2）物业服务企业经营理念。物业服务企业的经营理念主要是企业的价值观、企业的文化观、企业的责任观、企业的人才观、企业的行为观以及企业的服务观等。

3）物业服务企业资质等级。这是根据国家关于物业服务企业资质等级的条件划分的，主要由企业注册资金数量、拥有相应职称或技术等级的专业人员的多少等决定的。

4）物业服务企业业绩。物业服务企业业绩，主要是由过去或曾经管理过物业的数量和规模；曾经管理过的物业的类型、档次；物业服务企业所管理物业的分布地域；取得优秀或示范项目的数量，以及获得的各种奖励等表示的。

5）物业服务企业管理现状，主要是关于物业服务企业目前正在管理的物业的规模、档次、类型等。

6）物业服务企业管理制度，主要是物业服务企业管理规章制度是否完善或健全；这些规章制度是否符合国家与地方政府的法律法规和政策，是否符合物业管理实际情况，以及这些规章制度执行的情况等。

7）物业服务企业取得 ISO 9000 及 ISO 14000 的认证情况等。

（2）物业服务产品品牌　物业服务产品品牌就是物业服务企业提供的物业服务产品的社会知名度等。良好的物业服务品牌通常都能得到社会的认可，具有

良好的口碑。物业服务产品品牌主要表现在以下几个方面：

1）物业管理服务项目或内容，主要是物业服务企业是否根据国家有关规定和物业服务合同，认真履行其职责，达到了服务的标准。

2）物业服务质量，主要是物业服务企业是否实行了 ISO 9000 质量管理，并且得到了 ISO 9000 的认证。或者说，物业服务企业是否提供了高效率和高质量的服务，满足了合同及其他相关文件规定的要求等。

3）物业服务效用，主要是指物业服务企业提供的服务，满足了业主、使用人的各种需求，获得了业主或使用人的好评。

4）物业管理环境质量，主要是实行了 ISO 14000 环境质量管理，使环境质量得到明显的改善，受到了业主的称赞。

5）物业服务企业服务态度，是指物业服务企业的管理人员，在提供物业服务的过程中，对业主或使用人是否尊重、有礼貌和真诚，即物业服务企业管理人员的服务态度，是否受到业主和使用人的称赞和表扬。

6）物业服务收费标准，指不同的服务层次和服务内容，有不同的收费标准。根据国家有关规定，以及物业服务合同的约定，收取的费用合理，并且公开透明。

7）物业服务创新，即物业管理创新，包括管理创新、技术创新、服务项目及手段等的创新。

物业管理品牌的产生及生存发展，依赖于物业服务企业及其提供的服务，也依赖于物业服务对象等各方面的评价。物业管理品牌的创建、维护和传播，必须考虑这些因素的影响。

2. 物业管理品牌形象

物业管理品牌形象是物业管理品牌在物业管理市场、社会公众及消费者心目中的认知和评价。物业管理品牌形象反映着品牌的信誉度、美誉度和知名度。

物业管理品牌形象可以分为两个方面，即内在形象和外在形象。内在形象主要是服务形象、信誉形象与文化形象；外在形象主要是品牌的标志系统形象。

（1）物业管理品牌服务形象　物业管理品牌服务形象，就是物业服务企业在服务过程中所表现出来的服务态度、服务方式、服务质量，以及由此引起的消费者和社会公众对企业的评价。

（2）物业管理品牌信誉形象　物业管理品牌信誉形象是社会或业主对物业服务企业信任程度的集中表现。企业信誉是企业通过长期提供优质服务逐步形成的，是企业最为宝贵的资源。品牌信誉主要是由质量信誉、服务信誉、合同信誉、道德信誉等内容构成的。

（3）物业管理品牌文化形象　物业服务企业品牌文化形象，是社会公众、消费者对品牌所体现的企业文化的认同与评价。品牌形象实质上也就是企业文化形象。企业品牌文化形象，包括企业精神面貌形象、环境形象、员工形象、企业家形象等内容。但是其核心内容则是价值观及经营理念。

（4）物业管理品牌标志系统形象　物业管理品牌标志系统形象是通过商标图案、标准字、标准色等构成的。品牌外观标志系统形象，直接影响着业主和使用人对物业管理品牌的认识，以及对品牌服务的购买与消费的程度。

3. 物业管理品牌形象策划

物业服务企业品牌形象策划，目前主要是以导入 CIS（企业形象识别系统）方式进行的。CIS 是由三个识别子系统构成的，即理念识别系统（Mind Identity System，MIS）；行为识别系统（Behavior I-dentity System，BIS）；视觉识别系统（Visual Identity System，VIS）。这三个系统各有特定的内容，但同时又互相联系，互相制约。

（1）企业理念识别系统（MIS）。物业服务企业理念，即企业的经营理念。企业经营理念形象在 CIS 系统中起着导向作用，是 CIS 系统的核心和灵魂。物业服务企业理念，主要包括企业精神、企业本质和特征、经营宗旨、经营理念和信条、企业文化、企业质量观、企业服务观、企业责任观、企业人才观、企业法制观、企业顾客中心观等企业基本形象。通过开展 MIS 设计，能够有效地提高企业的凝聚力和内部员工的忠诚度，提高业主或使用人的满意度，从而使企业在社会公众中获得更多的信任、支持和赞誉。

（2）企业行为识别系统（BIS）。企业行为形象识别系统，是规范企业经营活动中各项行为和活动的基本准则。企业行为形象识别系统是通过企业内部教育、组织、管理以及对社会的各项活动树立起来的。企业行为形象识别系统，包括内部行为和外部行为两个方面。

1）企业内部行为，即对企业员工的行为，是企业内部活动的准则。涉及企业内部的各个方面，即组织、管理、培训、福利、行为规范、奖罚机制、工作环境、研究开发等各个方面。

2）企业外部行为，即对社会与客户行为，是企业对外活动的准则。企业外部行为理念主要是通过企业市场营销、产品开发、管理服务、意见征询、公关活动、文化活动、公益性服务等得以表达的。为了提高企业外部识别系统影响力，企业必须建立专门的部门，对经营活动的情况，以及业主或使用人的投诉，进行认真整理分析，尽量加以解决，力求使客户满意；通过各种努力，积极取得社会的认可和支持，从而为企业树立良好的行为形象。

（3）企业视觉识别系统（VIS）。VIS 系统是将企业理念、文化特征、服务内容、企业规范等抽象概念转换为视觉可以识别的标准化、系统化、统一化的具体符号。从而通过视觉可以传达或识别的形式，塑造出独特的企业形象。VIS 是企业形象一项最为直观的外在硬件系统，是反映企业整体形象的重要载体，是企业

理念识别和行为识别的具体化与视觉化的表达方式。VIS 系统基本要素是由企业标志或企业象征图形、企业名称、标准字、标准色、企业标语、专用字体等构成的。通过这些基本要素，帮助业主和使用人来认识企业、认同企业以及监督企业。

物业服务企业 VIS 设计的内容主要包括办公用品、证件系统、广告媒体用品、交通工具、制服饰品、室内布置、办公室装饰与布置、建筑环境、企业指示符号、文书单据系列、广告及展示应用系列以及公司出版物等。

4. 物业管理品牌形象传播

物业管理品牌形象策划的一个重要内容，就是要对外宣传企业品牌。通过品牌宣传工作，让广大消费者了解、认识、接受，并选择这个物业管理品牌，以及接受这个品牌相关的服务。

在品牌宣传工作中，最重要方式就是通过广告进行宣传。在条件允许的情况下，应当尽量通过媒体，如报纸、杂志、电台、电视台、互联网等，做一些广告。同时，还应当利用各种机会，如企业成立若干周年纪念活动、ISO 9000 和 ISO 1400 认证以及公司经理参加某个重要的物业管理会议、公司某位员工做了好事等积极对外宣传。通过这些宣传工作，可以有效地提升物业管理品牌的知名度，增加企业的影响力。

同时，加强公共关系的管理，也是品牌宣传的重要组成部分。在这方面，物业服务企业应当通过节日互访、寄送贺卡、座谈会、联谊活动等方式，广泛地接触行业管理协会、房地产开发商、物业管理兄弟单位、新闻宣传部门等，加强与它们联系。通过与这些部门联系，大力宣传企业的物业管理品牌。

在物业管理品牌的具体宣传中，通常需要注意突出以下方面的内容：

突出本品牌物业服务企业的雄厚管理实力。物业服务企业的雄厚管理实力主要体现在技术力量、专业装备水平、注册资金以及管理人员的职称、从业年数与专业管理水平等方面。品牌物业服务企业的雄厚管理实力能够给人一种理性上的认同与信任，为客户在思想上、行动上接受物业项目、接受品牌物业服务企业打下坚实的基础，提供现实可能性。

突出品牌物业服务企业的骄人管理业绩。品牌物业服务企业的管理业绩主要体现在管理项目的多少(建筑面积、种类)、管理效果的好坏(取得先进称号的情况等)、社会反映(业主和使用人的反映、媒体报道的情况、政府方面的意见、同行的评价等)等方面。品牌物业服务企业的骄人管理业绩能够给人一种感性上的认可与憧憬，让消费者愿意接受和选择该物业服务企业。

突出品牌物业服务企业的人情味。消费者不希望物业服务企业是高高在上的"主人"，也不希望物业服务企业是亦步亦趋、唯命是从的"仆人"。他们喜欢那种愿意为自己着想、尊重自己而又不巴结自己的朋友式的物业服务企业。品牌物业服务企业的人情味让人感到亲切，让人觉得自然，缩短了客户与物业服务企业的距离，从而使客户愿意接受和选择该品牌物业服务企业及其提供的服务。

本 章 小 结

经济全球化的发展，要求物业服务企业加强全面质量管理。与以往的质量管理对比，全面质量管理的一个重要特点在于它的全面性，涵盖设计、服务、辅助服务、使用过程四个方面的管理。推行全面质量管理，必须要满足"三全一多样"的基本要求。

为了提高物业服务的质量，必须引进 ISO 9000 质量管理体系。ISO 9000 是世界公认的质量管理体系，实施 ISO 9000 认证具有重要的意义，物业服务企业应加强 ISO 9000 认证管理。

物业环境管理也是物业管理的一个重要方面。为了提高物业环境管理水平，必须引进 ISO 14000 环境质量管理体系。只要完全按照这个体系提出的要求进行管理，就可以不断地提高物业环境质量管理水平。

物业管理品牌是用以识别不同的物业服务企业及其服务产品，使它与其他物业服务企业和服务产品区分开来的标志。物业管理品牌是由物业服务企业品牌以及物业管理服务品牌构成的。物业服务企业应注意物业服务品牌的形象策划与传播，提升自己的市场竞争力。

复习思考题

1. 简述全面质量管理的特点与内容。
2. 简述全面质量管理的要求。
3. 简述 ISO 9000 的内容与原则。
4. 试述 ISO 9000 认证的程序及管理。
5. 简述 ISO 14000 的结构与特点。
6. 简述 ISO 14000 环境管理体系的建立与实施。
7. 简述 ISO 14000 认证的一般程序。
8. 简述物业管理品牌的含义及其构成。
9. 试述物业管理品牌形象的构成及其策划与传播。

第9章
物业服务企业财务管理

9

[内容提要]

物业服务企业财务管理是进行物业管理的基本条件。通过本章学习，应当了解物业服务企业财务管理的涵义；熟悉物业服务企业财务管理的内容；掌握物业服务费的收缴管理、财务报告分析及公布等内容。

9.1 物业服务企业财务管理概述

1. 物业服务企业的财务关系和财务活动

财务是企业为了达到既定的目标，进行筹集资金和运用资金的经济活动，以及在这些活动中所体现的各种经济关系。企业财务管理是对企业财务活动和财务关系所实施的管理工作。企业财务管理的对象主要是对企业财务活动和财务关系的管理。

物业服务企业财务关系是物业服务企业在财务活动中所体现的企业与各方面的经济关系，主要包括以下几个方面内容：

1）企业同其所有者之间的财务关系。它主要是物业服务企业与其所有者之间发生资本金取得，以及资本收益，即利润分配关系。

2）企业同债权人之间的财务关系。它主要是物业服务企业与银行等金融机构贷款，以及由商业信用等形成的债权人之间因资金、商品的取得与应付款项而发生的债务性关系。

3）企业同其债务人之间的财务关系。它主要包括：物业服务企业与物业服务消费者之间发生的按期缴纳服务费的债权性关系；物业服务企业与被投资单位之间发生的参与分配利润的债权性关系；多种经营活动中，物业服务企业作为供货方，与购货方发生的债权性关系。

4）企业内部各单位之间财务关系。这主要是物业服务企业同其下属各专业服务公司之间的财务结算关系，以及这些专业服务公司相互之间的财务结算关系。

5）企业同职工之间的财务关系。物业服务企业向职工支付工资和津贴，以

及用利润向职工支付奖金、提供公益金等利益分配关系，形成了企业同职工之间的财务关系。

6）企业同国家经济主管部门之间发生的财务关系。其中主要是物业服务企业根据有关规定，向国家缴纳营业税、所得税等税款，从而与国家税务机关形成的经济关系等。

物业服务企业的财务活动，就是企业为了实施物业管理，向业主提供服务，筹集、使用和核算资金等活动。具体来说，它包括以下方面：

1）资金筹集。物业服务企业为了从事物业管理、经营与服务活动，进行筹集资金的过程。

2）资金运用。这是指物业服务企业将所筹集到的资金，按照一定的原则与目标，投入到物业管理、经营、服务中去的过程。资金运用主要包括资金的投放和各项资产的使用。

3）资金耗费。物业服务企业在筹集资本，以及开展物业管理、经营、服务过程都需要支出或耗费资本（资金），由此构成了成本费用。

4）资金收回和利润取得。物业服务企业通过服务收费、服务设施的折旧、经营活动收入等，收回投资，并取得利润。

5）收益分配。物业服务企业将所取得的各种收入，首先用于补偿物业服务设施的损耗，扣除服务成本，向国家缴纳各种税金，然后再将其余额或利润，按照有关规定进行分配。

2. 物业服务企业的筹资与投资决策管理

筹资决策管理是物业服务企业对所要筹集资金的数量、来源、方式和构成等方面进行的决策。筹资决策主要包括以下内容：预测公司资金需要的数量；确定筹资规模和筹资时机；确定筹资来源与比例；研究或评价筹资方式；确定筹资成本，分析财务风险，优化资本结构等。

企业筹得资金之后，在确定投资方向、投资规模以及具体的投资方式等方面进行的决策，就是投资决策管理，其目的是取得最佳的投资收益。物业服务企业投资决策大体上可以分为两类，即直接投资和间接投资。直接投资是把资金直接投放到物业经营管理服务中去，以便获取服务利润。其中主要是购置企业办公设备以及作业工具等。间接投资是用资金购买金融性资产，以取得股利或者利息收入。如购买政府公债、购买企业债券以及公司股票等。目前物业服务企业的投资，主要是服务于物业管理和物业经营。投资决策内容主要是：研究企业的投资环境；预测投资规模和投资时机；确定投资结构；评价投资方案的风险与收益；选择符合财务管理目标的最佳投资方案等。

3. 物业服务企业财务预算管理

物业服务企业财务预算主要包括以下内容：

（1）收入预算　　物业服务企业的收入基本来源于物业服务和多种经营两个方面。物业服务收入是物业服务企业的主要业务收入。

（2）营业成本预算　　营业成本是物业服务企业在从事物业服务活动过程中发生的各项直接支出，大体上包括两个部分，即直接人工费和直接材料费预算。

（3）公司（本身）管理费用预算　　管理费用预算是财务预算的主要组成部分，是物业管理中所发生间接费用的预算。其内容包括管理人员的工资、奖金及职工福利费；办公用的固定资产折旧费和修理费；水电费；差旅费；邮电通信费以及其他费用等。

（4）财务费用预算　　财务费用预算是物业服务企业在预算期内为筹措资金所发生费用的预算，其构成项目包括利息支出、汇兑损失、金融机构手续费和其他财务费用等。

（5）资本预算　　资本预算也叫做设备维修更新计划，是物业服务企业为实现物业的保值、增值，根据设备的运行状况和管理服务的需要制订的长期资产购入和更新改造支出的预算。

（6）现金预算　　现金预算是反映预算期内货币资金的流入、流出以及资金调度的预算。这是物业服务企业进行货币资金日常管理的基本手段。

（7）预计利润表　　预计利润表是年度利润计划，是在经营决策（包括财务决策）基础上，综合反映物业服务企业预算期（通常为一年）内收入、成本费用和净利润的预算。

（8）预计资产负债表　　预计资产负债表即预计财务状况表，是揭示物业服务企业资产、负债和股东权益在预算期末的水平及其构成的预算。

4. 成本和费用管理

《物业服务企业财务管理规定》规定，企业在从事物业管理活动中发生的各项直接支出，计入营业成本。营业成本包括直接人工费、直接材料费和间接费用等。实行一级成本核算的企业，可不设间接费用，有关支出直接计入管理费用。

《物业服务企业财务管理规定》进一步指出，企业经营共用设施设备，支付的有偿使用费，计入营业成本；企业支付的管理用房有偿使用费，计入营业成本或者管理费用；企业对管理用房进行装饰装修发生的支出，计入递延资产，在有效使用期限内，分期摊入营业成本或者管理费用。同时规定，企业可以于年度终了时，按照年末应收账款余额的 0.3%～0.5% 计提坏账准备金，计入管理费用。企业发生的坏账损失，冲减坏账准备金。收回已核销的坏账，增加坏账准备金。不计提坏账准备金的企业，发生的坏账损失，计入管理费用。收回已核销的坏账，冲减管理费用。

5. 营业收入及利润管理

（1）物业服务企业营业收入管理　　营业收入是企业从事物业服务和其他经

营活动所取得的各项收入，包括主营业务收入和其他业务收入。

《物业服务企业财务管理规定》指出，企业应当在劳务已经提供，同时收讫价款或取得收取价款的凭证时确认为营业收入的实现。物业大修收入应当经业主委员会或者产权人认可后，确认为营业收入的实现。企业与业主委员会或者物业产权人签订付款合同或协议的，应当根据合同或者协议所规定的付款日期确认为营业收入的实现。

（2）物业服务企业利润管理　《物业服务企业财务管理规定》规定，物业服务企业利润总额是由营业利润、投资净收益、营业外收支净额以及补贴收入等构成的。

营业利润是由主营业务利润和其他业务利润构成的。主营业务利润是主营业务收入减去营业税金及附加，再减去营业成本、管理费用及财务费用后的净额。营业税金及附加包括营业税、城市维护建设税和教育费附加。其他业务利润是其他业务收入减去其他业务支出，以及其他业务缴纳税金及附加后的净额。

投资净收益主要是投资收益扣除投资损失后的净额。投资收益和投资损失，是企业对外投资所取得的收益或发生的损失。

营业外收支净额是营业外收入与营业外支出的差额。其中营业外收入是指与企业生产经营活动没有直接因果关系，但与企业又有一定联系的收入，主要包括固定资产的盘盈和处理固定资产的净收益、罚款收入等。营业外支出是与企业生产经营活动没有直接因果关系，但与企业又有一定联系的支出，主要包括固定资产的盘亏、报废、毁损和出售的净损失、赔偿金、违约金、滞纳金等。

补贴收入是国家拨给企业的政策性亏损补贴和其他补贴。如部分房管所转为物业服务企业后，由于承担管理直管公房和单位公房的任务，房租水平偏低，导致这部分物业服务企业发生亏损，财政部门和主管单位根据国家统一规定，拨付给这些企业的部分亏损补贴等。企业管理企业收到亏损补贴后，要作为补贴收入并入企业利润总额。

（3）利润分配管理　利润分配管理是企业用利润给股东发放股息和作为留存利润等方面进行的分配。利润分配管理应当考虑以下方面：利润分配与留存利润的关系；利润分配政策及其影响因素，如未来企业的投资机会、各种资金来源及其成本、股东对当期收入和未来收入的相对偏好等；利润分配的时间和方式；股票股息及股票回购的问题等。

9.2　物业服务收费管理

1. 物业服务收费原则与定价方式

《物业服务收费管理办法》第二条指出，本办法所称物业服务收费是指物业

服务企业按照物业服务合同的约定，对房屋及配套的设施设备和相关场地进行维修、养护、管理，维护相关区域内的环境卫生和秩序，向业主所收取的费用。物业服务收费应遵循一定的原则，并根据实际情况，采取不同的定价形式。

（1）物业管理费的收费原则 根据《物业管理条例》和《物业服务收费管理办法》等的规定，物业服务收费应当遵循合理、公开以及费用与服务水平相适应的原则。

1）合理原则。合理原则是指在物业管理实际操作中，收取物业服务费时既要有利于物业服务企业的价值补偿及获得合理利润，又要考虑业主的经济承受能力。具体收费标准应因地制宜，以物业服务发生的实际成本为基础，结合物业服务企业的服务质量、服务深度来确定，使业主消费能力与物业服务实际水平、服务深度相平衡。同时，还应充分考虑不同档次、不同类别的物业、不同对象、不同消费层次的需要，体现按质论价、优质优价，公平合理。

2）公开原则。公开原则要求物业服务企业实行明码标价，接受业主监督。根据《物业服务收费管理办法》和《物业服务收费明码标价规定》的规定，物业服务企业应当按照政府价格主管部门的规定实行明码标价，在物业管理区域内的显著位置或收费地点，采取公示栏、公示牌、收费表、收费清单、收费手册、多媒体终端查询等方式实行明码标价；明码标价的内容包括：企业名称、收费对象、服务内容、服务标准、计费方式、计费起始时间、收费项目、收费标准、价格管理形式、收费依据、价格举报电话12358等；物业服务企业接受委托代收供水、供电、供气、供热、通信、有线电视等有关费用的，也应实行明码标价；物业服务企业根据业主委托提供的物业服务合同约定以外的服务项目，其收费标准在双方约定后应当以适当的方式向业主进行明示。实行明码标价的物业服务收费的标准等发生变化时，物业服务企业应当在执行新标准前一个月，将所标示的相关内容进行调整，并应标示新标准开始实行的日期。物业服务企业不得利用虚假的或者使人误解的标价内容、标价方式进行价格欺诈。不得在标价之外，收取任何未予标明的费用。

3）费用与服务水平相适应的原则。物业服务企业的服务收费标准，应与服务质量相适应。物业管理是一种市场行为，物业服务企业提供的是有偿服务，物业服务费实际上就是物业服务企业提供服务的价格，根据市场经济规律的要求，收费价格由提供这种物业服务的社会必要劳动量决定。因此，必须根据物业服务企业提供的服务质量、服务水平的不同，采用不同的收费标准。《物业服务收费管理办法》第十四条规定，物业服务企业在物业服务中应当遵守国家的价格法律法规，严格履行物业服务合同，为业主提供质价相符的服务。

（2）物业服务费的定价方式 《物业服务收费管理办法》第六条规定：物业服务收费应当区分不同物业的性质和特点，分别实行政府指导价和市场调节价。

具体定价形式由省、自治区、直辖市人民政府价格主管部门会同本地区房地产行政主管部门确定。

1）政府指导价。物业服务收费实行政府指导价的，有定价权限的人民政府价格主管部门应会同房地产行政主管部门根据物业管理服务等级标准等因素，制定相应的基准价及其浮动幅度，并定期公布。具体收费标准由业主与物业服务企业根据规定的基准价和浮动幅度在物业服务合同中约定。按照我国《价格法》的规定，政府指导价的确定应通过听证会，征求业主、物业服务企业和有关方面的意见后最终确定。同时，政府指导价的具体适用范围、价格水平，应当根据经济运行情况，按照规定的定价权限和程序适时调整。消费者、经营者可以对政府指导价提出调整建议。

2）市场调节价。市场调节价是指由经营者自主制定，通过市场竞争形成的价格。在实际招标和投标谈判中，通过市场竞争，物业服务收费实质是业主和物业服务企业双方协商的结果。实行市场调节价的物业服务收费，由业主与物业服务企业在物业服务合同中约定。

2. 物业服务的收费形式与成本构成

（1）物业服务的收费形式　《物业服务收费管理办法》第九条规定，业主与物业服务企业可以采取包干制或者酬金制等形式约定物业服务费用。

1）包干制。包干制是指由业主向物业服务企业支付固定物业服务费用，盈余或者亏损均由物业服务企业享有或者承担的物业服务计费方式。实行物业服务费用包干制的，物业服务费用的构成包括物业服务成本、法定税费和物业服务企业的利润。

2）酬金制。酬金制是指在预收的物业服务资金中按约定比例或者约定数额提取酬金支付给物业服务企业，其余全部用于物业服务合同约定的支出，结余或者不足均由业主享有或者承担的物业服务计费方式。实行物业服务费用酬金制的，预收的物业服务支出属于代管性质，为所缴纳的业主所有，物业服务企业不得将其用于物业服务合同约定以外的支出。

（2）物业服务的成本构成　根据《物业服务收费管理办法》以及《物业服务定价成本监审办法（试行）》的规定，物业服务成本或者物业服务支出构成一般包括以下部分：

1）人员费用。它是管理服务人员工资、按规定提取的工会经费、职工教育经费，以及按规定应当由物业服务企业缴纳的养老、医疗、失业、工伤、生育保险等社会保险费用。

2）物业共用部位、共用设施设备的日常运行、维护费用。该项费用是指为保障物业管理区域内共用部位共用设施设备的正常使用和运行、维护保养所需的费用。不包括保修期内应由建设单位履行保修责任而支出的维修费、应由住宅专

项维修资金支出的更新、改造费用。

3）物业管理区域绿化养护费用。它是指管理、养护绿化所需的绿化工具购置费、绿化用水费、补苗费、农药化肥费等。不包括应由建设单位支付的种苗种植费和前期维护费。

4）物业管理区域清洁卫生费用。它是指保持物业管理区域内环境卫生所需的购置工具费、消杀防疫费、化粪池清理费、管道疏通费、清洁用料费、环卫所需费用等。

5）物业管理区域秩序维护费用。它是指维护物业管理区域秩序所需的器材装备费、安全防范人员人身保险费及由物业服务企业支付的服装费等。

6）办公费用。它是指物业服务企业为维护管理区域正常的物业管理活动所需的办公用品费、交通费、房租、水电费、取暖费、通信费、书报费及其他费用。

7）物业服务企业固定资产折旧。它是指按规定折旧方法计提的物业服务固定资产的折旧金额。物业服务固定资产指在物业服务小区内由物业服务经营者拥有的、与物业服务直接相关的、使用年限在一年以上的资产。

8）物业共用部位、共用设施设备及公众责任保险费用。它是指物业服务企业购买物业共用部位共用设施设备及公众责任保险所支付的保险费用，以物业服务企业与保险公司签订的保险单和所缴纳的保险费为准。

9）经业主同意的其他费用。它是指业主或者业主大会按规定同意由物业服务费开支的费用。

物业共用部位、共用设施设备的大修、中修和更新、改造费用，应当通过专项维修资金予以列支，不得计入物业服务支出或者物业服务成本。

3. 物业服务费的收缴管理

根据《物权法》、《物业管理条例》以及《物业服务收费管理办法》的规定，物业服务企业从事物业服务，可以向物业服务合同的委托方收取服务费。具体而言，物业服务合同的委托方可以具体化为业主或使用人以及开发建设单位。

《物业服务收费管理办法》第十五条规定，业主应当按照物业服务合同的约定按时足额缴纳物业服务费用或者物业服务资金。业主违反物业服务合同约定逾期不缴纳服务费用或者物业服务资金的，业主委员会应当督促其限期缴纳；逾期仍不缴纳的，物业服务企业可以依法追缴。业主与物业使用人约定由物业使用人缴纳物业服务费用或者物业服务资金的，从其约定，业主负连带缴纳责任。物业发生产权转移时，业主或者物业使用人应当结清物业服务费用或者物业服务资金。

《物业服务收费管理办法》第十六条规定，纳入物业管理范围的已竣工但尚未出售，或者因开发建设单位原因未按时交给物业买受人的物业，物业服务费用

或者物业服务资金由开发建设单位全额缴纳。

《物业服务收费管理办法》第十七条规定，物业管理区域内，供水、供电、供气、供热、通信、有线电视等单位应当向最终用户收取有关费用。物业服务企业接受委托代收上述费用的，可向委托单位收取手续费，不得向业主收取手续费等额外费用。

《物业服务收费管理办法》第二十一条规定，政府价格主管部门会同房地产行政主管部门，应当加强对物业服务企业的服务内容、标准和收费项目、标准的监督。物业服务企业违反价格法律、法规和规定，由政府价格主管部门依据《中华人民共和国价格法》和《价格违法行为行政处罚规定》予以处罚。

9.3 财务报告分析与公布

1. 财务报告的构成与内容

企业财务报告又称财务会计报告，是以企业的日常核算资料为依据，以表格为主要形式，反映、提供和传输企业财务信息的书面报告文件，是企业经营管理水平的综合反映。

企业财务报告是传输企业财务信息的一个重要工具和主要载体。它所提供和传输的财务信息主要包括企业某一特定日期的财务状况以及某一会计期间的经营成果以及现金流量等。这些信息既有对外的一面，又有对内的一面；既可以满足外部用户的信息要求，同时对企业内部的经营决策也具有非常重要的价值。

财务报告可分为年度、半年度、季度和月度财务报告。根据《企业财务会计报告条例》的规定，企业的财务报告包括会计报表和文字报告两部分。

（1）会计报表部分 会计报表又称财务报表，是在日常会计核算的基础上，按照一定的指标体系，总括地反映物业服务企业在一定时期内的资产、负债及所有者权益的状况、经营成果和理财过程的书面文件，是物业服务企业的偿债能力、获利能力和经营管理效率等的集中反映。会计报表是会计核算的最终产品，是物业服务企业向其信息使用者提供财务信息的基本形式。一套完整的会计报表通常由主表和附表组成。

主表即企业在会计期末编制的主要会计报表，包括资产负债表、利润表、现金流量表和不需对外报送的成本报表。其中，前三张报表是企业的基本财务报表。这几张报表相互结合，全面地反映了企业的财务状况、经营成果、现金净流量和成本状况。

附表是指对主表中的某一项或几项指标或内容提供更为详细情况的补充性报表。如资产减值准备明细表、股东权益增减变动表、应交增值税明细表、利润分配表、应收账款明细表、其他应收款明细表、存货明细表、待摊费用明细表、固

定资产明细表、短期借款明细表、应付账款明细表、预提费用明细表、管理费用明细表等。

（2）文字报告部分　许多会计报表数字不能表达的内容和数字背后隐含的信息，都需要通过文字部分加以说明。文字报告主要包括会计报表附注和财务情况说明书两部分。会计报表附注是对报表的补充说明和具体解释，是阅读和分析会计报表的基础。它一般包括企业基本情况、不符合基本会计假设的说明、重要会计政策和会计估计及其变更原因与影响、或有事项的说明、资产负债表日后事项的说明、关联方关系及其交易的说明、重要资产转让及其出售情况、会计报表中重要项目的明细资料、合并会计报表的说明以及有助于理解和分析会计报表需要说明的其他事项等。财务状况说明书是企业对自身的财务状况和经营成果作出的自我评价。财务情况说明书一般应包括如下内容：企业生产经营的基本情况、利润实现和分配情况、资金增减和周转情况以及对企业财务状况、经营成果和现金流量有重大影响的其他事项。

2. 财务报告分析的特征与形式

（1）财务报告分析的概念与特征　财务报告分析是指以财务报告所反映的各类信息为依据和起点，采用科学的评价标准和适用的分析方法，遵循规范的分析程序，有重点、针对性地分析和评价物业服务企业的财务状况和经营成果，正确判断企业在经营管理过程中的利弊得失、财务状况及其发展趋势，为报告使用者投资与决策提供财务信息的一种分析活动。

财务报告的产生是一种"综合"的过程，它把物业服务企业的各种经营管理业务，按照一定的规则加以分类、汇总，从而在整体上反映了企业的财务状况。财务报告分析则把这个整体分解为简单的组成部分，找出这些部分的本质属性和彼此之间的关系，并从中揭示企业经营管理的内部联系，更深刻地认识和把握企业的财务状况。通过财务报告分析，包括对报表数据进一步加工，进而说明某些方面的具体问题，从而对企业的财务状况是否稳健，经营管理是否有效，企业前景是否光明，报表数据是否真实等问题作出有事实根据的结论。这些结论有助于物业服务企业挖掘潜力、改进工作、实现企业的理财目标，也是财务报告有关使用者合理实施投资决策的重要步骤。

财务报告分析具有三个特征：①拓展性。财务报告分析是在财务报告所披露的信息的基础上，进一步提供和利用财务信息，是以财务报告为依据进行的，是财务报告编制工作的延续和拓展。②判断性。财务报告分析中，通过比较，观察指标的数量及其差异、趋势等方面的变化，了解发生变化的原因，从而对企业的经营管理活动作出判断，在分析和判断的基础上再作出评价和预测。③依赖性。财务报告分析要清楚地反映出物业服务企业经营管理情况及其绩效的多方面因素，就必须采用科学的评价标准和多种适用的分析方法，而且把单个方面的分析

和整体分析相结合。所以，财务报告分析对科学的评价标准和适用的分析方法有较高的依赖性。

(2) 财务报告分析的主要形式　财务报告分析的形式主要有：

1) 内部分析与外部分析。这是根据分析的主体不同划分的。①内部分析。它是物业服务企业对企业财务状况进行的内部分析。其目的是判断和评价企业经营管理是否正常、顺利，及时、准确地发现企业的成绩与不足，为企业未来经营管理的顺利进行，提高经济效益指明方向。②外部分析。它是指物业服务企业外部的投资者、债权人及政府部门，根据各自需要或分析目的，对企业的有关情况进行的分析。

2) 全面分析与专题分析。这是根据分析的内容和范围的不同划分的。①全面分析。它是指对物业服务企业在一定时期的经营管理各方面的情况进行系统、综合、全面的分析和评价。全面分析的目的是找出企业经营管理过程中带有普遍性的问题，全面总结企业在这一时期的成绩与问题，为协调物业服务企业各部门的关系，做好下期经营管理活动安排提供依据。全面分析通常在年终进行，形成综合、全面的财务报告分析报告。②专题分析。专题分析是指根据分析主体或分析目的的不同，对企业经营管理过程中某一环节或某一方面存在的突出问题进行分析，投资者或债权人对自己关心的某一方面的问题进行分析等，都属于专题分析。专题分析能及时、深入地揭示企业在某方面的财务状况，为分析者提供详细的资料信息，对解决物业服务企业的关键性问题有重要的意义。

3) 财务报表分析与内部报表分析。这是从分析资料的角度划分的。①财务报表分析。财务报表是财务会计报表的简称。财务报表分析是财务报告分析的最基本形式。根据报表的种类不同又可分为资产负债表分析、利润表分析和现金流量表分析三种。②内部报表分析。内部报表主要是指除财务会计报表之外的其他与企业财务和会计活动有关的报表资料。内部报表分析是对财务报告分析的必要补充，对内部报表的分析更有利于揭示物业服务企业经营管理中存在的问题或不足，这对企业的经营管理者是尤为重要的。

4) 趋势分析、现状分析、潜力分析。这是从分析的时期和目的划分的。①趋势分析。它是指对物业服务企业某个时期各单位时间的总体财务变动状况或某个财务指标的变动情况所作的分析，借以评价企业的发展趋势。②现状分析。它是财务分析的最基本和最主要的形式，是指对物业服务企业财务活动所进行的分析，以评价企业当期的各项经营和财务活动状况。现状分析最真实地反映了企业营运状况、盈利状况、权益状况、资产状况以及偿债能力状况的现状，为投资者、经营者、债权人及其他有关部门和人员提供了了解企业，作出决策的直接依据。通过对不同企业现状的分析，还可反映企业在物业管理行业中所处的地位，发现自己的差距和不足，为企业改进工作、制定正确的经营发展目标提供依据。

③潜力分析。它是在趋势分析和现状分析的基础上，结合企业资源变动状况和经营目标，对企业未来发展能力的估价与判断。

3. 向业主公布的财务报告

物业服务企业是为业主服务的，本着对业主负责的原则，物业服务企业应定期向业主委员会递交一份财务报告，向全体业主报告一定时期内物业服务费的收支情况。其目的是将本企业管理服务资金情况定期向业主公布，增加企业物业服务的透明度，加强与业主的沟通，以得到业主对本企业的了解和支持。《物业服务收费管理办法》规定，物业服务企业应当向业主大会或者全体业主公布物业服务资金年度预决算，并每年不少于一次公布物业服务资金的收支情况。业主或者业主大会对公布的物业服务资金年度预决算和物业服务资金的收支情况提出质询时，物业服务企业应当及时答复。物业服务企业或者业主大会可以按照物业服务合同约定聘请专业机构对物业服务资金年度预决算和物业服务资金的收支情况进行审计。

物业服务企业向业主公布的财务报告，主要内容包括：物业服务费的收取情况；物业服务资金的支出情况；住宅专项维修资金的使用情况；物业服务费拖欠情况以及相关的财务凭证，如发票、收据、存根等单据，现金账及收缴各种资金的登记簿等。报告中公布的收入、支出情况，超出预算的支出要向业主讲明原因，合理的要得到业主的支持，不合理的要接受业主的意见，进一步改善。

本 章 小 结

财务是企业为了达到既定的目标，进行筹集资金和运用资金的经济活动，以及在这些活动中所体现的各种经济关系。企业财务管理，是对企业财务活动和财务关系所实施的管理工作。企业财务管理的对象，主要是对企业财务活动和财务关系的管理。财务管理的主要内容是物业服务企业筹资与投资管理；企业预算管理；成本与费用管理；收益分配与利润等。

物业服务收费是物业服务企业开展管理服务的关键环节。根据有关规定，物业服务收费应当遵循合理、公开以及费用与服务水平相适应的原则。具体收费应当区分不同物业的性质和特点，分别实行政府指导价和市场调节价。目前，业主与物业服务企业可以采取包干制或者酬金制等形式约定物业服务费用。物业服务企业从事物业服务，可以向物业服务合同的委托方收取服务费。对于逾期仍不缴纳的，物业服务企业可以依法追缴。

企业财务报告又称财务会计报告，是以企业的日常核算资料为依据，以表格为主要形式，反映、提供和传输企业财务信息的书面报告文件，是企业经营管理水平的综合反映。财务报告可分为年度、半年度、季度和月度财务报告。根据《企业财务会计报告条例》的规定，企业的财务报告包括会计报表和文字报告两

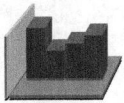

部分。简单地说，对财务报告进行的分析，就是财务报告分析。财务报告分析有自己的特征和多种划分形式。本着对业主负责的原则，物业服务企业应定期向业主委员会递交一份财务报告，向全体业主报告一定时期内物业服务费的收支情况。

复习思考题

1. 简述物业服务企业财务关系的主要内容。
2. 简述物业服务企业财务管理的基本内容。
3. 简述物业服务收费的原则及定价方式。
4. 简述物业服务收费形式与成本构成。
5. 简述物业服务收费的收缴管理。
6. 简述财务报告的构成与内容。
7. 简述财务报告分析的特征与形式。
8. 简述向业主公布的财务报告管理规定及内容。

第 10 章

物业管理纠纷防范与处理

10

[内容提要]

物业管理涉及相关各方的切身利益，极其容易引起矛盾与纠纷。本章简要介绍物业管理纠纷的类型、特点及其产生的原因；物业管理纠纷防范的若干工作；以及处理物业管理纠纷的程序、依据和方式方法。

10.1 物业管理纠纷及其类型

1. 物业管理纠纷的涵义与类型

物业管理纠纷是指物业服务消费者在消费物业服务之前及过程中，因对物业管理服务或与其有关的权利和义务有一定看法时，与提供物业管理服务的物业服务企业所发生的不同程度的争执。目前，我国法律中还没有关于物业管理纠纷的明确规定。

按照不同的标准，可以把物业管理纠纷划分为不同的类型。例如，按不同的法律关系性质差异，可以划分三类：

民事纠纷。如服务合同纠纷（违约纠纷）、侵权纠纷等。

经济纠纷。如物业服务企业与特定业主及业主委员会之间发生的经营管理权限纠纷。

刑事纠纷。民事、经济纠纷如果不能得到及时的解决或不能得到公正、公平、合理的解决，就很容易升级，当事人矛盾冲突尖锐化，最后演变成刑事纠纷。例如，物业管理中秩序维护人员与业主发生争吵，最后殴打业主致其重伤或死亡等。

如果按照纠纷的具体形式，又可以把物业管理纠纷划分为管理权纠纷、合同纠纷、物业管理具体服务纠纷以及物业服务收费纠纷等几类。

2. 物业管理纠纷的特点

物业管理纠纷是随着物业管理行业的出现、发展而出现和发展的。从其特点

来看，主要表现为以下几个方面：

（1）物业管理纠纷随着住房制度改革的深化以及小业主的增多而逐年增多　住房制度改革的深化，使住宅私有化比例逐步增加。原来住房为国家或单位所有，房屋管理也是国家或单位自己，所以也就谈不上物业管理纠纷。退一步讲，即使有一些纠纷，也很难得到社会的注意。而住房私有比例的增加，必然带来小业主业权的多元化和规模化，而小业主对业权的反映与主张，一定情况下必然会引致物业管理的纠纷。

（2）物业管理纠纷的类型由少到多，由简单到复杂　目前，物业管理纠纷已从刚开始时物业服务企业与业主之间关于物业管理费的纠纷，发展到涉及民事诉讼、行政诉讼的各类型纠纷。包括业主或使用人要求物业服务企业承担停水、停电、停气等行为的侵权赔偿纠纷；业主或使用人要求物业服务企业赔偿在提供特约服务中所造成的财产损失的纠纷；业主大会与业主委员会在选聘或解聘物业服务企业过程中产生的纠纷等。由于物业管理纠纷多属新型案件，在审判实践中依据的法律法规很欠缺、不健全，诉讼的成本也比较高。这给正确、快速及有效处理该类纠纷带来一定的难度。

（3）物业管理纠纷具有易发性和涉众性　物业管理服务大都直接面对消费者，因此，物业服务人员的服务态度以及物业服务消费者的知识水平、心理及情绪变化等，都直接影响着物业管理服务能否顺利进行。同时，由于各方考虑问题的不同角度，所具有的不同专业水准以及目前客观存在的一些评价缺陷等，所以很容易导致在物业管理服务的提供和交易过程中，供求双方发生对服务质量好坏、满意与否的争执。这就是物业管理纠纷的易发性。另外，物业管理服务主要是公众性服务，质量好坏直接关系到物业管理区域大多数业主与使用人的利益。因此，一旦发生物业管理问题，往往就会引起业主们的集体争执或是业主委员会的集体诉讼。这就是物业管理纠纷的涉众性。

3. 物业管理纠纷产生的原因

物业管理纠纷产生的原因是多方面的，归纳起来从业主或业主组织、物业服务企业、政府以及监督等方面来分析。

（1）业主及业主组织方面　这方面的原因包括：

物业管理消费观念没有适时、适度地改变。一方面，在传统福利型住房分配体制下，个人只需缴纳水、电、燃气费和少量房租，其他费用均由国家或单位承担。现在推行市场化的物业管理，业主不仅要缴纳以前的水、电、燃气费，还要缴纳总数比房租高的小区绿化、共用设施维修保养、秩序维护、保洁等一系列费用。一些业主的思想观念一时还很难转变过来，甚至对物业管理服务有一种反感情绪。另一方面，在缴纳比公房时代缴纳费用还多的情况下，多数业主对物业管理服务的期望值，即对服务质量的要求又不合理的畸高。有一种花一元钱就要消

费十元钱物业管理服务的不正常心理，这种情况下，供求双方处理稍有不慎就会引起物业管理纠纷的发生。

物业管理方面的专业知识还比较缺乏。物业管理在我国产生的时间还不算长，业主及使用人物业管理专业知识的缺乏是很正常的。正是专业知识的缺乏，导致了业主及业主组织和物业服务企业之间的纠纷。例如，在某一小区里，业主因为东西丢失，在楼门口张贴"寻物启事"。等他刚走开就被物业管理人员撕掉，业主发现这种情况之后，去找物业管理人员要求说明情况。物业管理人员解释，按照这家小区的物业管理规定，"不得随意在户外张贴布告"。但业主却坚持认为，这栋楼是全体业主买的，在墙面上张贴告示，物业服务企业管不着，于是这位业主再次张贴他的"寻物启事"，这样就有了纠纷。

部分业主民主法制观念淡薄。有些业主并不缺乏一定的物业管理专业知识和相关法律知识，但其法制观念却相当淡薄。购房时签订了管理规约之后却不认真履行，有的甚至故意侵犯物业服务企业的合法权益，无理取闹，得理不让人，从而酿成纠纷。例如，个别业主为一己私利，或因为一点矛盾，就处处散布谣言，污蔑物业服务企业，或者纠集一些不明真相的业主拒交服务费；还有的业主以"主人"自居，经常充满优越感，稍不满意，就"吵闹公堂"。另外，一些业主有意或无意地把原本不属于物业服务范围的服务事项硬牵扯到物业服务企业身上从而引发纠纷。例如，一些业主买房后发现有住房质量问题硬要找物业服务企业负责；室内发生失窃事件不管什么原因，都以交了有关费用为由要求物业服务企业赔偿等。

此外，还有其他方面的一些原因：例如，有些业主因为经济陷入困境，因而拖欠应交的物业服务费，但收费方坚决不让缓交，于是发生收费、交费纠纷等。

（2）物业服务企业方面　这方面的原因包括：

物业服务企业从业人员的某些传统观念没有改变。受计划经济体制以及传统房管思想的影响，不少物业服务企业的工作人员还有着浓厚的官商作风以及封建的"主仆"观念，他们没弄清楚自己是谁，在为谁服务，或者没弄清楚所追求的经济利益或者目标，错把自己当成管理者和领导者，把交费的业主当做被管理者和被领导者。为了自己的利益、为了展现自己的权势，以及为了实现管理的高效率，不少物业服务企业自定收费标准，不与业主协商，不报物价局批准，强制收费，或是只收费不服务或少服务、提供劣质服务等；还有一些工作人员，特别是秩序维护员甚至在业主稍有不满和反抗时动手打伤业主，导致严重纠纷的发生。

部分物业服务企业人员素质低、服务质量差。为了降低管理成本，一些物业服务企业对新招收来的员工不组织培训。还有不少物业服务企业是由原来的房管所转变而来的，其中某些人员仍然实施"官老爷"式的管理模式，服务意识薄弱。另外，不少单位认为物业管理不需要专业知识，把大量下岗、分流、年老、体弱富余人员随意安排到物业管理岗位，结果带来从业人员的低素质状况。物业服务企业服务质量差可能还是比较普遍的现象，这主要表现在秩序维护和保洁等方面。如小区内卫生不常打扫，闲杂人员随便出入，自行车丢失时有发生，使住户感觉不到封闭式管理的好处。

物业服务企业与业主及业主组织缺乏沟通。物业服务企业错误地对自己的角色予以定位，并在此基础上从自己的立场出发，一切以下命令的形式予以实施，不与业主及业主组织商量，对有些敏感问题，不去做深入的思想工作和宣传教育工作，导致业主既不理解，也难支持，甚至产生反感情绪，这就难免会发生各种纠纷。

（3）政府管理方面　政府管理的原因主要表现在两个方面：一方面，政府没有制订健全、完善、操作性强的物业管理法律法规。另一方面，从法律规范角度来看，目前物业管理方面的法规制度不完善、不详细，既存在盲区，也缺乏较强的可操作性。例如，房改房的物业管理问题。房改之后，产权人发生变化，物业服务费谁来交？财政部有个文件规定原则上由业主个人承担，但实际上大部分仍然由单位交，也就是说，单位不是产权人，但是还在帮产权人交物业服务费包括维修费。这更是不合理的。

另外，政府行政管理工作欠得力。首先，管理体制混乱，不符合市场经济的原则。一个城市，建设管理部门、房地产管理部门、市政管理部门等都要对物业服务行业进行管理，结果是谁也管不了，谁也管不好，或者谁也不去管。其次，政府管理有关部门严格执法上还须努力。物业管理市场存在很多问题，需要行政执法机关严格依法执行，对违反规定的经营者一定要进行严格的行政处罚，只有这样，才能保证物业管理市场的规范运行。

（4）规划设计方面　物业管理区域没有完全按照原先的规划设计进行建设，或者规划设计不合理，这也是引起物业纠纷的原因之一。比如，物业区的绿地或配套设施没有按照规划建设；停车位留得太少，或者由于种种原因没有考虑停车场或停车位的配套等，致使车辆占道停放，不仅影响了小区的环境，也容易引起物业管理的纠纷等。

（5）监督机制方面　在完善的市场经济体制下，为了使各类市场主体或者参与者与经营者，严格按照市场规则办事，规范经营行为，必须建立健全市场监督机制。物业管理市场监督机制，不仅要由政府监管、行业自律、业主委员会监督，以及社会化媒体监督等几个方面构成，而且需要它们之间有机地配合。由于目前我国物业管理监督体系不健全，机制不完善，部门之间配合不密切，不仅导致物业纠纷不断发生，而且造成了物业纠纷难以从根本上解决的局面。

10.2 物业管理纠纷的防范

由于各方面的原因，物业管理纠纷是不可避免的，但却是可以防范的。从物业服务企业方面来说，为了防范物业管理纠纷的发生，必须做好以下几方面的工作。

1. 明确管理服务范围

物业服务企业在物业管理中明确物业管理的范围，实际上就是明确管理的内容。明确物业管理的内容，就是物业服务企业在与业主签订物业服务合同或制订管理公约时，一定要根据国家有关规定，以及物业管理区和物业服务企业的实际情况，以物业服务合同或管理公约的形式，对物业管理的范围或内容作出明确规定或界定。

通常来说，物业管理涉及的范围或内容，主要是物业区域中公共区域、公共场所、公共部分、公共秩序、公共物品的管理；一般不涉及私人生活领域。如果要涉及私人领域、私人场所、私有部分、私人事务及私有物品，就必须由相关业主另行委托。总的来说，明确物业管理的范围或内容，也即只有规定到物业服务合同中的管理与服务，才是物业管理服务的内容或管理服务的范围。

明确了物业管理的范围或内容，物业服务企业就能正确地行使自己管理的权利和义务；清楚地界定哪些是自己应该管理的，哪些是自己不应该管理的；该管理的必须管好，不该管理绝对不管；或者说，既不漏掉该管之部分，也不去管理不属于自己管理的部分。

目前，不少物业服务企业在并没有完全弄清楚自己所管物业范围的情况下，盲目地管理了一些不应该管理的事情。如有的物业服务企业，管理了业主并没有委托给物业服务企业的事项，如房屋装修等，甚至把装修作为管理的重点和难点来抓，结果不仅没有收到业主为此支付的管理费用，而且还因管不好、管不了而引起业主的不满，引起了物业管理的纠纷。

2. 明确物业管理服务的职责

明确物业管理服务的职责，就是不仅要明确，绝对不承担管理和服务范围以外的其他事项；即使属于管理范围或管理内容的事项，也要明确管理与服务的程度，即管理和服务的数量和质量。否则不仅会引起物业管理的纠纷，甚至还会给物业服务企业带来潜在甚至较大经营风险。例如，秩序维护管理，是物业服务合同中或管理规约中必须有的服务项目，但是有些物业服务企业却在这项目管理服务中作出"不发生汽车丢失、不发生人身安全事故、不发生重大刑事案件"等承诺或担保。如果能够实现这些承诺或担保，对业主和物业服务企业来说，当然是好事。问题是，管理区域是否会发生这几种案件或不安全事故，要受到很多因素的影响，比如，该物业管理区域所在城市、所在地区的总体社会治安状况；所管区域人员构成的状况等，物业服务企业对于这些因素都是不可能控制的以及难以预测的。所以，在物业管理范围，在确定管理和服务职责时，不仅要明确，而且要实事求是。

事实上，在物业管理比较发达的地区与国家，如英美等国和我国香港地区，政府管理部门均未规定物业服务企业承担住户人身与财产的安全的职责（责任），物业服务企业也不承诺对住户人身和财产安全负有保险责任。也就是说，物业管理中的秩序维护，不可能对私人财产和业主人身提供保险。秩序维护人员的职责是通过昼夜巡视，配合和协助公安部门进行安全监控。住户的人身、财产风险应当通过购买保险来解决。物业管理职责不明确或承担不可能承担的职责，就会为物业管理纠纷埋下隐患。

3. 强化物业服务企业员工培训，提高物业管理服务水平

物业管理的纠纷一部分是因为物业服务企业员工素质不高，管理与服务不到位。所以，加强物业服务企业员工的培训，帮助员工获得达到优质服务所具有的知识、技能与职业道德，提高他们的职业素质和管理与服务水平，是防范物业管理纠纷的重要措施。

（1）加强员工培训，提高员工素质　在培训计划中，应着重加强对项目主管和新员工的培训。为实施培训计划，应该做到以下方面：根据不同的物业类型和服务内容，使员工掌握工作技能；使用适宜的培训教材和对教材及时更新；及时对新员工开展入门教育和相关培训课程，以及对从事较长时间服务工作的人员的定期知识更新教育；明确培训目的和目标；对培训效果定期进行总结评价，并根据企业的发展计划，调整培训内容；保持各种培训方案的持续性和制度化。培训内容包括以下方面：企业的服务理念、职业理念；企业文化；本企业的质量目标和顾客满意概念；物业管理服务的理论知识；物业管理方面的法律法规以及国家与行业标准；对企业的各项制度、职能和企业结构形成整体认识的培训；物业管理和服务岗位的职业技能以及职业行为素质的培训等。

（2）建立和完善各项管理和服务制度，规范工作流程　在物业管理中，建立与完善各项管理与服务制度，是防范物业管理纠纷和提高物业管理水平的重要措施。为了贯彻执行各项管理和服务制度，必须规范工作流程，加强制度监督检查的力度，及时发现和解决问题，杜绝或减少管理中的漏洞。尽量减少事故发生，把物业管理纠纷控制或解决在萌芽状态。

（3）积极寻找新的服务方式和方法　物业服务企业经理人，要具有超前思维和"超前服务"意识，积极主动研究业主与使用人的潜在需要，不断创新，提供更完善的管理和更便利的服务，这是减少物业管理纠纷，提高物业管理水平的重要方面。

4. 加强物业服务企业的内外部沟通

信息沟通是提高服务质量的保障，也是防范物业管理纠纷的重要措施。物业服务企业的管理者应确保企业内部之间，内部与外部之间进行经常性的信息沟通，并将这种沟通形成一种制度。在提供物业服务的整个过程中，物业服务企业应注意在适宜的阶段开展沟通活动，并考虑沟通的时间及频率。

（1）物业服务企业的内部沟通　物业服务企业的内部沟通应考虑以下方面：本企业的价值观、发展方向和绩效目标；管理层与员工之间相互的信任；员工是否全部了解企业的管理文件、服务规范；向员工传授沟通与互动技巧；及时将企业新的发展战略、工作方针告诉员工；让每个员工享有对获得利益的知情权；提供一个能促进内部良好沟通的场所；企业开展与业主的各种沟通活动，应首先在企业内部让员工了解。通过内部沟通，可以形成共同的价值观和企业文化，有利于减少物业管理纠纷的发生频率。

（2）物业服务企业的外部沟通　这里主要是指物业服务企业同业主及业主组织的沟通。物业管理很多纠纷的发生，都是由于物业服务企业与业主及业主组织缺乏联系与沟通，或者说是由于业主及业主组织对物业管理不了解造成的。物业服务企业应理解业主的需求和期望，耐心倾听业主的意见，对业主的各种抱怨予以体谅，重要的是提供解决问题的办法，对所提供的服务项目进行说明，提高物业服务信息的透明度，使业主及业主组织能够正确理解、积极支持，以至配合物业服务工作。这也是减少物业管理纠纷发生的重要方面。

物业服务企业与业主有效的沟通联络包括：关于服务内容、服务范围的描述；清楚地了解业主对服务的需求和更高的期望；保证业主意识到组织对提高服务质量所做的努力；发生问题时，向业主解释每个问题的后果和解决方法；及时并诚恳地表达在提供服务的过程中所产生的误会；让业主亲身体验物业管理和服务提供的各个过程；让业主理解一项特定服务所能得到的长远利益；提供适当的容易接受的、有效的沟通联络渠道和方法。

物业服务企业与业主及业主组织的联系和沟通可以通过以下方式进行：

走访。即主动上门了解业主的需求（要求）。物业服务企业主动上门，向业主解释物业管理有关规定，征求业主对管理的意见和建议，当场解决业主的疑难问题，缩短业主与物业服务企业之间的距离，增进彼此间的沟通和了解。

召开业主座谈会或举办联谊会。物业服务企业通过召开业主座谈会或举办联谊会，广泛征求业主及业主组织对物业管理工作的意见和建议。为了吸引和鼓励业主参加会议的积极性，物业服务企业对那些积极参与小区物业管理并主动献计献策的业主，应当给予公开表彰或给予一定的物质奖励。

开展丰富多彩的社区文化活动，加强与业主的联系。物业服务企业还可以开展形式多样的文艺、体育活动，开展各种座谈会、讲座、培训班等。通过这些活动，不仅加强了与业主的联系，还可以消除与业主之间的感情隔阂，增强业主对物业服务企业的信任度或信任感。

物业服务企业还可以采取问卷调查、回访等主动的信息沟通方式，了解业主的需求，解决业主的困难；还可以通过诸如公告栏、简讯、电子邮件、电话、传真、信件等形式，宣传物业管理中的规定和要求，使业主及业主组织理解和支持物业服务企业的工作。

10.3　物业管理投诉与纠纷处理

1. 物业管理投诉处理的程序

认真对待物业管理中的投诉问题，是物业服务企业防范和解决物业管理纠纷的基础工作。为了处理好物业管理中的投诉问题，物业服务企业要设立专门部门或机构、确定专人、公布电话，做到 24 小时有人值班，在提高服务及时性上下工夫，把问题解决在萌芽状态。投诉处理机制方面，应"谁受理，谁跟进，谁回复"，并且还要有一定的时间限制。

规范的物业管理投诉处理程序涉及接诉、处理与回复三个过程：

（1）物业管理投诉的接诉　在物业管理投诉的接诉方面，物业服务企业可以设立投诉电话，受理投诉电话负责人在受理任何投诉的时候，应首先告知对方自己的部门及姓名（工号），要热情受理，正确引导并认真记录投诉的具体事项，如投诉的时间、地点、事由，耐心解答业主关于物业管理方面的疑问。受理投诉电话负责人还要根据不同的投诉性质，如是否是普通投诉、特殊或紧急投诉等采取相应的跟进处理方式，包括转到有关部门核实处理，或者是立即反映给当值的负责人，甚至直接向总经理汇报，以便及时、正确地处理。

物业管理投诉的接诉还可以通过设立投诉信箱的形式处理。投诉信箱应有专人管理，及时处理信箱中的投诉信件。另外，物业服务企业还可以在网上设立投诉频道，以更加方便、及时和更广泛地接受业主及业主组织的投诉。

（2）物业管理投诉处理　物业服务企业在处理投诉时一定要及时。普通投诉的处理一般不超过一个工作日，特殊投诉的处理一般不超过三天。各部门负责人在处理完投诉以后，及时将处理的情况，反馈给有关管理部门，以便确认和统计。

物业服务企业在处理投诉时，首先应本着"耐心细致、公平公正、实事求是、依法合理"的原则。首先需要耐心听取或记录业主的投诉，不当面解释或反驳业主（用户）的意见，以免加剧对立情绪，甚至产生冲突。其次要对业主的遭遇或不幸，表示歉意或同情，让用户心理得以平衡，拉近与业主的心理距离；再次要站在"公平、公正、合理、互谅"的立场上向业主及业主组织提出处理意

见，满足业主及业主组织的部分合理要求。最后要感谢业主及业主组织的意见和建议，并及时督促相关部门处理业主及业主组织的有关投诉。

（3）物业管理投诉回复　当业主投诉的问题得到解决以后，有关具体责任人应尽快以电话或信函等形式反馈给投诉方。业主口头投诉可以电话回复，一般应不超过一个工作日；业主来函投诉则应回函答复，一般不应超过三个工作日。回复业主可以向业主表明其投诉已得到重视，或者已经妥善处理。及时回复业主的投诉，不仅表明对业主投诉的重视，而且可以显示物业服务企业的工作时效。

2. 物业管理纠纷处理依据

物业管理纠纷一旦发生，必须给予正确的处理。正确地处理物业管理纠纷的关键，必须有充分的根据。适用于处理物业管理纠纷的主要根据就是国家的法律法规、国家的有关政策以及物业服务合同与管理规约等文献。

（1）国家有关法律法规　国家有关法律法规是处理物业管理纠纷最根本的依据。

首先是《宪法》。《宪法》是国家根本大法，它以我国的社会制度和国家制度的基本原则为内容，规定了国家的国体、政体、经济制度、国家机构、公民的权利与义务等，是制订其他法律，包括物业管理及其市场管理运作法律的根据和立法的基础。当然也是处理物业管理纠纷的最重要的依据。

其次是《民法通则》。《民法通则》是仅次于《宪法》的一部重要的基本法。主要是调整平等主体即公民之间、法人之间、公民与法人之间的财产关系和人身关系的法律规范。物业服务既涉及了公民之间、法人之间、公民与法人之间的财产关系，又涉及了人身关系，因此，《民法通则》也是处理物业管理纠纷的一个重要法律。

再次是《合同法》。《合同法》是为了保护合同当事人的合法权益，维护社会经济秩序，是法人之间、法人与社会经济团体之间为实现一定的经济目的，明确双方的权利与义务关系的法律规范。物业管理中的经济活动应该以合同的形式进行，因此，《合同法》中有关合同的订立和履行、合同的变更和解除，以及违反合同的责任等，在物业服务合同中都必须遵守。

此外，还有《公司法》、《环境保护法》、《诉讼法》等。

（2）《中华人民共和国物权法》　《中华人民共和国物权法》（简称《物权法》）是民法的重要组成部分，是调整财产关系的基本法。法律对物权的调整范围、原则、所有权、用益物权、担保物权、登记制度、物权的保护等都作出了详细规定。具体地说，明确了物权调整的对象和保护的目标；规范了建筑物区分所有权，明确了业主专有权与共有权；规范了建筑区划内共有权及其使用权利；规范了业主大会和业主委员会的设立与职权；明确了维修基金及其分摊的原则；阐述了物业管理模式；规范了相邻权，保护"采光权"等。《物权法》的颁布和实施，

为物业管理和物业纠纷的处理提供了法律依据。

（3）有关房地产业的法律法规　有关房地产业的法律法规主要是《城市房地产管理法》。《城市房地产管理法》是城市房地产管理的权威法律，其主要内容是关于房地产开发用地、房地产开发、房地产交易、房地产权属登记管理等。特别是对房地产交易部分包括房地产转让、房地产抵押、房屋租赁以及中介服务机构等作出了明确的规定。这些内容与物业管理有着一定的联系，比如，物业管理市场中的中介机构，其操作就应该严格遵守《城市房地产管理法》的有关规定。此外，《城市房地产中介服务管理规定》、《租赁房屋治安管理规定》、《建筑装饰装修管理规定》以及《土地管理法》等，都是处理物业管理纠纷的重要依据。

（4）物业管理法律法规　物业管理法律法规主要有：《物业服务收费管理办法》、《城市异产毗连房屋管理规定》、《关于加强商品房销售、房改售房与物业管理衔接工作的通知》、《物业服务企业财务管理规定》、《关于加强公有住房售后维修养护管理工作的通知》、《物业服务定价成本监审办法》、《物业服务收费明码标价规定》、《物业管理企业资质管理办法》、《建筑装饰装修管理规定》、《普通住宅小区物业管理服务等级标准》、《物业管理企业财务管理规定》、《业主大会业主委员会指导规则》以及《住宅专项维修资金管理办法》等。

此外，物业服务合同和管理规约也是处理物业管理纠纷的重要依据。物业服务合同是业主与物业服务企业双方的真实意思表示。一旦签订了物业服务合同，业主和物业服务企业就必须遵守。管理规约是物业区域最高的管理规范，对全体业主均有约束力。

3. 物业管理纠纷处理方式

物业管理活动范围广泛，服务对象复杂，决定了物业管理纠纷多种多样，范围有大有小，性质各异。所以，处理物业管理纠纷须根据纠纷的具体情况，采取不同的处理方式。总的来说，物业管理纠纷基本上可以通过协商、调解、仲裁、诉讼这四种形式加以解决或处理。

（1）协商方式　物业管理纠纷协商处理方式，是纠纷当事人双方或多方，本着实事求是的精神，根据物业管理纠纷处理的依据，直接进行磋商，通过摆事实、讲道理的办法说明事实、分清是非，在自愿互谅、明确责任的基础上，按照各自过错的有无、大小和对方受损害的程度，自觉承担相应的责任。或者说，通过协商达成共识。这是一种通过内部协商，依靠自己的力量自行解决物业管理纠纷的一种处理方式。

（2）调解方式　如果当事人无法通过协商方式解决物业管理纠纷，就可以通过调解的方式解决。物业管理纠纷调解方式，是通过第三方介入解决的方式，即通过物业管理协会或协调机构，或是申请房屋所在地行政主管部门进行调解。按照调解主持人的身份不同，调解可分为民间调解、行政调解和司法调解三种

方式。

1）民间调解。主要是律师调解、消费者协会调解或当事人请调停人调解，具有民间性质。调解方案虽然有一定约束力，但主要还是依靠当事人意愿和自觉履行。

2）行政调解。这种方式是在特定的国家行政机关的主持下进行的调解，所以具有行政性质。行政调解书，具有法律效力。如果一方拒绝执行，主管机关虽然无权强制执行，但是另一方当事人可以持行政调解书向有管辖权的法院申请强制执行。

3）司法调解。司法调解有广义和狭义之分。广义调解包括仲裁调解和法院调解；狭义调解仅指法院调解，又称诉讼内调解，具有司法性质。法院受审案件中的民事部分，可以在审判人员主持下进行调解，一般只有在调解不成时，才依法作出判决。

（3）仲裁方式　仲裁方式是由当事人依据仲裁法，在双方自愿选定仲裁机构，并由仲裁机构主持调解或对纠纷作出裁决的一种处理或解决方式。物业管理纠纷当事人，如果采用仲裁方式解决纠纷，应当双方自愿，并达成书面仲裁协议。如果在当事人达成仲裁协议的情况下，无论哪一方向法院起诉的，法院都会受理（但仲裁协议无效的除外）。

（4）诉讼方式　当物业管理纠纷由当事人和参与人，根据有关法律规定，将物业管理纠纷事件上诉法院，由法院依据有关法律程序和适用法律，进行审判或裁决，就是物业管理纠纷的诉讼方法。诉讼是解决争议纠纷的基本方式。特别是对于一些严重的侵权行为，当事人可以依法直接向人民法院起诉。

本 章 小 结

物业管理纠纷指物业服务消费者在消费物业服务之前及过程中，因对物业管理服务或与其有关的权利和义务有一定看法时，与提供物业管理服务的物业服务企业所发生的不同程度的争执。物业管理纠纷有不同的类型和多种特点。物业管理纠纷产生的原因是多方面的，归纳起来可以从业主与业主组织、物业服务企业、政府以及规划设计和监督机制方面分析。

物业管理纠纷虽然是不可避免的，但却是可以防范的。从物业服务企业角度来说，防范物业管理纠纷的发生，主要是要明确管理与服务的范围，明确工作职责和责任，强化物业服务员工的培训，加强物业服务企业内外部的沟通与联络等。

物业管理纠纷一旦发生，就必须给予正确的处理。处理物业管理纠纷的依据是有关法律法规以及物业服务合同等。在解决与处理物业管理纠纷时，必须根据纠纷的具体情况，采取不同的方法。总体来说，物业管理纠纷基本上可以通过协

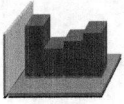

商、调解、仲裁、诉讼这四种形式解决。

复习思考题

1. 简述物业管理纠纷的类型与特点。
2. 试分析物业管理纠纷发生的原因。
3. 如何防范物业管理纠纷的发生？
4. 简述物业管理投诉的处理程序。
5. 试述处理物业管理纠纷的依据和方式。

第4篇 住宅物业与经营性物业管理

这一篇主要介绍住宅物业管理与经营性物业管理，由第11章住宅与住宅小区的物业管理，第12章特殊住宅区物业管理，第13章经营性物业管理共3章构成。

住宅与住宅小区的物业管理是物业管理的重要构成部分。在第11章中，主要介绍住宅与住宅功能；住宅小区的含义、特点与功能；住宅小区物业管理的模式、特点、原则与内容；以及住宅小区物业管理创优活动等知识。

高级公寓、花园别墅以及公有住房与房改房，都属于住宅用房，但是它们属于住宅用房中的特殊类型住房。第12章根据高级公寓、花园别墅以及公有住房和房改房的特点，简要介绍了这些特殊物业的管理特点及内容等知识。

经营性物业是专门用于开展各类经营性服务的建筑物和构筑物，以及相应的设施设备，具有代表性的是功能复杂的写字楼、商场以及宾馆酒店等物业。第13章简要介绍了写字楼、商场以及宾馆酒店等物业的管理特点、要求和内容等方面的知识。

学习住宅与住宅小区物业管理，高级公寓、别墅和房改房以及经营性用房的物业管理，可以进一步理解和掌握物业管理的基本理论与基本内容。

第 11 章

住宅与住宅小区的物业管理

[内容提要]

　　住宅小区物业管理是物业管理的重要构成部分。学习本章，需要了解住宅及其功能，住宅小区的含义、特点及功能，熟悉住宅小区物业管理的目标、特点及原则，掌握住宅小区物业管理的内容及优秀物业管理住宅小区的创建。

11.1　住宅与住宅小区的特点与功能

1. 住宅以及住宅的功能

　　我国把房屋建筑物大体上分为两大类，即居住性房屋或物业，非居住性房屋或物业。居住性房屋是人类生存和发展的基本条件，非居住性房屋是用于办公、生产、经营的房屋。

　　随着社会生产力的发展、科学技术的进步以及建筑业的发展，住宅建筑形态、建筑结构、空间布局和组合都在不断发生变化，住宅功能和满足这种功能的建筑工艺技术也得到了很大的发展。人类社会发展到现在，住宅的功能或人类对住宅的需求，大体上可以分为三大档次或级别，即生存需求、发展需求和享受需求。住宅最基本的功能，是满足人类生存的需求。这也是人类社会初期对住宅的需求。为了满足这种基本需求，住宅具有遮风避雨、休养生息、掩蔽隐私、培育后代等功能。社会发展到现代，住宅进一步具有了满足人们发展需求的功能，即为人们提供了学习各种文化科学知识的场所或空间，以及满足人们享受的各种需求。不仅如此，随着网络时代的到来，住宅还将进一步发展成为人们的办公、经营和社会交往的重要场所。

　　根据住宅提供的不同层次的居住功能、建筑结构和设备设施的档次，以及空间规模和占地面积等不同情况，住宅或住宅物业大体上可以分为普通住宅、公寓、别墅三大类型。本章介绍的是普通住宅及住宅小区。公寓、别墅及其物业管理将在下一章介绍。

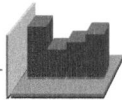

2. 住宅小区的类型与特点

一般而言，具有一定规模、基础设施比较齐全的居住区，称为住宅小区。住宅小区通常为城市干道所分割或自然界限所包围的相对独立的区域。

住宅小区是根据城市统一规划，由住宅建筑、道路、供水、供电供暖设施、通信设施、商业服务等配套设施及绿化设施等基础设施配套齐全、具有一定规模的住宅群，即住宅区域。

根据人口、用地和住宅数量规模的不同，住宅小区分为居住区、居住小区和居住组团三种类型。通常情况下，居住区的住户约为 10000～15000 户、人口为 30000～50000 人；居住小区的住户约为 2000～4000 户、人口为 7000～15000 人；居住组团的住户约为 300～700 户、人口为 1000～3000 人。居住区可由若干个居住小区组成，每个居住小区又可由若干个居住组团组成，一个组团可有若干个生活单元。

一般来说，住宅小区具有以下一些特点：

（1）住宅结构系统性　住宅建筑的现代化、居住生活的社会化。现代住宅基本上都是由居住建筑物及与其配套的设备设施等构成的一个完整的系统。这个系统不是封闭的，而是开放的。就是说，住宅建筑、配套的设备设施，如水管、煤气管线、暖气管线等，把各个居住单元紧密地联系在一起，形成了住宅结构的系统性。

（2）小区功能完善性　为了满足居民生活的多方面需求，现代住宅小区除了满足居住需求的居住物业外，都开发建设和设置了居民生活所需的多种配套设施和公共设施等，加强了居住环境的绿化建设。小区功能的完整性，保证了居民生活的多种需求能够得到满足。

（3）产权结构复杂化　建筑物区分所有权和小区区分所有权制度的建立，使业主产权结构复杂化了。每一个住宅物业的所有者，即业主不仅拥有自己房屋的专有权，还拥有共用部位、公用设施设备的共有权，以及房屋地基和小区共用土地的共有使用权。通过产权关系，把小区居民连接成一个整体。

（4）居民的来源不同　住宅小区的居民可能来源于不同的民族，从事不同职业，有不同的文化水平和生活习惯，甚至语言（如各种方言）和信仰也不同，这就使得住宅小区的社会活动、经济活动和生活方式多样化，克服了传统的以血缘关系为基础的集中居住方式，实现了社会生活的现代化。

3. 住宅小区的功能

住宅小区的特点，决定了住宅小区的功能。归纳起来，住宅小区的功能大致包括：

（1）居住功能　住宅小区的首要功能是满足居民居住的需求，即为居民提供家庭生活的空间和环境。这是住宅小区最基本的功能，也是人类生存最基本的

需求。

（2）社会功能　住宅小区是居民居住聚集的地区。通过街道办事处、居民委员会，以及物业服务企业的管理，使住宅小区成为基层的社会单位。通过社区建设、精神文明建设，以及各种社区活动的开展，加强了小区人们之间的联系，改善了人际关系，满足了人们社会生活的需求。特别是随着社会主义市场经济体制的建立和发展，住宅小区的社会功能将得到进一步发展和完善。

（3）服务功能　服务功能是目前住宅小区比较完善的功能。这些服务功能系统主要包括教育系统，如托儿所、幼儿园、小学、中学；医疗卫生系统，如医疗门诊所、保健站、卫生防疫站等；商业餐饮业系统，如饭店、饮食店、食品店、粮店、百货店、菜市场等；文化、体育、娱乐服务系统，如图书馆、游泳池、健身房、电影院、录像室、游戏娱乐室等；其他服务系统，如银行、邮局、煤气站、小五金、家电维修部、变电所等。

（4）经济功能　住宅小区的经济功能主要是与服务功能紧密结合在一起的各种有偿服务功能，如物业服务企业为物业业主及使用人提供的各种服务、教育与卫生部门提供的有偿服务、商业餐饮系统提供的有偿服务，以及其他系统提供的有偿服务等。这些服务活动不仅产生一定的经济关系，而且还为社会提供了就业岗位。总的来说，由于住宅小区是人口密集的区域，因而也就形成了一个集中消费的区域。住宅小区的经济功能与其消费性是分不开的。

11.2　住宅小区物业管理的原则与内容

1. 住宅小区物业管理模式

由于住宅与住宅小区历史发展的情况不同，产权单位与产权结构不同，因此存在着各种不同的管理模式。概括起来，住宅小区的物业管理模式大致包括以下情形。

（1）政府房管部门管理　目前政府房管部门管理的住房，通常是公有住房，或称直管公房。虽然这类公房通过住房制度改革已经出售，产权基本上属于个人，但是还有一部分属于公房租赁关系。因此这部分房改房的管理，基本上是由房地产管理部门组建的房管单位进行管理。这种管理方式，不完全是市场化物业管理，仍然带有明显的行政管理性质。

（2）单位自行管理　社会上一些大型企事业单位，在传统体制下就有许多满足本单位职工居住的公有住房，这些住房由单位自己管理，叫做自管公房。改革开放以来，在国家政策允许的条件下，自己又开发建设了一些分配给本单位职工的住房。这些住房以前全部由本单位后勤部门（总务科、房产科、产业办等职能部门）管理。通过住房制度改革，原有公房以及本单位新建的房屋，基本上都出

售给了职工，产权关系发生了一定的变化。适应这种变化，相关单位在内部建立了物业管理部门，对出售的公房进行管理。这类企事业单位内部物业管理与社会化的物业服务企业的管理还是存在着一定的差别的。

（3）房地产开发企业自我管理 在我国房地产经济发展过程中，由于产业发展的不平衡，物业管理发展滞后。所以许多房地产开发企业把自己开发的住宅商品房，交由其下设的物业管理机构管理。随着房地产业的进一步发展，房地产业发展结构逐步完善，有些房地产开发企业本着"肥水不流外人田"的经营原则，仍然自己组建物业服务企业管理自己开发建设的小区。这虽然仍是目前存在的一种物业管理模式，但是不符合国家的要求。

（4）物业服务企业专业化管理 由社会上具有独立法人地位、专业化的物业服务企业对住宅小区的管理，是与市场经济体制，房屋产权多元化相应的小区管理模式。这种管理模式是物业管理发展的方向。目前，不少新建住宅小区已经在实施这种专业化的物业管理。

2. 住宅小区物业管理的特点

住宅小区物业管理具有以下一些特点：

（1）专业性 现代住宅小区规划功能齐全、配套设施完备，水、电、暖、煤气、热力、通信、有线媒体等形成了一个完整的网络。这种硬件设施的系统性、先进性，决定了小区物业管理的专业化特征。同时，住宅小区规模庞大，所需管理的工种多、数量大、技术要求高，而且要求有严格、文明、规范的组织管理和服务。这使小区物业管理本身也成为一个系统工程，必须由专业的物业服务企业来管理。

（2）综合性 这是由住宅小区的功能多样性所决定的。城市住宅小区不仅环境优美、安全、舒适，而且可以满足居民生活的多种需要。它是一个功能完备的小社会。小区物业管理已不局限于对物业本身的修缮等管理，而是要根据居民的需要，为居民提供多种多样的服务。所以，住宅小区的物业管理较一般物业的物业管理更具综合性特征。

（3）权威性 《新建住宅小区管理办法》确定了住宅小区的物业管理体制是物业服务企业统一实行专业化、社会化管理，从而确定了住宅小区物业管理中物业服务企业的权威性。这就有效避免了政出多门、互相扯皮的现象，使住宅小区物业管理走向正规化。

（4）标准化 由于住宅小区的高度社会性及其在社会、经济、政治生活中的重要地位，使得政府及社会都十分重视其物业管理状况。政府制定了《普通住宅小区物业管理服务等级标准》、《全国城市文明住宅小区达标考评实施细则》、《物业服务收费管理办法》、《城市新建住宅小区管理办法》等规范，使住宅小区的物业管理较其他物业管理具有高度标准化的特征。

（5）文化性　普通物业管理主要是房屋维修、配套设备设施维护以及环境卫生管理。而住宅小区人口多、社会关系复杂、管理要求高、难度大。仅靠物业服务企业的人力和有限的资金，很难保持卫生、绿化及秩序，所以，必须依靠居民的力量，实行"民治、民享、民生"。为此，物业服务企业往往组织丰富多彩的文化、娱乐、体育活动，传播精神文明、培育高尚公德、宣传小区管理规约，创建社区精神，力图通过这种社区文化的熏陶，引导居民自觉遵守管理规约，做文明市民，从而推动小区物业管理的民主化进程。

3. 住宅小区物业管理的原则

住宅小区物业管理应当遵循以下一些原则。

（1）依法管理原则　住宅小区的物业管理涉及多方利益，关系到社会的稳定。因此，住宅小区物业管理必须以物业服务合同为依据，以住宅小区物业管理的法律法规等为准绳进行管理。只有这样，才能使小区物业管理有序、规范，并可减少不必要的纠纷。

（2）两权分离原则　即物业产权与物业管理权的分离。在产权多元化格局下，产权与管理权若不分离，必将出现各自为政、公用设施残破、秩序混乱的局面。因此，住宅小区的物业管理必须实行统一管理，以保证住宅小区整体功能的发挥，并创造统一、和谐、优美的物业环境。

（3）专群结合原则　住宅小区的物业管理是专业性较强的综合化管理活动，必须由专业的物业服务企业统一管理。但是，小区面积大、人口多、管理复杂，仅仅依靠物业服务企业的有限人力是不够的，必须有广大居民的支持与合作。同时，只有群众参与监督与管理，才能使物业管理真正体现民意，才能促进物业管理水平的提高。

（4）服务第一原则　物业管理是为住宅小区的居民提供服务的，管理即是服务，而非管制。所以，在物业管理计划的制订、服务项目的选择、各项管理措施的执行中，必须一切以居民利益为核心，贯彻用户至上、服务第一的原则。这就要求物业服务企业的全体员工深刻理解"管理就是服务"的含义，文明、规范服务。

（5）专业管理与属地管理相结合原则　管理住宅小区是地方政府的重要职责，基层政府的很多工作要落实在住宅小区上。而且，没有地方政府的支持，物业服务企业的社区管理目标也是很难实现的。所以，物业服务企业要与地方政府相互协调、配合，专业管理要与属地管理相结合、行政管理与经营管理相结合，共同努力，才能既发挥当地政府在小区管理中的权威作用，协调、理顺各方关系，又能充分发挥物业管理的专业化管理之长，对小区实施有效的管理。

4. 住宅小区物业管理的内容

住宅小区物业管理的内容，大体上与专业化、市场化的物业服务企业管理的

内容基本相同。具体来看，住宅小区物业管理的内容如下：

（1）房屋管理　房屋管理是小区物业管理的基础和主要职能。房屋管理的主要内容包括房屋结构与外观完整与完好的维护；房屋老化、损坏的检查、鉴定以及修复更新；房屋内外装饰装修的审批管理；建筑内外的标志广告管理；以及房屋档案的建立与维护更新。

（2）环境卫生和绿化管理　环境卫生与绿化管理主要包括以下内容：制止在小区内乱丢、乱放、乱倒、乱堆废物垃圾；制止在墙壁上乱张贴、乱涂写等；制止饲养家畜家禽；控制噪声及空气水质污染；消除区内的污染源等。对区内的马路、便道、绿化带、公共场所及时清扫保洁；及时收集、清运垃圾，以及对垃圾桶等卫生器具清洗消毒；加强防疫灭鼠、灭蟑螂、灭蚊蝇；加强对区内经营商户的卫生管理检查，保持区内清洁卫生；注意对绿化带、区内小公园、道路两侧的树木、花草等的管理，建立专人管理制度。

（3）秩序维护管理　秩序维护管理涉及住宅小区的安全，包括人身安全和财产安全。秩序维护管理要加强住宅小区的安全和维护正常的工作、生活秩序。

（4）小区内的供水、供电、公共照明、电梯、空调等设施设备的管理。

（5）小区内市政设施维护管理　主要是小区内道路、公共排水、排污管道和化粪池等设施的管理。

（6）车辆管理　小区车辆管理，主要是小区车辆停放、车辆保管的管理。

（7）消防管理　主要是消防设施设备的管理。

（8）物业租赁管理　小区物业管理单位，依据自身的优势可直接或代理物业租赁业务。物业租赁是住宅小区物业经营的一项工作。

（9）收费管理　收费管理主要是关于各种收费标准、办法的制定；收费实施；各项经费的使用管理，账目公开等工作。

（10）提供各种服务　按服务性质，可以将小区内提供的服务分成常规性服务、委托性服务以及特约性服务。

11.3　优秀物业管理住宅小区的创建

1. 优秀物业管理住宅小区考评验收工作情况

为了促进物业管理行业不断发展，建设部依据《城市新建住宅小区管理办法》，参考1990年颁发的《全国城市文明住宅小区标准》，在1995年制定了《全国优秀管理住宅小区标准》，1997年又制定并颁布了《全国城市物业管理优秀大厦标准及评分细则》，并在全国范围内开展"评优"工作。到2000年已经树立了一大批优秀物业管理项目典型，对推动建立物业管理体制、提高全国物业管理水平，发挥了重要作用。随着物业管理行业的快速发展和物业管理水平的不断提高，各地普遍反映原标准已不能完全适应物业管理发展的新形势，如继续执行原标准，难免出现评选优秀物业管理项目过多，失去其先进示范作用。为此，在广泛征求各地主管部门及企业意见的基础上，建设部本着高标准、严要求、操作简便的原则对原标准进行了修订，新标准从 2000 年就开始执行。

根据 2000 年 5 月建设部颁布的《关于修订全国物业管理示范住宅小区(大厦、工业区)标准及有关考评验收工作的通知》的规定，新标准颁布后，1995 年颁发的《全国优秀管理住宅小区标准》及 1997 年颁发的《全国城市物业管理优秀大厦标准及评分细则》停止执行。而其他有关"全国物业管理示范项目"的考评验收工作仍按建房[1995]120 号文件要求执行。具体来说，就是从 2000 年起，建设部只对申报全国物业管理示范项目进行考评验收，并授予"全国物业管理示范项目"的称号；取消全国物业管理优秀项目考评验收及其称号。各地对物业管理项目考评验收是否设立"示范"、"优秀"两个档次，视本地物业管理发展情况自行确定。

2. 物业管理项目参评申报基本条件、申报程序和实施步骤

(1) 申报全国物业管理示范项目基本条件　申请全国物业管理示范项目必须具备以下五方面条件：参评项目符合城市规划建设要求，配套设施齐全。住宅小区、工业区建筑面积 8 万 m² 以上，别墅 2 万 m² 以上，大厦 3 万 m² 以上且非住宅建筑面积占 60% 以上，入住率或使用率达 85% 以上；取得"省(自治区、直辖市)级物业管理示范项目"的称号一年以上；物业服务企业已建立各项管理规章制度；物业服务企业无重大责任事故；未发生经主管部门确认属实的有关收费、服务质量等方面的重大投诉。

(2) 评优工作申报程序　申报评优项目必须按照以下程序进行。

1) 自评。物业服务企业依据参评资格对本企业预申报项目进行自评，若符合申报条件，可以向所在区、县申请参加优秀或示范项目的评比。

2) 预评预验。参评项目预评预验，一般是在本年第二季度内由所在区、县完成申报项目的预评预验工作。预评预验达到 90 分的物业项目由所在区、县推荐到市级，参加全国评优的需由市报到住建部。

3) 评比验收。一般在 10 ~ 11 月份，考评验收小组将对参评项目逐一进行评比验收。达到相应分数线的将授予荣誉称号。

(3) 创建优秀物业管理小区实施步骤　创建优秀物业管理小区，应按以下步骤实施：

物业服务企业领导应高度重视，确定参加评选的项目后，成立评优工作小组。

评优工作小组制订评优工作计划。

评优工作小组依照《全国物业管理示范小区标准及评分细则》对参评项目进

行实地初评。

评优工作小组根据初评结果，制订评优工作的具体实施方案。实施方案中应包括：人员的配置及分工、资金的投入、硬件设备设施的改造等方面。

向所在区县的小区办提交参加优秀小区（大厦）评选的申请及项目情况简介，由区县小区办负责对参评项目作初评。

区县小区办根据初评结果，将推荐参加市级的评选。通过市级评选小组验收的，将获得市级优秀小区（大厦）的荣誉称号。

获得市级优秀小区（大厦）荣誉称号一年以上的物业项目方可由市级小区办推荐参加全国示范小区（大厦）的评选。

已获得优秀小区（大厦）称号项目的每两年接受一次复验。

3. 参评单位应做的主要工作

参加评选优秀物业管理示范项目的考评工作，从时间上可分为三个阶段进行。通常每年的五六月份开展市级考评工作，通过市级考评的企业由市推荐，一年后参加省级考评；获得省级优秀物业管理示范项目的单位（成绩一般在95分以上），可于一年后由省推荐参加住建部组织的全国考评，最终选出全国物业管理示范单位。

（1）第一阶段：市级考评阶段　这一阶段指从物业服务企业确立考评目标至市级考评期间，时间可长可短，各物业服务企业应视情况而定，以3～5个月为宜。这一阶段主要完成以下几项工作：①确定所管物业需达到的管理水平（考评目标），统筹安排全年的工作分段，成立考评迎检领导小组，确定考评任务分组成员名单。②自评自检。针对考评标准逐条自评自检，将发现的问题汇总整理。③将自评自检发现的问题落实到各个任务分组中，确定具体负责人、初步完成时间和验收人。④参观及专家辅助检测。组织成员到已获得示范称号的住宅小区参观学习并请业内专家现场指导。⑤市级正式考评。做好市主管部门考评前的准备工作及现场具体迎检工作。

（2）第二阶段：省级考评阶段　这一阶段指从市级考评结束至省级考评期间。工作重点是对市级主管部门提出的意见进行整改，主要是针对再次发现的问题进行专题性参观学习，并将有关工作资料补充到考评资料中去，然后迎接省级考评。

（3）第三阶段：住建部考评阶段　这一阶段指省级考评结束至住建部考评期间。工作基本与第二阶段类似。《关于修订全国物业管理示范住宅小区（大厦、工业区）标准及有关考评验收工作的通知》中指出，修订后的标准在条款设置和评分细则上都有较高的要求，各地在进行考评验收时，在质量和数量上都应从严掌握，使评选出来的物业管理示范项目真正体现先进性和示范性。凡是上报住建部的项目，省（自治区、直辖市）预评预验分值不得低于98分。

本 章 小 结

住宅是人类居住用房。随着经济社会发展，住宅建筑设施设备的发展，住宅的功能也由简单的生活资料发展成为人类的发展资料和享受资料。

一般来说，住宅小区具有住宅结构系统性、小区功能完善性、产权结构复杂化、生活现代化等特点。这些特点也决定了住宅小区具有居住、社会、服务以及经济等多项功能。

住宅小区物业管理是物业管理的重要构成部分。目前，我国住宅小区还存在多种物业管理模式，但专业物业管理是其发展方向。当前，住宅小区物业管理存在一系列特点，在管理住宅小区时，应遵循相关的原则要求，熟悉相关的物业管理内容。

为了提高物业管理水平，国家主管部门出台了一系列关于住宅小区管理办法、服务标准等规范，物业服务企业应掌握全国物业管理示范住宅小区标准，积极创建优秀管理住宅小区，这对提高物业管理水平，增强企业竞争力等方面都有着重要的意义。

复习思考题

1. 什么是住宅小区？住宅小区有哪些功能？
2. 住宅小区物业管理的模式、特点和原则是什么？
3. 简述住宅小区物业管理的主要内容。
4. 优秀物业管理项目参评申报的基本条件与程序如何？
5. 优秀物业管理项目参评申报单位的主要工作有哪些？

第 12 章
特殊住宅区物业管理

12

[内容提要]

高级公寓、花园别墅以及公有住房与房改房都属于住宅用房，但是它们属于住宅用房中的特殊类型。本章根据高级公寓、花园别墅以及房改房的特点，简要介绍这些物业的管理特点、内容、重点等方面的知识。

12.1 高档公寓物业管理

1. 高档公寓特点及功能

住宅物业中的高档公寓，是指那些建筑面积较大、建筑设计布局合理、建筑质量较高、附属设备高档、设施完善、可分层或分户居住的住宅。目前的高档公寓多为高层住宅，内装修精致，拥有高档家具、电器，外部环境优美，物业服务周到。

高档公寓一般都具有以下一些特点：

舒适性与方便性。高档公寓由于面积大，设计布局合理，设施设备齐全，因而能为业主提供生活的舒适性和方便性。

封闭性与安全性。高档公寓的每套居室都是独立的与封闭的，小区门卫较森严，出入小区管理严格。这些都决定了高档公寓生活的封闭性、私密性和安全性。

环境优美，绿化水平高。高档公寓环境都比较优美。建筑空间布局合理，建筑密度较小，绿化面积较大，交通、生活、工作秩序规范有序。

业主多国性及高素质性。高档公寓业主或租户，不仅有中国公民，还有许多外籍人士。有港澳台同胞，有外籍商人、技术人员及驻中国商务代表等。国内的业主主要是由国内商界、演艺体育界、政界人士以及学者等人士构成的。

服务高要求性。由于业主和住户收入和消费水平较高，对物业服务要求较全、较高。

高档公寓具有多种功能。这些功能包括：①居住功能。这是高档公寓的首要功能。高档公寓通常都是高收入阶层生存与生活的场所。②发展功能。高档公寓由于房屋结构布局合理，设施设备齐全，特别是通信设施先进，为业主学习研究创造了良好的环境与条件。③享受功能。高档公寓房间宽敞，设施设备高档齐全，室内外环境优美，服务项目多，服务周到，最适宜人们休养和休闲，满足了人们享受的需求。④办公和商务功能。目前许多高档公寓被用来作为商务办公使用。随着中产阶层的兴起，将有更多公寓会被作为住房兼作办公使用，即商住两用。特别是网络社会的来临，使得高级公寓的功能更加趋向于商住两用。

2. 高档公寓物业管理的特点

高档公寓由于建筑设计、房间结构布局、配套设施设备及其性能、业主构成、业主收入与消费水平，以及业主对物业管理服务的需求等特殊性，决定了高档公寓物业管理具有以下一系列特点：

1）涉外性。由于高档公寓中相当多的业主或居民属于外籍人士，决定了物业管理的涉外性质。所以，在办理产权证书、入住手续，以及在与业主或居民签订物业服务合同等事务方面，必须遵守相关涉外法律、法规的规定。在管理服务中，要充分尊重不同国籍的业主或居民的习俗和信仰，注意维护中国的国家尊严和城市形象。

2）市场性。外籍业主或居民很多都长期生活在市场经济体制下，与国内居民具有不同的消费观念、消费习惯和消费水平。在他们看来，物业管理提供的服务是商品，是具有价值和使用价值的商品。而且由于他们收入水平较高，支付能力较强，愿意以合理的价格交换或购买较高质量的物业服务。这就要求物业服务企业以市场为导向，根据业主与居民的需求，提高物业服务水平，在充分满足业主与居民需求的同时，也不断地提高自身的经济效益。

3）规范性。高档公寓的涉外性及其高度的市场化特征，要求物业服务企业严格按照市场经济规律进行管理与服务。市场经济是法制经济，市场经济规律要求物业管理必须通过规范的市场主体行为来实现。所以，高档公寓的物业服务企业必须制订完善的规章制度，通过规范的管理与服务行为，才能较好地为业主和居民提供高质量的物业管理和服务商品，满足业主与居民对物业管理和服务的需求。

4）全方位性。由于面对高素质、高收入、高消费以及不同类型的客户群体，所以高档公寓的物业服务企业必须开展全方位的物业管理服务。除了搞好日常管理服务的项目外，还必须加强专项服务和特殊服务商品的供给，以满足不同客户的特殊需求。

3. 高档公寓物业管理的内容与要求

一般来说，高档公寓物业管理的内容及对物业服务企业的要求大致如下：

（1）提前介入规划建设　由于业主和居民文化水平及收入水平较高、国内

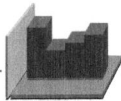

外居民混居或有较强的涉外性，因此公寓的建筑质量和配套设施要求较高。为了适应这些居民对居住和生活等方面的需求，物业服务企业应当提前介入，参与公寓规划设计和建筑工作。就规划设计的合理性、配套设施的适用性、工程质量的高性能性以及建设工期等方面，对开发商提出建议与意见，有利于帮助开发商把物业建设成为优质、适用、舒适、优美的公寓。同时，也可以为物业服务企业未来的物业管理服务奠定坚实良好的硬件基础。

（2）根据规划设计标准严格验收　接管验收是物业管理的重要环节。接管验收必须根据建筑物规划设计和施工质量的要求，以及验收程序和技术要求，从整体建筑到每个房间都要认真查看，反复核对设计图，仔细测量，对附属设备要反复测试、检查，以确保公寓的优质、安全、适用。

（3）加强业主入伙管理　业主入伙是业主实质性取得、占有和使用物业的标志，也是物业服务企业真正启动物业管理的标志。加强业主入伙管理主要是根据有关法律法规和有关程序，帮助业主办好一切相关手续，与业主或居民签订物业服务合同，帮助业主与居民委员会制订管理规约等。同时，物业服务企业要根据物业服务合同的规定，努力做好清扫、秩序维护工作，给业主或住户提供一个卫生、优美、安全的生活环境。

（4）搞好日常管理服务　业主入住以后，物业服务企业应当开始向业主提供各项日常管理和服务，包括房屋保养与维修；设施设备维护与运行；秩序维护管理以及消防管理等。

（5）积极开展专项服务和特约服务　高级公寓业主大都时间紧、工作忙。为了适应业主的这些特点，物业服务企业不仅要努力提高日常物业管理服务项目的服务质量，同时还应适当提供餐饮、健身、超市、幼儿园、小学教育、书店、图书馆等专项配套服务。同时，还需积极开展特约服务项目，如代理商务、代理房屋转让与租赁、代聘律师、特别医疗护理、室内清洁服务、洗衣、代送牛奶、代订报纸、杂志等服务。只要是业主需要的，物业服务企业就应当尽量满足他们的要求。

（6）倡导精神文明，创建文明公寓　物业服务企业可以通过宣传法规、公寓管理规约及公寓中的好人好事，在公寓内倡导精神文明建设。通过召开业主或居民恳谈会、联谊会、联欢会、节假日舞会等形式，促进居民感情交流，倾听居民意见，改进管理服务，达到与居民共同创建文明公寓的目的。

12.2　花园别墅区物业管理

1. 花园别墅的特点与功能

花园住宅是带花园的二、三层独居式的住宅。大都建筑考究、结构独特、功

能完善、设施设备齐全、装修精致。房屋主要由客厅、餐厅、卧房、工作室、书房、厨房、卫生间、车库及私人花园构成。

别墅与花园住宅在设计、用料及装修方面基本相同，不同的是它多建在城市近郊及风景区，选址一般依山傍水，与自然景观相融合，主要用于休养、娱乐、度假等。随着信息化社会的到来，网络办公的兴起，别墅将与城市花园住宅一样成为人们居住、生活的理想场所。

花园别墅通常具有以下特点：

建筑风格别致、设备完善、装修精致。

相对独立的建筑体系。花园别墅一般都有独立的建筑体系，即与外界在地界、空间、视角上相对独立，其内部设施齐备，一般都不与其他建筑发生直接连接。

环境优美宜人。花园别墅最主要的特点是环境优美：阳光充足、空气清新、绿树成荫、花草宜人，宁静、舒适、自然。

价格昂贵。花园别墅的价格昂贵，工薪族大都没有支付能力。基本上是由富商、社会名流、文体明星等占有和居住。

花园别墅大体上都具有居住、休假、办公的功能。花园别墅属于住房，所以，花园别墅首先是为了满足家庭居住的需求，也有一些或部分花园别墅，主要是满足休养、度假、避暑、开会、培训、旅游等需求。随着信息化社会的发展，人类工作与生活方式的改变，目前花园别墅已经成为一部分人的工作场所。他们在优美宜人的别墅里，通过互联网处理日常的商务事宜或满足公务办公的功能。从人类社会和科学技术发展的趋势看，未来的花园别墅将更多地体现其商住和办公的功能。

2. 花园别墅区物业管理的特点

花园别墅是高标准建筑，入住的业主多为社会上层的高收入人士，对花园别墅区的物业管理有着很高的需求，从而使花园别墅区的物业管理具有了高水准、多样化和高品位等特点。

（1）管理高水准　为了保证花园别墅建筑物及其昂贵的附属设施、设备的安全、适用，物业服务企业必须配备素质高、技术水平和服务态度好的服务人员，努力提高物业管理水平。

（2）服务多样化　由于花园别墅一般都远离市区，建在城市郊区或风景区，在地理位置上具有相对的独立性，从而给业主的生活带来许多不便，再加上这些业主大多繁忙，因而无论是对服务的数量，还是对服务的质量都提出了更高的要求。所以，物业服务企业除了约定的日常服务项目以外，应当开展多种多样的专项服务和特约服务，尽可能满足业主的需要。

（3）服务高品位　业主购置花园别墅，就是希望通过精美别致的建筑、优

雅宜人的环境，追求高品位、高质量的生活。所以，物业服务企业应当特别重视对花园别墅的环境管理，除了加强绿化管理，营造园林景观以外，还应当建设一些高档的建筑艺术小品，特别是节假日时，要创造性地制造一些欢乐的气氛等。

3. 花园别墅区物业管理的内容

（1）物业及设施设备维修养护　花园别墅不仅为业主提供了居住、发展、享受和工作的场所，而且也是业主的重要财产。所以加强物业及其设施设备的维修养护，不仅保护了物业及其设施设备的使用价值，满足了业主的需要，而且也实现了物业的保值与增值功能。所以对业主提出的各项报修事宜，要及时修复，并尽可能维护物业原有的状态，修复中应特别注意施工质量，施工后要及时清理废弃物，注意维护良好形象。要定期检修水、电、暖、燃气管线及公共照明以及排水、排污系统，注意保护设施设备的完好程度，使它们始终处于良好的运转状态。

（2）加强保安消防管理　花园别墅的物业管理工作中，安全保卫工作显得格外重要。一方面，花园别墅是业主的重要财产；另一方面，由于花园别墅的相对独立性，又增加了安全管理的难度。物业服务企业在加强安全保卫管理工作时，必须设置较为完善的安保报警系统，全视角的电子监视系统；严格执行保安管理制度；强化全天候的值班巡逻工作；努力杜绝恶性治安案件的发生。同时要加强消防管理工作，要设立专人负责检查、保养消防设备设施，确保其始终处于适用状态；注意对业主普及消防知识，加强消防技能教育。特别注意发挥业主在安保和消防工作中的作用，与业主共同创造一个安全宁静的生活环境。

（3）提高环保绿化管理水平　整洁优美的环境是物业服务企业对花园别墅环境管理的重要标志。花园别墅一定要常年保持清洁：生活垃圾定时清运，道路每天清扫；外墙、玻璃定时清洗；污水、雨道保持通畅；注意做好灭除四害的工作。在绿化方面，应当通过科学的种植规划，选择适合的花木品种，保持花园四季常青。注重提高花园绿化花木的可观赏性，塑造标志性绿化典范。同时注意在绿化地之间留有供居民休闲漫步的小径或小路。在有条件的地方，要尽可能地营造"亲水住宅"，塑造些水池、小喷泉、小养鱼池或水榭等。充分发挥人类对水的亲和力，大力迎合业主崇尚大自然和返璞归真的生活愿望。通过环境管理，提高花园别墅物业的环境品味，同时提高物业环境管理水平。

（4）加强车辆管理　花园别墅的业主，大都具有汽车等现代化交通工具。所以，保持生活区内车辆的行驶与停放安全，是花园别墅物业管理的重要任务。为了加强交通管理，应在生活区内设置明显的交通标志，提醒驾驶员限速行驶，防止交通事故的发生。为了加强停车和车辆安全管理，应当设置停车库及固定停车位，实行私车入库、无库入位；禁止车辆乱停乱放，严禁在绿地停车，坚决制止损坏花园设施的不道德的停车行为。

（5）积极提供优质特约服务　为了方便业主的生活和满足业主的需求，物业服务企业应当为业主提供多种多样的特约服务，做到有求必应。同时，还可以在花园别墅区内开办小超市、餐饮配送等各种便民店和便民服务，努力满足居民日常生活和文化消费等各种需要。

（6）维护花园别墅区域完整性　花园别墅区域大都具有建筑结构的完美性，造型的艺术性，使用功能的完整性。所以，物业服务企业必须按照花园别墅建筑的规划设计要求，认真维护花园别墅区的建筑风格和整体布局的完整性，绝对不允许随意改变；遵守花园绿地、公共活动场所、公共道路等的不可侵占性；严格禁止擅自扩大用地的范围或改变用地的性质，坚决杜绝违章用地和违章建筑。

12.3　房改房物业管理

1. 住房制度改革与公房租赁关系的建立

在传统体制下，职工租住的是公房。传统公房租赁关系是一种特殊的房屋租赁关系。传统公房租赁关系不是通过房屋租赁市场建立起来的，本质上是一种分配关系；公房租金低，根本无法补偿房屋的价值，本质上是一种福利；公房所有权名义上归国家或单位所有，职工只有使用权，但是这种使用权，是一种永久的使用权，即没有租赁限期，使用权还可以继承，改革开放以来，又有了一定的处分权，实际上拥有了公房的支配权、占有权，或者说，拥有公房的部分所有权。所以说，传统的公房租赁关系是一种特殊的房屋租赁关系。

住房制度改革的一个根本任务，就是按照市场经济运行的规律，建立与社会主义市场经济体制相适应的公房租赁关系。公房租赁关系改革，应当包括租金市场化的改革和租赁关系市场化改革等方面的内容。

租金改革是公房全部租赁关系改革的基础。所以，全国历次住房制度改革工作会议，都把提高公房租金，放到改革的重要地位。按照中央的部署，从 1998 年 12 月起，停止实物分房，实行住房分配货币化政策。住房分配货币化就是依据按劳分配的原则，把原来国家扣除的住房消费基金量化到职工头上，然后职工用应当取得的住房消费基金，到市场上买房或租房。所以租金改革的关键，也是转换原有的公房建设资金和公房维修资金的渠道。

在住房租赁制度改革中，提高租金虽然是重要的。但是从建立与社会主义市场经济体制相适应的住房制度来说，即使把公房租金提高到商品租金价格水平，也不能说建立了与社会主义市场经济体制相适应的公房租赁关系。要建立与社会主义市场经济体制相适应的公房租赁关系，还必须使租赁关系市场化。要建立与市场经济相适应的公房租赁关系，必须坚持以下一些原则，即明晰公房产权关系；通过契约方式确立公房租赁关系；明确公房租赁的期限和不具有继承性。总

之，只有按照市场经济原则，改革传统公房租赁关系，才能建立起与社会主义市场经济体制相适应的公房租赁关系。

2. 完善房改房管理体制

在传统的公房管理制度下，公房管理基本分属两个系统：直管公房与自管公房。直管公房是国家房屋管理部门管理的公房；自管公房是部门或单位自己管理的公房。通过住房制度改革，已出售的公房，形成了产权多元化的格局；公房租赁关系改革，基本上建立与市场经济相适应的租赁关系。但是，不管是已出售的房改房，还是公房租赁，基本上没有改变原有的自管公房和直管公房的管理格局或管理体制。

社会主义市场经济体制与公房制度改革的深入发展，迫切要求改革传统的公房管理体制。世界银行在研究我国公房制度改革问题时，已经注意到了公房单位所有的问题，并且针对这个问题提出了成立公房出租公司为核心的对策建议与改革思路，以切断单位与公房户之间的联系。具体操作方法是以公房出租公司为中心，确立新的住房体制运行机制，对公房产权、租赁、生产、金融等项改革，都围绕着这个问题进行。这样就使国家与企业不再负担职工的住房建设、分配和维修管理，从而实现了住房的商品化、社会化和专业化的经营和管理。

同时，还可以根据传统公房管理体制的不同，采取不同的改革方式。住房管理部门直管的公房，从住房行政管理部门分离出来以后，可以以原来的房管所等为基础，组建住房租赁经营管理公司。单位自管的公房，可以以单位或部门为基础组建房屋租赁经营管理公司，使公房与单位脱钩。

住房租赁经营管理公司，应当是具有法人资格的经营管理实体。由于传统体制的影响，无论是从房屋行政管理部门独立出来的住房租赁经营公司，还是从单位或部门独立出来的住房租赁经营管理公司，都很难一下子做到自负盈亏经营，需要有一个过渡阶段。在过渡阶段中，应当把传统体制下的住房补贴和分离出来的职工住房消费基金，以及公有住宅售后维修养护基金等，如数划拨给住房租赁经营公司，以维持其正常经营活动。随着公房分配货币化改革的实行，住房租金的提高，住房租赁经营管理公司逐步成为自负盈亏的经济实体。

严格地说，住房租赁经营管理公司是接受国家或单位的委托经营和管理国家或单位的房产经营管理企业。如果有条件，也可以同时担任物业管理的职能。这样就可以把公房的租赁经营管理和公房的物业管理两个任务承担起来。把租赁经营管理和物业管理，逐步纳入市场经济运行的轨道。

3. 已售公房与未售公房物业管理比较

根据市场经济体制和居民住房消费的要求，无论是已售公房，还是未售公房即公有租赁房屋，都应当纳入物业管理的轨道。但是，这两类住房，由于物业性质决定了物业管理的性质、经费以及物业管理权限等方面存在差别。

物业产权性质不同。已售公房的所有权归购房人所有，即产权属于购房职工。这类住房虽然本质上已不是公房，但又不完全等同于私房。因为，公房出售时往往附加了有限制性条件，如原售房单位有优先购买权、若干年内禁止转让、转让价格的限制及补交土地出让金等。所以，已售公房实际上是一种有限产权的私有住宅，在某些方面还带有一定程度的福利色彩。未售公房的所有权归国家所有，承租者取得的只是住房的使用权。所以这类住房，本质上仍然属于公房。

物业管理经费来源不同。由于住房的产权性质不同，决定了物业服务费用来源或支付关系的不同。公有住房由于产权属于公有，所以物业服务费用是由公房出租收入支付；如果出租收入不足，由国家或城市政府财政给予补贴。已售公有住房，由于产权属于职工个人所有，所以住房的物业公共部位的管理费用，主要由购房人缴纳的专项维修资金支付；非公共部位、公用房屋与设备、设施的维修养护费用则由购房人自负；公共设施的修缮、更新也由专项维修资金支付，如果专项维修资金不足，则从城市维护费中列支。这就是说，已售公有住房的物业服务费用，基本由购房人自己支付，完全实行市场化管理。这是已售公有住房与未售公有住房在物业管理上的最大区别。

物业管理权限不同。由于住房产权关系不同，决定了两类物业管理中使用人享有的权利和应尽的义务不同。未售公房由于所有权归国家，承租人享有一定时期的使用权，承租使用权人与国家所有权人是一种租赁关系。所以，租赁人有权获得出租人对房屋安全、使用的保证，出租人依法应对所出租的房屋及附属设备设施进行维修并负担相应的费用。也就因此决定了承租人，即使用权人无权选择物业管理机构，无权支配专项维修资金等事项。这些权利属于国家，具体由当地房管部门或其下属房管所，以及那些享有公房所有权的单位或部门来行使。已售公房产权虽然受到了限制，但在物业管理权利上，购房人拥有完全的自主权。即购房人或业主享有选择物业服务企业，并与物业服务企业签订物业服务合同的权利。当然，物业服务费用也由房改房业主负担。

4. 完善房改房物业管理内容

建立健全房改房物业管理，必须做好以下几项工作：

（1）成立业主大会和业主委员会　业主大会和业主委员会是房改房业主的自治组织。成立业主大会和业主委员会，是房改物业管理走向规范化的一个重要标志。

（2）选聘物业管理机构　业主大会和业主委员会成立以后，应当委托或选聘一个物业服务企业或其他物业服务机构进行具体的物业管理与服务。

（3）严格住宅专项维修资金的使用　《住宅专项维修资金管理办法》指出，本办法所称住宅专项维修资金，是指用于住宅共用部位、共用设施设备保修期满后的维修和更新、改造的专项资金。住宅专项维修资金划转业主大会管理前，需

要使用住宅专项维修资金的，物业服务企业根据维修和更新、改造项目提出使用建议；没有物业服务企业的，由相关业主提出使用建议。该建议经有关业主讨论通过后，物业服务企业或者相关业主组织实施使用方案，持有关材料，向所在地直辖市、市、县人民政府建设(房地产)主管部门申请列支。经同意后，专户管理银行将所需住宅专项维修资金划转至维修单位。住宅专项维修资金划转业主大会管理后，需要使用住宅专项维修资金的，物业服务企业提出使用方案，业主大会依法通过后，物业服务企业组织实施使用方案，并持有关材料向业主委员会提出列支住宅专项维修资金，业主委员会依据使用方案审核同意，并报有关部门备案。之后，专户管理银行将所需住宅专项维修资金划转至维修单位。

（4）加强维修服务管理　房改房维修的原则是：私有房屋及设备自费，公共部位、设备设施共同负担。即业主自用房屋及设备的维修更新，由业主自己负担；整幢楼房的承重结构、共同部位、公用设备的维修更新费用，由该幢楼房全体业主按各自的房屋建筑面积比例共同承担，费用在专项维修资金中列支。业主大会和业主委员会委托物业服务企业管理的内容主要包括共用部位、设备的修缮，公共设施的修缮管理以及物业档案管理等。

（5）搞好物业使用与装修管理　在不损害公共利益和相邻居民利益的前提下，各业主有权按照自己的愿望使用所购房屋，合理设置房屋内部功能，并进行适当的装修。但是，应禁止下列行为：擅自改建房屋主体承重结构；在庭院内私搭乱建；擅自移装公用设备；独占共用部位、设备；侵占绿地；损坏公共设施；擅自改变住宅使用性质等。

房屋装修不得改变房屋承重结构，不得超负荷搭建，不得损害相邻居民的公共利益，装修建筑垃圾应及时清运。房屋装修应按照地方政府的有关规定，先报送装修计划申请，经物业服务企业审核后方可施工。

本 章 小 结

高级公寓、花园别墅以及公有住房和房改房，与普通商品房相比具有许多各自的特点。

高级公寓属于高档住宅。高级公寓物业管理具有明显的完善性、涉外性、市场性、规范性等特点。

花园别墅也属于高档住宅。高级公寓物业管理的主要特点是高水准、多样化、高品位。物业管理的内容与高档公寓基本相同，但是服务内容更加丰富，服务水平更加严格、规范。

房改房是住房制度改革后形成的一种特殊类型的住房。这类住房包括已售公房和未售公房。这两类住房由于物业性质决定了物业管理的性质、经费以及物业管理权限等方面存在差别。为了健全房改房的物业管理，必须做好诸如成立业主

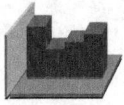

大会和业主委员会、选聘物业服务企业、严格住宅维修资金的使用管理、加强维修服务管理以及搞好物业使用与装修管理等逐项工作。

复习思考题

1. 简述高级公寓的特点及其物业管理的内容要求。
2. 简述花园别墅的特点及其物业管理的特点与内容。
3. 试述房改房的形成及房改房管理体制的完善。
4. 试述完善公房租赁与房改房物业管理的主要工作。

第 13 章

经营性物业管理

[内容提要]

经营性物业是专门用于开展各类经营服务的建筑物，以及相应的设施设备等。具有代表性的经营性物业是写字楼、商场以及宾馆酒店等。本章主要介绍写字楼、商场以及宾馆酒店物业管理的特点、要求以及内容等方面的知识。

13.1 写字楼物业管理

1. 写字楼的性质与功能

写字楼属于办公性的建筑物，或者是由办公室组成的大楼。目前写字楼大都是指用于商务、办公用的楼宇及其配套的设备设施及场地。写字楼是由一间一间的办公室组成的。这里所说的写字楼不是一般的办公楼，而是指专门用于出租的办公物业，即通过出租办公场所获得盈利(收益)的房产或物业。

随着市场经济和社会专业化分工的发展，客观上需要有一种集中的办公场所，现代意义上的办公楼就是为适应这种要求而产生，并随着这种要求的扩大而迅速发展的。由于现代社会经济文化的高度发展，对写字楼的需求越来越多，要求也越来越高。同时，现代经济文化生活的多面性和联系性，也使得政府机关、事业单位、各种金融机构、各类企业等都离不开写字楼。写字楼已经成为社会生活和经济发展不可缺少的组成部分。目前，写字楼的功能也越来越呈现出多样化、复杂化和综合化，并进一步发展出了商务楼等办公楼形态。商务楼除了办公之外，还提供各种商务活动的基本设施设备，比如，设有洽谈室、展示厅、会议室等。现在，新建的写字楼一般都将办公、商务活动，甚至餐饮、娱乐及购物等多种功能综合在一起，建筑规模也趋于宏大，人们通常将此类多功能的写字楼称为综合大厦。

2. 写字楼物业的类型

根据不同的标准，可以把写字楼物业分为不同的类型。

（1）根据写字楼面积的大小　写字楼可以分为：

小型写字楼，一般为 1 万 m^2 以下。

中型写字楼，一般为 1 万 ~ 3 万 m^2。

大型写字楼，一般为 3 万 m^2 以上。

（2）根据写字楼的主要功能　写字楼可以分为：

1）单纯型写字楼。这种写字楼功能单一，基本上只具有办公功能，即没有其他功能(如展示厅、餐饮等)。

2）商住型写字楼。这种写字楼具有两种主要功能，既提供办公物业，又提供住宿物业。商住写字楼又可以区分两种基本形式，一种是办公室内有套间可以住宿，如上海启华大厦；另一种是楼的一部分用于办公，另一部分用于住宿，如北京国际大厦。

3）综合型写字楼。这种写字楼，以办公为主要功能，同时又具有其他多种功能，如兼作公寓、餐厅、商场、展示厅等。现在许多新建的写字楼，还设有舞厅、健身房等。上海瑞金大厦、广州世贸大厦都属于这种类型。

（3）根据写字楼设施设备的现代化程度　写字楼分为：

非智能型写字楼。非智能型写字楼即传统的、不具备自动化功能的写字楼。

智能型写字楼。是指具有高度自动化功能设施设备的办公大楼。根据建设部2000 年 7 月颁布的《智能建筑设计标准》，智能建筑应兼备建筑设备自动化系统（BAS），通信网络系统（CNS），办公自动系统（OAS）。随着科技快速发展，写字楼自动化程度的不断提高，许多新建的写字楼已实现了停车管理自动化系统、安全防范系统等。

（4）根据写字楼的建筑结构、质量和形态，在城市所处的地理位置，以及物业管理提供的服务数量和质量等因素　写字楼可以分为：

1）甲级写字楼。这类写字楼的建筑物自然状况良好，建筑质量达到或超过有关建筑条例或规范的要求；设施设备完善、性能较高；物业在城市所处的地理位置优良，交通便利，环境优良；物业管理服务水平高，服务项目多，服务质量高，可以为客户提供各类特约服务。

2）乙级写字楼。建筑物质量达到有关建筑条例或规范的要求；在城市中处于良好的地理位置；虽然建筑物的自然状况良好，但建筑物的设施设备较差，影响写字楼功能的发挥。

3）丙级写字楼。建筑物或物业已使用的年限较长，在某些方面已经不能满足新的建筑条例或规范的要求；设施设备存在较明显的自然磨损和功能陈旧；但是能够基本满足低收入租客的需求，并与这类客户的支付能力相适应。

3. 写字楼物业管理的模式

写字楼物业管理具有管理智能化、管理人性化以及管理高要求等特点。写字

楼物业管理的基本要求可以概括为"安全、舒适、便捷、高效"八个字。安全是提供安全保障，使用户在写字楼里工作放心；舒适是要创造一个优美整洁的环境，让用户感到舒适、愉悦；方便是保证设备设施正常可靠运行，并且提供尽可能多的服务，让用户感到方便、快捷；高效即是通过提供高效率和周到的服务，提高用户的工作效率。

目前，我国写字楼大体上有以下几种物业管理模式。

（1）自管型模式 自管型模式即写字楼的所有者自己组织力量进行管理的模式。这种管理模式基本上是建立在写字楼的所有者保留一部分办公物业满足自身需要，余下的部分办公间出租的基础上的。通常，写字楼的所有者在写字楼建设工程即将结束时，就将选派管理人员开展物业管理。有的建设开发单位为了完善售后服务，自己组建物业服务企业进行物业管理。这种自建自管的物业管理模式，优点在于竣工、验收、接管过程中与开发部门摩擦少；物业管理人员对物业本身熟悉，资料齐全。这种管理模式的问题主要是自建的物业服务企业向专业化物业服务企业过渡存在一定难度；物业管理容易受到主管领导的行政干预；管理易变成"大而全，小而全"的状况，影响了写字楼物业管理的水平。

（2）自管与顾问公司相结合管理模式 这种管理模式主要是开发商或写字楼所有者（业主），为了使自建的物业服务企业向专业物业服务企业过渡，聘请了顾问公司为其保驾护航。顾问公司一般都是资深的物业服务企业，经验丰富，有独到的管理理念，可以帮助自己组建的物业服务企业建立各项管理制度，指导人员配备，建立组织机构，制订工作规范（或程序）等项工作。在顾问公司的帮助下，开发商或业主自建的物业服务企业能够迅速地熟悉专业化的物业管理工作，不断地提高自己物业管理水平。

（3）自管与专业物业管理相结合模式 由于写字楼经营、组织、管理、运作有很强的专业性，楼宇本身及设备的维护和保养有很强的技术性，因此出现了自管与专业公司相结合的模式。这种结合是建立在分工与合作的基础上的。一般来说，财务、人事、入住装修、停车场、综合营销等方面的管理工作，基本上属自管范围；而专业性、技术性较强的工作，如保安、保洁、园林绿化、餐饮、娱乐、电梯、空调、变配电室，以及这些方面的专业设施设备的日常、定期维护和保养等服务性和专业化维修等管理工作，则由专业物业服务企业承担。

（4）委托型管理模式 委托型管理就是写字楼建造完成后，通过签订委托协议将其委托给专业的物业服务企业管理。物业服务企业受托对写字楼的大厦本体、设备设施、安全、清洁等方面实施维护和管理，并应发展商或业主要求提供物业档案资料的管理，以及多种经营及各类有偿服务等。有的物业服务企业为了提高专业化管理水平，进一步将具体的实务管理以分包的形式委托给专业公司。在外包服务项目时，物业服务企业一方面应当挑选有资历的专业公司，另一方面

就是要对专业公司承包的服务项目进行监督、检查、考核。采用委托管理型模式体现了社会化分工及专业化的必然趋势。

（5）租赁经营型模式　租赁经营型模式是业主将已建好的写字楼通过签订租赁或承包协议方式，出租或出包给物业服务企业。通过所有权与经营管理权分离的方式，业主不用花费精力，就能定期获得写字楼的租金或上缴的承包基数。物业服务企业则致力于写字楼的租赁及租赁后的管理服务，在依法经营、照章纳税、定额向业主缴纳租金或承包上缴基数后，有更大的经营自主权，可以通过改善经营管理等方式，获取更大的收益。

4. 写字楼物业管理的内容

写字楼物业管理的内容主要是日常管理、租赁管理、委托服务管理以及营销管理等。

（1）日常管理　写字楼日常物业管理工作主要是：

1）设备管理。写字楼的机电设备很多，如发电机组、中央空调、电梯、供水供电、消防、通信系统等。这些设备是大楼的心脏部分。因此，要建立健全各项管理制度，组建一支技术熟练的专业人员队伍，同时建立各专业人员的管理值班制度。每天应准时开启和关闭设备，做好日常的保养和修理，筹划建筑和设备的大修，确保各项设备处于良好的运行状态。

2）安全管理。由于写字楼中集中了众多办公单位和机构，拥有大量的信息和文件，进出人员不仅多而且复杂，所以安全管理极其重要。写字楼的安全管理应贯彻"预防为主，防消结合"的原则，防止盗窃、凶杀、火灾等各项事故的发生，努力维护大楼的安全和治安秩序。为此，物业服务企业必须建立好一支训练有素的保安队伍，并配备安保设备，加强门卫、停车场及监控室值班管理，定时和不定时地安全巡视，保证大厦 24 小时都在控制中。

3）清洁卫生管理。写字楼的租客对大厦，尤其是出入口、大堂、卫生间、电梯箱、公共通道等地方的清洁卫生要求非常高。物业服务企业的清洁卫生工作要保证大楼外观，大楼周围环境的清洁，保证大楼内部各公用部位的清洁和保养，并且要及时进行垃圾清运、污水处理和灭菌灭虫等工作。

4）前台服务。现代写字楼由于租客很多，来往联系业务的人员异常频繁，所以写字楼必须加强前台服务。前台服务除了接待来访客人，接收外来联系电话之外，还可以为租客户提供订票等方面的服务。

（2）租赁管理　物业服务企业有时受业主委托，承担写字楼的租赁业务。写字楼租赁是商品交换的一种形式，是出租与承租的经济关系。租赁业务管理的主要工作包括：接待来访的潜在承租客，介绍写字楼的情况，并做好促销宣传，做好与客户的联系；处理写字楼的具体租赁工作，如与承租户联络、洽谈、签约；接受和审理承租客的投诉和要求，及时做好协调工作；定期对租客进行访

问，联络感情等。

（3）委托服务管理 委托服务是物业服务企业受租户委托，进行日常管理服务项目以外的特约服务。提供委托服务的范围很广，有的是长期的、定时的，有的是临时性的、不定时的。提供委托服务一方面方便租客，另一方面也是企业增加收入的一个重要途径。写字楼常见的委托服务项目是清洁服务，如办公室内的清洁、清洗轿车；代办服务，如快递服务、行李搬运、代购物品、礼仪服务、会务服务等。

（4）营销管理 由于许多业主或发展商把写字楼的营销工作委托给物业服务企业负责，物业服务企业就应单独设立写字楼营销管理部门。这个部门的主要工作是：了解写字楼市场形势、掌握客户信息、制定营销策略；为入住客户办理租赁（购房）手续，处理客户迁入及迁出中的各种问题等。

13.2 商业场所物业管理

1. 商业物业的功能与类型

商业物业是指建设规划中用于商业性质的物业，是那些能够同时提供给众多的零售商和其他商业服务机构用于经营的经营性物业。商业物业直接的功能就是为消费者提供购物场所。从建筑功能上来讲，商业物业可分为综合性专业购物场所和商住两用购物场所。

随着国民经济的不断发展和城市建设水平的不断提高，各种类型的商业物业（场所）迅速发展起来。归纳而言，按照不同的标准，商业物业可以有不同的划分类型。

（1）根据建筑结构划分

1）敞开型物业。这类商业场所，大多由露天广场、走廊通道并配以低层建筑群构成，包括小件批发市场、电子工业供应市场等。

2）封闭型物业。这类物业一般是设计规模宏大、装饰豪华辉煌的公共商业楼宇，如一些大城市新建和改建的一大批现代化的商场、商厦、商城、购物大厦、购物中心、贸易中心等。

（2）根据建筑功能划分

1）综合性商业购物中心。这类商业物业包括购物、娱乐活动、健身房、保龄球场、餐饮店、影剧院、银行分支机构等。

2）商住两用型商业场所。这类商业物业即低楼层部位是商场、超市等；高楼层为办公、会议室、住宿等。

（3）根据建筑规模划分

1）市级购物中心。这类物业建筑规模一般都在3万~10万 m^2 以上，其商

业辐射区域可覆盖整个城市，服务人口在 30 万人以上，年营业额在 5 亿元以上。

2）地区购物中心。这类物业建筑规模一般在 1 万 ~ 3 万 m² 之间，商业服务区域以城市中的某一部分为主，服务人口 10 万 ~ 30 万人，年营业额在 1 亿 ~ 5 亿元之间。

3）居住区商业场所。这类物业建筑规模一般在 3000 ~ 10000m² 之间，商业服务区域以城市中的某一居住小区为主，服务人口 1 万 ~ 5 万人，年营业额在 3000 万 ~ 1 亿元之间。

（4）根据产权性质划分

1）临时转移产权型。这类商业物业的特点是业主把物业的产权以一定年限的形式出售给投资者。到期后，原业主退还投资款，收回物业。它与分散产权型物业的区别是一次性收取出售价款。

2）统一产权型。物业产权只属于开发公司或某个大业主一家。这类物业的特点是以出租的形式经营物业。由于产权的统一，使得招租、管理等内容都是统一的，不仅便于管理，而且经营效果一般都比较好。

3）分散产权型。这类物业的特点是把物业产权出售给多个业主，形成多人共有产权。由于产权分散，容易发生管理摩擦，经营效果往往不理想。目前比较好的解决办法是把分散的产权再回租，然后制定统一的物业管理细则，再转租出去。

2. 商业物业的特点

商业物业通常具有以下一些特点：

（1）服务对象的双重性　商业性物业与其他物业形态不同，商业物业的服务对象不只是租户，而且还有来访或购物的消费者。所以，商业物业的服务内容具有双重性。

（2）服务时间的间断性　虽然有些商厦是昼夜营业的，即在时间上是连续的。但大多数商厦对外服务时间基本上是固定在一个时间段，所以形成了服务时间的间断性。

（3）顾客聚集性与构成复杂性　商场里是顾客聚集的地方。进入商场的顾客，虽然主要是购买商品、挑选商品的，但也有相当部分的顾客，是以逛商店为主要目的的。从而形成了商场的人流的聚集性，以及顾客构成的复杂性。

（4）人流与物流同时进出　进入商场的不仅是人流，还有物流；退出商场的也不只是人流，同时也存在着物流，即人流与物流同时进入与退出商场。

（5）建筑开间大　适应商业活动的需要，即人与物的聚集，以及人与物的大量流入和流出，商场内部的开间一般比较大，空间开阔。这样的空间不仅适于摆放各种商品，利于人流的流动和货物的搬运，也有利于保证应付突发事件时的紧急疏散。

3. 商业物业管理的内容

商业物业结构特殊，设备设施比较先进、复杂，对物业管理要求较高。不仅要求管理者有系统的经营管理理论，有较高的服务意识和操作技能，而且要求物业服务企业有较高的专业物业管理水平。一般来说，商业物业管理的内容，基本上可分为营销性物业管理和日常性物业管理两个部分。

（1）营销性物业管理 营销性物业管理的主要工作内容包括：

1）市场推广。为了扩大商业物业的知名度和影响力，为企业经营建立稳固的基础，物业服务企业必须加强市场宣传，通过广告等各种宣传工具，树立商业企业在社会上的良好形象。

2）选配承租客商。物业服务企业为了提高经营物业的效益，必须慎重选择承租客户。选择客户虽然有许多因素需要考虑，但是比较理想的承租户应当具备以下一些条件：①客户或承租户能够提供货真价实的商品和让顾客满意的服务，而且要比其他商场中的同类商家更具有竞争力。②承租户所经营的商品种类应该与整个商场的经营规划相适应，力求避免经营同类商品的多个商家进入，防止引起不必要的竞争，损害整个商场的经营利益和形象。③了解承租户的信誉和财务状况，承租户必须具备足够和连续的支付租金的能力。④还应当了解承租户是否有特殊的要求，是否需要特殊的服务。如餐饮店和娱乐场所夜间营业需要保安服务，商业企业是否能满足等条件。

3）确定合理租金。商业物业的租金确定，应当以零售商业物业租金为基础，同时根据物业所处地理位置、规模、设施设备完善程度、服务水准和商品类型、规格、数量、质量与价格等方面的差异，作为调剂因素，以此为依据确定每处、每层、每间房屋的租金。同时，还要根据市场情况、租户的租赁经营期限、租户的经济实力和信誉水平、租户租赁物业的面积大小等因素，对这些基础租金予以适当调整。

（2）日常性物业管理 商业物业日常管理或服务，主要是商业物业内部，以及与人流、物流有关的管理。

1）租户管理。加强租户管理，首先要建立详细的档案记录，收存租赁合同文本复印件，详细了解租户的信息。同时要积极与租户建立良好的关系，及时沟通情况，对租户的要求尽量给予及时的解决或答复。另外，根据客户拥有的产权情况，确立不同的管理内容。对于统一产权物业的租户，管理的内容主要是向客户宣传合同的内容，监督合同执行的情况，对违反合同行为进行劝阻，并向有关部门反映。对于分散产权物业的租户，管理的内容主要是协助组建承租客商协会组织，共同制定管理规约，负责组织执行和监督客户对规约的遵守情况。

2）安全保卫工作。为了做好商业物业的安全保卫工作，①要加强门前警卫，一方面要注意车辆和行人出入的安全，另一方面加强职工专用出入口的安全检

查，如查证、考勤、携带物品外出的检查等。②加强值班巡逻，安排便衣随时进行巡视。③每天关门盘点以后，要锁好门窗，严格检查清场。④停业后监控室内安排专人负责监控，时刻保持与巡逻人员的联系，发现可疑情况及时向上反映，同时快速联络值班人员进行检查。启封时，按预定路线从上到下，从里到外逐层启封，并做好记录。

3）消防工作。消防管理要贯彻"预防为主，防消结合"的方针。①消防工作的重点是，提高各承租客户及业主防患于未然的危机意识。②制定各种消防安全的规章制度，同时监督这些规章制度实施的情况。③加强对消防具体工作的管理。为了提高消防水平要坚持对消防龙头、灭火器、消防通道的定期与不定期的检查，确保专项设施设备的完善、使用，保持消防通道的通畅。物业服务企业还可以组织火灾抢救演习等活动。只有这样才能把消防安全工作提高到一个更高的水平，极大地降低火灾发生的风险或机会。

4）服务性设施设备管理。加强商业性物业设施设备管理，保证设施设备正常、高效运行，对于提高物业运行效益有着重要的意义。为了保证电梯扶梯的正常运行和安全，必须按照规定进行检查，发现问题及时报修。对于空调、水电系统、卫生设备等，要加强维修管理，保证正常使用。

5）交通管理。商场交通由商场外部交通和内部交通、平面交通和垂直交通构成。商场交通状况不仅关系到顾客的聚集和疏散，而且也关系到商场的工作秩序。以商场内部交通来说，如果平面通道布置混乱不堪，顾客购物时就会像进了迷宫，不知如何出入；垂直交通（电梯），如果布点不明显，顾客找不到电梯，难以实现楼上楼下购物的需求等。物业服务企业应该加强交通的组织和管理，更多地引导和留住顾客，为商场业主带来更多的商机和利润。

6）停车场管理。停车场管理是交通管理的重要构成部分。物业服务企业对停车场的管理除了对车辆进出、停放的管理之外，比较重要和具有较大影响的是车辆的损坏和丢失问题。一旦出现该类问题，就一定要按照有关政策法规规定解决，坚决维护各方面的合法利益。如果有地下停车位或地下车库的商场，不仅要注意车辆损坏或丢失的问题，还要注意车辆的进出安全。在可能的情况下，车库还可以为驾驶员提供加油、洗车等服务内容。

7）清洁卫生管理。清洁卫生管理的内容包括商场内部的环境清扫，停车场的环境卫生，以及门前广场和卫生死角的清洁。有特殊需要的清洁工作，比如，对于一些特殊的装饰材料，高层商厦外玻璃幕墙等，应当外聘专业的保洁公司从事清洁工作。

8）绿化美化管理。商场不但需要清洁卫生，而且需要有一个优美的环境，这就需要进行绿化美化。绿化美化就是管理者通过盆景、绿地、花草、雕塑、小品、喷泉等形式，对商场内外进行装饰，给顾客和商场员工一个温馨、舒适、优

美的购物和工作环境。商场的绿化美化管理不仅标志着管理者的管理水平,而且直接关系着商场在客户心中的形象,影响着顾客对商场的信誉和档次判断。

13.3　宾馆酒店物业管理

1. 宾馆酒店的功能与类型

饭店的英语是 Hotel,原意为旅客提供住宿和休息的场所。饭店也称酒店,由于我国的历史原因,饭店也常被称为宾馆、旅馆、旅社、旅店等。

现代饭店是以建筑物为客体,通过提供衣、食、住、行、娱乐等方面的综合服务,满足旅居者的各种需求。所以,现代饭店是度假旅游者的居住之家和康乐中心,是商务旅游者和商社集团的贸易活动场所和洽谈中心。由于具有了城市的功能,又被称为"城中之城"、"家中之家"。

根据不同的标准,可分别把酒店划分为不同的类型:

1) 根据酒店设施规模大小,即主要根据酒店拥有客房数量的多寡,可分成大、中、小型酒店。通常拥有 600 间以上的客房为大型酒店;拥有 300 间以下的客房为小型酒店;拥有 300 ~ 600 间客房为中型酒店。

2) 根据酒店所在的区域和地点,可分为海滨酒店、名胜酒店、城市酒店、森林酒店、机场酒店等。

3) 根据营业接待时间,可分为全年性酒店和季节性酒店等。

4) 按酒店接待对象和酒店的设备、设施等条件,酒店可以划分以下六大类型:

商务型酒店。商务型酒店也称暂住型酒店。这类酒店通常地处城区,靠近商业中心,主要接待过往客商。这些客商经济条件较好,文化水平较高,虽然不计较酒店价格水平,但是对酒店的设施及服务质量、服务水准等要求都比较高,特别是他们在进行商务活动时对良好的通信系统、洽谈会议场所和文秘服务等方面要求相当高。酒店经营者必须对此类楼宇的外观环境、内部设施、装修及特殊服务等方面多加考虑,尽量满足商务客户的多种需求。

度假型酒店。度假型酒店是以接待度假、休闲、保健、康乐为旅游目的的宾客。这类酒店多位于海滨、山城、海岛、温泉、瀑布、森林等幽静的风景区。为了满足旅游者的需求,大多建设了适于该区域的各类健身设施设备和娱乐项目,诸如垂钓、爬山、骑马、狩猎、划船、潜水、冲浪、网球等活动,以此吸引更多的游客。

长住型酒店。这类酒店主要是供贸易商社、机关、团体或家庭长期居住。由此决定了这类酒店设置和服务的特点或独特的要求:客房以套房为主,面积宽敞,设备考究,并配备适应宾客长住所需的家具、电器以及所需设备;在服务方面，既有酒店业的常规性服务，又增添了家庭式的乐趣与温馨。

旅游型酒店。这类酒店大多建于名胜古迹、旅游景点密集、交通也较方便的区域。接待和服务的对象，主要是旅行、游览、观光者。因此这类酒店在服务和设施设备方面，不仅要满足旅游者的膳、宿的需要，还要有酒吧、咖啡厅、游艺室、商场等公共服务设施。只有这样，才能满足客户休闲、娱乐、购物的需要。

会议型饭店。目前"MICE"，已经成为世界范围的酒店业共同追逐的目标。MICE 是指 Meeting（会议）、Incentive（奖励旅游）、Conference（大型会议）和 Exhibition（展览会），在这四项业务中有三项直接服务于会议，所以也可以叫做会议酒店。酒店业逐鹿于 MICE 业务，主要是因为这类客户的消费水平高，会议参加者消费金额为一般性旅客的两倍；逗留时间长，平均逗留 10 天，而一般旅客只有 6 天；很少计较价格；而且受季节性影响小；所以这类酒店得到了迅速的发展。这类酒店大都设立在政治、经济中心的大都市，或者交通方便的风景区、游览胜地。在服务要求方面，除住宿、餐饮、购物等常规性服务之外，它的最大特点是必须具有满足各类会议所需要的系列设施设备，即不仅要有各类会议厅、办公室、多功能厅等场所，还必须有配套齐全的会议设备，如扩音、照明、音像录放、视听投影、同声翻译等装置。

特殊型饭店。旅游者都具有追逐"奇、特、异"的消费心理，为了满足特殊旅客或特殊身份人的特殊需求，特殊型酒店得到了迅速的发展。其中主要供年迈老人或带家眷长住的"公寓式酒店"；也有满足过往、过境需要的"机场酒店"、"汽车酒店"；还有以其他特殊形式出现的"仿古酒店"、"森林酒店"、"水上酒店"、"狩猎酒店"，以及"井下酒店"、"树上酒店"、"监狱酒店"等。

2. 宾馆酒店档次标准

国际上评定酒店的标准，目前逐步趋于一致或者说基本相同。一般都是以星级作为评定标准和方法的。根据星级标准体系，把酒店划分为五个级别或星级：

（1）一星级与二星级酒店　主要是规模较小、设备、设施较为简单、基本上能够满足宾客膳、宿的要求，适合于经济承受能力较差的宾客。

（2）三星级酒店　通常规模较大，设备亦较齐全，不仅能提供膳、宿服务，而且还有商品部、宴会厅、美容、娱乐、健身等综合服务项目，服务水准高，服务质量较好。服务的主要对象是中等收入以上的宾客。这种档次的酒店，在酒店业中占的比重较大，受到大多数宾客的欢迎。

（3）四星级酒店　这类酒店，建筑规模较大，设备齐全豪华，综合服务设施配套完善，能满足宾客膳、宿、娱乐、健身、社交、商务等高级享受的需要。

（4）五星级酒店　这是最高等级的豪华饭店。酒店设备齐全、豪华、先进，不仅有相当高等级的套房，并设有最高等级的"总统套房"。服务项目一应俱全，服务水准最高，服务质量佳。该类酒店可以满足富商巨贾、社会名流和收入

颇丰的大公司的高级职员等在旅游、商务、社交活动等方面的享受需要。

3. 宾馆酒店物业管理的内容

宾馆酒店物业管理大体上可以分为以下几个方面的内容：

（1）设备、设施运行维护　为了加强宾馆酒店的设备设施管理，应设立工程部，负责如下设备系统管理：安全供电系统；空调系统；给排水系统；楼宇自控系统；通信网络系统；消防保安系统；电视广播系统以及电梯运行系统。以上所列各系统，都需要专门人员，按照规范化、程序化、标准化的要求实行专业化管理。

（2）消防保安管理　宾馆酒店人员流量大，成分复杂，所以安全保卫管理在宾馆酒店管理中占有十分重要的地位。为了保证宾客的人身、财产安全，物业管理应设立专门的消防保安机构，具体负责此项工作。保安部应设立监控室，实行24小时监控与巡逻，要害部位应安装自动录像设备，发现隐患及时采取措施，将其消灭于萌芽状态之中。一旦发生火灾事故，要按规范要求和程序组织宾客撤离，处理事故保护现场。积极开展"四防"、"三禁"（"四防"即防火、防盗、防破坏、防治安灾害事故；"三禁"即禁毒、禁娼、禁赌）教育与管理，确保宾客和员工的生命财产安全和身心健康。

（3）环境绿化管理　宾馆酒店的绿化工作除了对区域内的环境美化外，更主要的是对楼宇内的美化。例如，大堂具有特色的装饰与艺术品、工艺品、字画及租摆等，经常更新，为宾客提供一个清新、优美而典雅的良好环境。

（4）客房管理　客房是宾馆酒店最主要的组成单位之一，是接待宾客的重要窗口，是酒店收入的主要来源，因此在酒店的经营管理中，一般都很重视客房的管理与服务工作，选聘经过专门培训合格的管理及服务人员，按规范要求和程序，进行专业化管理和服务。

（5）各种经营项目管理　酒店开展的各种经营服务项目，如商务中心、卡拉OK、舞厅、台球、高尔夫球、游泳池、保龄球等，也都应选派懂专业技术的人才，实行专业化管理。

本 章 小 结

经营性物业主要由商业性服务的物业构成。具有代表性的经营性物业是写字楼、商场以及宾馆酒店。

写字楼物业是服务于办公需要的物业。根据不同的标准，写字楼可以区分为不同的类型。由于具体情况的不同，写字楼物业管理也有不同的模式。一般来说，写字楼物业管理的内容主要是工程设备管理、保安管理、清洁管理、商务服务、前台服务与营销管理等。

商场物业是能够同时提供给众多的零售商和其他商业服务机构用于经营的经

营性物业。由于商业活动的特性不同，商业物业有着不同的结构与类型。商业物业具有自己的特点，其管理内容主要包括营销性管理、租户管理、安全管理、消防管理、设施设备管理、交通管理、停车场管理、清洁卫生管理以及绿化美化管理。

　　宾馆酒店物业主要是提供客户膳、宿、行、乐、购物、健身、商务活动的综合性物业。根据不同的标准，宾馆酒店可以划分为不同的类型。国际上，一般把酒店分为五个级别或星级。宾馆酒店管理的主要内容一般包括：设备设施运行维护、消防保安管理、环境绿化管理、客房管理以及各种经营项目管理等。

复习思考题

1. 简述写字楼物业的类型划分。
2. 简述写字楼物业管理的模式与内容。
3. 简述商业物业的类型划分。
4. 简述商业物业管理的内容。
5. 简述宾馆酒店的类型划分与档次标准。
6. 简述酒店物业管理的内容。

第5篇　智能建筑与物业智能化管理

这一篇是由第14章、15章和16章共三章构成的，主要介绍智能建筑，包括智能大厦与智能住宅小区的基本内涵及其智能化物业管理的知识。

建筑行业融合了现代计算机技术和信息技术，催生了"智能建筑"这个新事物。智能建筑不但改善了人们的生活和工作环境，而且也为物业管理行业提出了新的课题。第14章主要介绍智能建筑的概念与类型、构成与功能，以及智能建筑物业管理的基本知识。

智能大厦是智能建筑的一种主要类型。第15章主要介绍智能大厦的概念、分类与特点；智能大厦物业管理的基本内容与要求，以及智能大厦的物业管理信息系统等内容。

智能住宅小区将建筑艺术、生活理念与信息技术结合起来，为小区住户提供安全、舒适、方便、快捷的居家环境和开放的智能化、信息化生活空间。第16章主要介绍智能住宅小区的概念、特点及其产生与发展；智能住宅小区的智能化系统以及智能住宅小区物业管理的内容、特点及注意事项等若干基本知识。

通过这一篇的学习，可以了解智能建筑的基本知识以及智能建筑智能化物业管理的信息系统等方面的内容。

第 14 章

智能建筑及其物业管理概述

[内容提要]

建筑行业融合了现代计算机技术和信息技术，催生了"智能建筑"这一新事物。如今，智能建筑正以不可阻挡的势头席卷全球的建筑行业，不断改善着人们的生活和工作环境。本章主要介绍智能建筑的概念、类型及其产生与发展，智能建筑构成、功能及优越性，以及智能建筑物业管理的重点与内容。

14.1 智能建筑及其兴起与发展

1. 智能建筑的概念

由于智能建筑(Intelligent Building, IB)的思想和设计一直处在发展变化中，更由于不同的国家具体情况不同以及对建筑主要用途认识侧重的不同，所以各国对智能建筑的描述也不尽相同，智能建筑没有一个统一、严格或完整的定义。

美国智能建筑学会(American Intelligent Building Institute, AIBI)将智能建筑定义为：通过优化建筑结构、系统装备、服务和经营四个要素以及其内在联系使其达到最优组合，以获得高效、舒适、便捷的建筑空间。

欧洲智能建筑集团把智能建筑定义为：创造一个使用户发挥最高效率，同时以最低的保养成本，最有效地管理本身资源的建筑环境，智能建筑应提供反应快速、效率高和支持力较强的环境，使能达到迅速实现其业务的目的。

日本智能建筑研究会则从实用本身考虑，认为实现远程通信、办公自动化以及楼宇自动化的建筑就是智能建筑。

在新加坡，规定智能化大厦必须具备三个条件：①先进的自动化控制系统，调节大厦内的各种设施，包括室温、湿度、灯光、保安、消防等，以创造舒适的环境。②良好的通信网络设施，使数据能在层与层之间或大厦内进行流通。③提供足够的对外通信设施。

我国智能建筑专家、清华大学张瑞武教授认为，智能建筑是指利用系统集成

方法，将智能型计算机技术、通信技术、控制技术、多媒体技术和现代建筑艺术有机结合，通过对设备的自动监控，对信息资源的管理，对使用者的信息服务及其建筑环境的优化组合，所获得的投资合理，适合信息技术需要并且具有安全、高效、舒适、便利、灵活特点的现代化建筑物。

我国修订版的国家标准《智能建筑设计标准》（GB/T 50314—2006）对智能建筑定义为"以建筑物为平台，兼备信息设施系统、信息化应用系统、建筑设备管理系统、公共安全系统等，集结构、系统、服务、管理及其优化组合为一体，向人们提供安全、便捷、节能、环保、健康的建筑环境"。这个定义是目前我国最权威的对智能建筑的概念界定。

2. 智能建筑的类型

智能建筑有狭义和广义之分。狭义的智能建筑，仅仅是指智能大厦或楼宇；广义的智能建筑，则是指所有具有智能化设施系统的建筑物或建筑群。更为广义的智能建筑，甚至包括智能城市和智能国家。更具体地说，按照不同的分类标准，智能建筑有不同的划分类型。

（1）按智能建筑用途分类 按照这种标准，智能建筑可以划分为以下类型：

1）智能办公楼。按使用功能重合性分，智能办公楼还可以分为单纯型、商住型及综合型办公楼。

2）智能化商业楼。智能化商业楼是在普通商业楼宇中配置了相应的智能化设备系统，使得商品流通活动更具安全、保密、快速、高效的特点。

3）智能住宅。它通过家庭总线（Home Distribution System, HDS）把家庭内的与信息相关的各种通信设备、家用电器和家庭安保装置都并入网络之中，进行集中或异地的监视控制和家庭事务性管理，并保持这些家庭设施与住宅环境的协调，提供工作、学习、娱乐等各项服务，营造出具有多功能的信息化居住空间，全面提高生活的质量。

4）智能化工业厂房。现代厂房所提供的生产手段是智慧型的，智能化厂房的建筑物内配置了完整的建筑自动化控制系统、信息网络系统、空气品质控制系统、消防和安全防范系统等。

5）智能化公共物业。在非住宅物业中，除了办公楼宇、商业楼宇、工业厂房外，体育、广播以及影视建筑等公共性的建筑物，也已经或正在成为智能建筑。

（2）按智能建筑发展层次分类 按这种标准划分的智能建筑包括以下类型：

1）智能大楼。它主要是指将单栋办公类大楼建成综合智能化大楼，其发展趋势是向系统集成化、管理综合化和多元化以及智能城市化的方向发展，是现代办公和生活的理想场所。

2）智能广场。未来的智能建筑会从单幢转变为成片开发，形成一个位置相

对集中的建筑群体，称之为智能广场(plaza)。而且不再局限于办公类大楼，会向公寓、酒店、商场、医院、学校等建筑领域扩展。智能广场除具备智能大楼的所有功能外，还有系统更大、结构更复杂的特点。

3）智能住宅。智能住宅的发展分为三个层次：首先是家庭电子化(Home Electronics,HE)，其次是住宅自动化(Home Automation,HA)，最后是住宅智能化，美国称其为智慧屋(Wise House,WH)，欧洲称为时髦屋(Smart House,SH)。

4）智能住宅小区。称智能住宅小区的基本智能被定义为："居家生活信息化、小区物业管理智能化、IC 卡通用化"。智能小区建筑物除满足基本生活功能外，还要考虑安全、健康、节能、便利、舒适五大要素，以创造出各种环境(绿色环境、回归自然的环境、多媒体信息共享环境、优秀的人文环境等)，从而使小区智能化有着不同的等级。小区智能化将是一个过程，它将伴随着智能化技术的发展及人们需求的不断增长而增长和完善，表明了可持续发展性应是小区智能化的重要特征。

5）智能城市。在实现智能化住宅和智能化小区后，城市的智能化程度将被进一步强化，出现面貌一新的以信息化为特征的智能城市。智能城市的主要标准首先是通信技术的高度发达，光纤到路边 FTTC(fiber to the curb)、光纤到楼宇 FTTB(fiber to the building)、光纤到办公室 FTTO(fiber to the office)、光纤到小区 FTTZ(fiber to the zone)。其次是计算机的普及和城际网络化。届时，在经历了"统一的连接"、"实时业务的集成"、"完全统一"三个发展阶段后，将出现在网络的诸多方面进行统一的"统一网络"。计算机网络将主宰人们的工作、学习、办公、购物、炒股、休闲等几乎所有领域，电子商务成为时尚。最后是办公作业的无纸化和远程化。

6）智能国家。智能国家是在智能城市的基础上将各城际网络互联成广域网，地域覆盖全国，从而可方便地在全国范围内实现远程作业、远程会议、远程办公。也可通过 Internet 或其他通信手段与全世界沟通，进入真正的信息化社会。

3. 智能建筑的产生与发展

智能建筑作为一种思想早在 20 世纪 70 年代初就被提了出来，最早的智能建筑的构想产生于日本，日本的建筑行业出于节省日常能源开支的目的，首先提出使用定时控制设备控制建筑物内的电力、供水和热能等系统，并在中央计算机的统一管理下，达到最大效率的使用有限的能源的目标。但是受到当时各种技术水平的限制，这个构想无法普遍地在大厦的建筑工程中予以实现，智能建筑还仅仅是一种处于试验阶段的技术构想。

直到 20 世纪 80 年代初期，伴随着国外一些超高层大厦的出现，人们对生活、居住和工作环境都要求越来越高，各种自动化的管理与服务设备被广泛地应用于大楼，各种不同的专业系统，如管理信息系统、消防系统、保安系统、能源

管理系统、监视系统、停车场管理系统等被同时应用于大厦。但因为技术方面的原因，这些系统一直采用各自独立、分布配线的施工方法。这造成弱电配线过多、系统混乱、管理分散、维护困难等种种问题，极大地影响了大楼的正常使用。

而与此同时，计算机技术、智能控制技术和通信技术都有了很大的进步。技术的进步又使人们可以大量地使用计算机，协助完成许多需要大量人力才能完成的工作。在建筑物中也开始大量地使用智能化的控制系统，实现了更充分、更强大的自动化功能，节省了操作人员的人力，提高了工作效率，还能实现各专业系统的集中管理和信息交换，综合地运用和分析各种数据对大厦的运行情况作出正确的判断，并使各专业系统构成一个整体对现场情况及时作出相应反应，这就是智能建筑设计和实现的基础。

一般认为，智能大厦是 20 世纪 80 年代初期才逐渐发展起来的一种新型的建筑物。现在通常都把 1984 年建造的、位于美国康涅狄格州哈特福德市（Hartford）的城市大厦（City Place）看成是世界上第一幢"智能建筑"。美国智能建筑的出现，立刻引起了人们的普遍关注，世界各国的建筑行业纷纷仿效。日本政府也制订了四个层次的发展计划，即智能城市、智能建筑、智能家庭和智能设备。政府积极参与，日本企业对智能大厦的建设更是异乎寻常的热情。日本于 1985 年首先在东京建成了箱崎大厦，随后又建成了大阪世界贸易中心等多栋智能建筑。欧洲国家智能建筑的发展基本上与日本同步启动，智能建筑主要集中在各国的现代化都市。在亚洲的新加坡、首尔、香港、雅加达、吉隆坡和曼谷等中心城市，也陆续建起一批高标准的智能化建筑。

我国台湾和香港的智能大厦起步都很早。台湾的智能大厦在 1989 年竣工最多，1991 年已建成 1300 栋，其中 233 栋具有较高智能化，在台北市密度最高。1992 年制定《智慧型建筑指标与基准》，对智慧型办公大楼用"安全防灾、办公通信、环境基准、电源管道及省人管理"等五项因素作为评估标准，分为"高智慧型、OA-CA 缺乏型、导向型及低智慧型"四类，显示出中国台湾特有的使用和经营管理理念。香港 20 世纪 80 年代建成汇丰银行大厦之后又有立法会大厦、中银大厦等一大批智能建筑，以香港岛皇后大道密度最高。

我国内地地区智能建筑的起步较晚。1986 年将"智能化办公大楼可行性研究"列为国家七五重点攻关课题，并且于 1991 年通过了国家级鉴定。从舆论上拉开了国内首批兴建智能化办公大楼的序幕。接着，上海等地的高等院校和建筑设计研究院招收智能建筑方面的本科生并制定了上海市地方性的"智能建筑设计标准"。1996 年 1 月，在上海召开了国内首届智能建筑研讨会，对智能建筑的发展起到了积极的推动作用。1996 年 2 月，成立了智能建筑技术开发推广中心，有关智能建筑技术与技术政策已分别列入《国家"九五"重大技术项目指南》和《中国建筑技术政策》。2000 年，国家颁布《智能建筑设计标准》（GB/T 50314—2000）。之后，该标准编制组又根据"关于印发《二〇〇四年工程建设国家标准制定、修订计划》通知"（建标函 920043 67 号）的要求，对《智能建筑设计标准》（GB/T 50314—2000）进行了修订，新的标准为《智能建筑设计标准》（GB/T 50314—2006）。新标准共分为 13 章，主要内容是：总则、术语、设计要素、办公建筑、商业建筑、文化建筑、媒体建筑、体育建筑、医院建筑、学校建筑、交通建筑、住宅建筑、通用工业建筑。

国内智能建筑建设始于 1990 年，北京的发展大厦，随后便在全国各地迅速发展，有上海的金茂大厦、北京的恒基中心、新华社办公大楼、青岛的中银大厦、深圳的地王大厦、广州的中信大厦、南京金鹰国际商城等一批具有较高程度的智能大厦。

我国智能建筑发展迅猛，市场潜力巨大。据国外权威机构预测，在 21 世纪，全世界智能大厦的 40% 将兴建在中国的大城市里。我国政府有关部门对建筑智能化的发展比较重视，采取了相应的部署和措施。目前国内智能小区和智能住宅正以不可阻挡的迅猛势头在全国普遍展开，各种档次智能小区与智能住宅正如雨后春笋般兴建。我国的智能建筑主要分为两大类，一类是以公共建筑为主的智能大厦，如办公楼、写字楼、医院、宾馆、饭店、体育场馆、会展中心等；另一类则是以住宅为主的智能化小区。

14. 2　智能建筑的构成及功能

1. 智能建筑的构成

在智能建筑环境内体现智能化功能的是由 SIC（系统集成中心）、GCS（综合布线系统）和 3A 系统（建筑设备自动化系统 BAS、通信自动化系统 CAS 及办公自动化系统 OAS）共五个部分组成的。其总体组成和功能示意图如图 14-1 所示。

图 14-1 智能建筑总体构成示意图中涉及的有关系统简介如下：

（1）建筑设备自动化系统 BAS（Building Automation System，BAS）　BAS 是由中央计算机及各种控制子系统组成的综合性系统，它采用传感技术、计算机和现代通信技术实现建筑物的自动化控制功能，主要有环境设备监控系统和能源设备监控系统。能够对保证大楼运行和办公必备的供配电与照明系统、暖通空调系统、给排水系统、通风、电梯、停车场等系统实施监控。建筑设备自动化系统必须包括以下三个子系统：①建筑物管理子系统。这是对建筑物内所有机电设备完成运行状态监控，报表编制，维护保养以及事故诊断分析的系统。②安全保卫子系统。它包含消防系统（Fire Automation System，FAS）和保安监控系统（Security

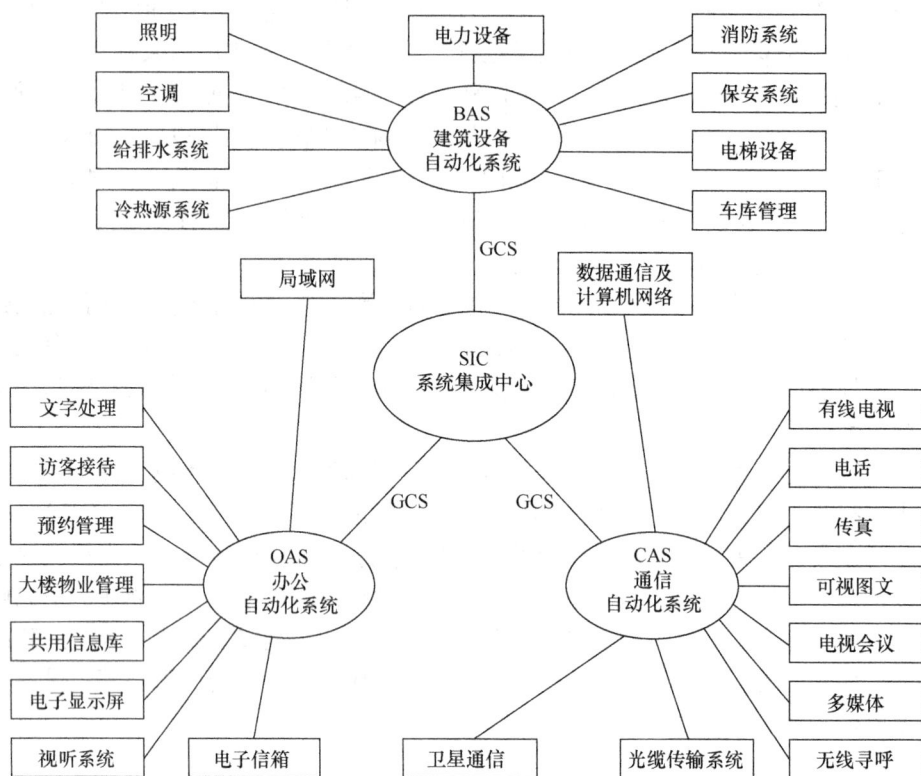

图 14-1　智能建筑总体构成示意图

Automation System,SAS)。智能建筑中，安全保卫系统的重要性越来越受到重视。出入口警卫、防盗、防灾、防火、车库管理、商业秘密等都属安全保卫系统。它采用了身份卡、闭路电视、遥感、传感控制等来实现安全保卫要求。③能源管理子系统。它的任务是在不降低舒适性的前提下，达到节能以降低运行费用的目的。

（2）通信自动化系统 CAS(Communication Automation System,CAS)　CAS 是保证智能建筑内部语音、数据、图像传输的基础，同时与外部通信网(如电话公网、数据网、计算机网、卫星以及广电网)相连，与世界各地互通信息。CAS 包括固定电话通信系统、声讯及视讯通信系统、无线通信系统、卫星通信系统、多媒体通信系统、电视通信系统，由网络结构、网络硬件、网络协议和网络操作系统、网络安全等部分组成。

（3）办公自动化系统 OAS(Office Automation System,OAS)　OAS 可分为通用办公自动化系统和专用办公自动化系统。通用办公自动化系统主要是对建筑物的物业管理营运信息及建筑物内各类公众事务服务和管理。通用办公自动化系统具有以下功能：建筑物的物业管理营运信息、电子账务、电子邮件、信息发布、信息检索、导引、电子会议以及文字处理、文档等的管理。专用办公自动化系统主要是指专业型办公建筑物的专用业务领域的办公系统（如金融、外贸、政府部门等特定环境下专用业务应用系统）。办公自动化模式有：事务型办公系统、管理型办公系统、决策型办公系统。办公自动化模式包括：文字与文件处理流程自动化系统，管理信息系统，决策支持系统，物业管理系统，专业管理系统（酒店、商场、图书馆、停车场/库、银行、证券、期货等），财务与电子转账 POS 系统，以及设备管理系统。

（4）系统集成中心（System Integrated Center, SIC）　该中心具有各个智能化系统信息总汇集和各类信息的综合管理的功能。具体要达到以下三方面要求：①汇集建筑物内外各种信息。接口界面要标准化、规范化，以实现各智能化设备之间的信息交换和通信协议（接口、命令等）。②对建筑物各个智能化系统的综合管理。③对建筑物内各种网络进行管理，必须具备很强的信息处理和数据通信能力。

（5）综合布线系统（General Control System, GCS）　综合布线系统是指一幢建筑物内（或综合性建筑物）或建筑群体中的集成化通用传输系统。它将相同或相似的缆线（如双绞线、同轴电缆或光缆）来连接建筑或建筑群内的语音、数据、图像或监控信号。GCS 是智能建筑连接 3A 系统各种控制信号必备的基础设施，目前已经被智能建筑广泛采用。根据国际标准 ISO 11801 的定义，结构化布线系统可由以下系统组成：工作区子系统、水平布线子系统、垂直布线子系统、管理子系统、设备室子系统以及建筑群连接子系统。综合布线系统克服了传统布线各系统互不关联，施工管理复杂，缺乏统一标准及环境变化适应性和灵活性差等缺点，它采用积木式结构，模块化设计，实施统一标准，完全能满足智能建筑高效、可靠、灵活性强的要求。

2. 智能建筑的功能

与普通建筑相比，智能建筑不仅具有传统的功能，能够提供舒适、安全、高品位的工作、生活空间，还由原来被动、静止的结构转变为具有能动智慧的工具，具备全方位的信息交换功能，可以帮助人们与外部保持畅通的信息交流，优化人们的工作、生活方式，帮助人们有效地安排时间，增强工作、生活的安全性，甚至可以节约各种能源耗费。

根据智能建筑的构成，可以总结出智能建筑至少应具有以下具体功能：

（1）安全服务功能　该项功能是通过防盗报警、出入口控制、闭路电视监视、保安巡更管理、电梯安全与运控、周界防卫、火灾报警、消防、应急照明以及应急呼叫等来实现的。

（2）舒适服务功能　该项功能主要是通过空调通风、供热、给水排水、电

力供应、闭路电视、多媒体音响、智能卡、停车场管理以及体育、娱乐管理等来实现的。

（3）便捷服务功能　该项功能主要是通过办公自动化、通信自动化、计算机网络、结构化综合布线等系统来实现的。

3. 智能建筑的特点与优越性

智能建筑和传统建筑相比具有许多鲜明的特点与优越性，主要表现为：

（1）发展迅速，内涵容量大，各种高新技术和设备不断引入　例如，智能卡、火灾及报警系统、宽带综合业务数字网等。

（2）灵活性大，适应变化能力强　这表现在两个方面：一方面是智能建筑环境具有适应变化的高度灵活性；另一方面是管线架设具有适应变化的能力，可以适应住户更换，使用方式变更，设备位置和性能变动等情况。

（3）能源利用率高，能运行在最经济、最可靠的状态　例如，空调系统采用了焓值控制、最优起停控制、设定值自动控制与多种节能优化控制措施，使大厦能耗大幅度下降，从而获得巨大的经济效益。据统计，在发达国家中，建筑物的耗能占全国总耗能的30%～40%。而在建筑物的耗能中，采暖、空调、通风设备耗能占65%左右，是耗能大户；生活热水占15%；照明、电梯、电视占14%；厨事占6%。智能大楼通过其智能化可以最大限度地减少能耗。同时由于系统属于高度集成，系统操作和管理也高度集中，使人员安排更合理，可以降低人工成本，这是人员利用动态适合需求而带来的经济效益。

（4）提供安全、舒适、能提高工作效率的办公环境　智能大楼中有消防报警自动化系统和保安自动化系统，其所具备的智能化可确保人身安全和财产安全；空调系统能检测出空气中有害污染物的含量并自动消毒，使大楼内充满健康的空气；智能大楼对温度、湿度、照度及空气中含氧量均能自动调节，甚至控制音响和色彩，使楼内人员心情舒畅，从而大大提高工作效率，此即从安全保障上带来的效益和节约。

（5）提供现代化的通信手段和信息服务　在智能大楼中，用户可通过国际直拨电话、电子邮件电视会议、卫星接收、信息检索与统计分析等多种手段，快速获得全球性金融信息、商业情报、科技情报等最新动态，并可借助国际互联网和企业网，及时发布信息以及随时与世界各地的企业进行电子商贸等活动，这是由于信息的收集、传播更及时、更准确而创造的效益。

（6）具备先进与科学的综合管理机制　智能大楼内各类系统同时运行，其管理具有相当的难度。"智能大楼综合管理系统"为各大楼提供了高度集成的实时监控以及全方位的物业管理，先进与科学的大楼综合管理给用户提供了极大的方便，这样更易于采用新技术而带来的新的节约和效益提高。

14.3　智能建筑物业管理概述

1. 物业智能化管理的涵义

一般认为，物业智能化管理是指在物业管理中，运用现代计算机技术、自动控制技术、通信技术等高新技术和相关的设备系统，实现对建筑物及配套设施设备、物业环境、安保以及消防等的自动监控和集中管理，实现对业主信息、报修、收费、综合服务等的计算机网络化管理。通过物业的智能化管理，可以完善业主生活、工作的环境和条件，更加充分地发挥智能物业的价值。

智能化的物业管理是智能物业发展的必然结果与要求。智能物业是物业智能化管理的依托，而物业智能化管理是智能物业正常使用、发挥价值的保障。随着智能物业的建设发展和不断完善，市场上对智能化物业管理的需求也会越来越多和越来越迫切。可以这样认为，未来的智能化物业管理市场将会极为广阔。当然，这同时也对从事传统物业管理的企业提出了有力的挑战：如何尽快转变管理方式、管理手段以及管理经营理念，更为重要的是，如何尽快提高管理服务人员的素质，使其适应计算机技术、自动控制技术以及通信技术的快速发展，无疑是目前物业服务企业需要认真考虑的问题和积极开展的工作。智能化物业管理是物业管理行业具有知识经济特征的集中体现，可以说，智能化物业管理是一种知识型管理。

智能化物业管理的目的主要是保证智能物业的各个系统运行顺畅，就是充分发挥建筑物中央控制室的总调度、联系、协调、控制等作用，监控智能物业各系统的运行状况，确保出现异常情况时能及时处理。

在智能建筑物业管理工作中，应十分重视先进维修设备的应用，要由过去主要依靠个人技能发展到依靠先进技术、先进设备与高效的管理，以提高物业管理的生产率和服务质量与水平。过去，由于缺乏智能设备设施系统和现代化的管理技术，使得建筑物的经济价值很难完全体现。例如，过去因为没有计算机网络，很多饭店难以找到更多合适的旅客，而旅客因为缺少更便捷的渠道，也往往很难找到合适的旅店。虽然大厦有自己的管理机构与各类专业管理人员，但物业管理的效率却不理想。智能建筑发展后，物业管理的效率与水平得到了很大的提高，有效缩短了投资回收期，大大地提高了物业管理的经济效益。

2. 物业智能化管理的特征

智能物业管理就是应用现代高科技的主流技术，即信息与网络科技和自动化技术，将建筑智能化系统和计算机物业管理系统集成于自动化监控和综合信息服务平台上，实现具有集成性、交互性、动态性的智能化物业管理模式。为大厦和住宅小区的使用者与住户提供高效率和全方位的服务，以及低成本的管理服务

费用。

智能物业由于采用了高度的自动化装备和先进的信息通信与处理设备，能全面获取物业的环境、人流、业务、财务及设备运行状况等信息。因此，建筑物的智能化就意味着建筑物具有以下几方面的能力：对环境和使用功能的变化具有感知能力；传递、处理感知信号或信息的能力；综合分析、判断的能力；作出决定、发出指令信息、提供动作响应的能力。

智能化物业的上述能力，使得智能建筑物业管理体现出与传统物业管理不同的特征：

（1）各种智能化设备系统的自动监控和集中远程管理　传统的设备管理，如设备运行状况监测，只能靠人工现场巡查、看护，而实行智能化管理只需在中央监控室便可了解各种设备的运行状况、调节设备的运行，并可根据设备自动报警信号显示故障区，迅速启用备用设备线路或及时到位抢修，确保大厦设备的正常运行。同时还可根据自动记录下来的设备状况信息自动安排维护、检修周期、计算机显示等。这种集中远程自动监控管理，极大地提高了设备的管理维护效率，确保了物业的正常使用和良好环境。

（2）保安、消防、停车管理高度自动化　保安、消防、停车管理均是物业管理的重要内容，往往须占用大量人力。智能化的物业管理系统可以实现保安、消防自动监控，减少大量一线巡视人员。如保安方面，可以用电视监控系统监控智能建筑的大堂、电梯、楼梯、走廊、停车场等重要部位，用红外探测系统探测有无非法越界进入物业区域的现象，并向中心监控室报警，用电子巡更系统记录保安巡视情况，门禁系统自动识别来人有无进入资格；消防方面，全套探测报警设备可以自动探测有无火灾苗头，自动报警，显示异常部位，管理人员可在中心监控室切断相关部位电源，启动防火灭火设备，指挥人员及时到位灭火救险；停车管理方面，智能化的停车收费系统可以通过感应车头标签自动识别月保还是临保车辆，自动计时，收费放行。

（3）三表自动计量，各种收费一卡通　智能抄表系统可以免去人工挨家挨户上门抄表的烦琐，实现多表数据自动采集、传输、计费，配以一卡通系统又可以免去管理人员上门收费或用户到指定地点交费的不便，住户只需手持一卡便可通过刷卡交费(包括物业服务费)。

（4）管理服务网络化、信息化　完善的计算机网络系统配置，使得物业管理服务与被服务双方的信息交互沟通更加便捷。物业服务企业可以快速查、记用户网上提出的服务要求与投诉，及时给予答复；可以网上发布通知、公告，催交费用，催办有关事项，征集管理意见、建议，组织网上文娱活动等。这种物业信息化管理程度的提高，无疑会改变传统的管理服务方式，促进服务效率的提高。

（5）物业管理信息系统的应用　物业管理信息系统是能对物业管理各种事务进行信息收集、存储、加工、传递等处理、维护与利用，反映物业服务企业运行状况，辅助企业决策，促进企业实现规划目标，提高管理效率与质量的计算机应用系统。它是专用于物业服务企业处理物业管理各种事务的专业管理信息系统，包括一整套的计算机硬件设备和基础应用软件与物业管理事务处理专用软件。

3. 智能建筑物业管理的重点

智能化系统物业管理的核心是保持智能化系统长期、持续地运行，使之在智能建筑物业管理的精细化运行中发挥效益。由于智能化系统具有以电子技术为主的特点，使得智能化系统的物业管理工作产生了三方面的重点转移：

1）在系统与设备的维护管理方面，要求从以往的定性检查深入到对系统每个零部件物理层的定量检测。例如，从电源的通断转移到供配电系统的电压、频率的质量与稳定性的检测，对设备、线路、接点的老化与漂移的检测等。这些都是传统建筑物业管理中没有深入的工作层面。

2）智能系统的物业管理需要更多的相关环境条件的保证。智能建筑的物业管理就应当上升到大系统的层面来考虑管理问题。例如，建筑的防水、防尘、防潮性能都会影响到智能化系统的运行精度和正常工作。建筑材料的防静电性能和措施、防泄漏屏蔽、周界干扰，也会关系到智能化系统的安全。外界供能的顺畅更是决定了智能化系统的运行质量和方式。为了防止智能化系统受损，对防雷措施的类型与全面性则要求更加严格。

3）智能化系统在突出信息作用的同时，也带来了信息资源的安全保护问题。因此，还要防止隐性信息的不正常或非法流传。因此，智能化系统物业管理特别需要严格内部人员的管理和信息资源的合法性管理。诸如通信传输方面，既要保证传输线路、载体的正常完好，又要采取口令、密码、多重复核等技术进行监视，制止非法入侵、窃听窥视和非法复制等信息资源的损坏或流失。

本　章　小　结

智能建筑是以建筑物为平台，兼备信息设施系统、信息化应用系统、建筑设备管理系统、公共安全系统等，集结构、系统、服务、管理及其优化组合为一体，向人们提供安全、便捷、节能、环保、健康的建筑环境。智能建筑有不同的划分类型，它的产生与发展有一个过程，未来随着智能建筑的发展，智能建筑物业管理市场前景广阔。

在智能建筑环境内体现智能化功能的是由 SIC，GCS 和 3A 系统共五个部分组成的。这五个部分也反映了智能建筑的功能、特点和优越性。

智能物业由于采用了高度的自动化装备和先进的信息通信与处理设备，使得

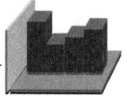

智能建筑物业管理体现出与传统物业管理不同的五大特征，也使得智能建筑物业管理有与传统物业管理不同的三大重点。

复习思考题

1. 简述智能建筑的概念与类型。
2. 简述智能建筑的构成与功能。
3. 智能建筑有哪些特点及优越性？
4. 物业智能化管理有什么特征？
5. 简述智能建筑物业管理的三大重点。

第 15 章

智能大厦的智能化物业管理

15

[内容提要]

目前，我国已经建设了不少智能大厦。认识智能大厦并搞好智能大厦物业管理，已成为业界人士普遍关注的问题。为此，本章介绍智能大厦的概念、类型与特点、智能大厦物业管理的基本内容、要求及关键工作，还特别介绍智能大厦的物业管理信息系统等内容。

15.1 智能大厦的类型与特点

1. 智能大厦的概念

智能大厦(IB)自产生以来，一直没有一个严格完整的概念。为了规范和统一智能大厦的概念，促进智能大厦的建设和发展，1990 年，第一个世界性的智能大厦协会"世界智能建筑协会"在美国华盛顿成立。成立大会上也同时提出了一个对智能大厦的综合性的定义："通过对建筑物的四个基本要素，即结构(建筑环境结构)、系统(智能化系统)、服务(用户需求服务)、管理(物业运行管理)以及它们之间的内在联系，以最优化的设计，来提供一个投资合理同时又拥有高效率的优雅舒适、便利快捷、高度安全的环境空间。"这个定义也是目前国际上比较流行和通用的"智能大厦"的概念。需要说明的是，智能大厦只是智能建筑的一种特殊类型，智能大厦通常都是单体建筑或者是智能建筑综合体。

近年来，我国的智能大厦发展也很快，特别是沿海地区已有许多幢智能大厦相继开工或建成。我国具有代表性的智能大厦大致有：北京的恒基中心、新华社办公大楼、中化大厦，上海的中电大厦、智慧广场、银冠大厦、证券大厦，广州的中天大厦、国际大厦、世界贸易中心大厦，济南的山东省商业大厦，沈阳的新北站综合中心等。

随着经济发展和技术进步的加快，我国已具备越来越雄厚的技术和资金力量，一些城市已经建立了专门的智能大厦研究机构，一些计算机软件企业也已经

编写了不少适合我国智能大厦管理要求的计算机管理软件包,并在不断升级。所有这些,都为最终形成我国自己的智能大厦产业,走出一条具有中国特色的智能大厦建设道路创造条件。

2. 智能大厦的不同类型

通常,按照智能大厦的标准,比较普遍划分方法是把智能大厦划分为"3A"或"5A"。"3A"是指楼宇自动化(BA)、通信自动化(CA)和办公自动化(OA)。"5A"是在"3A"的楼宇自动化中分解出安保自动化(SA)和消防自动化(FA)。

如果按照智能大厦的不同用途,可以把智能大厦划分为以下主要类型:

(1) 办公型智能大厦 它是指由一家或几家单位独立建造并使用的智能大厦,例如,日本 NEC 公司的办公大厦等。使用办公型智能大厦的一般都是相当有实力的大型集团公司或跨国公司、重要的政府机关或大银行等,对大厦智能化系统的要求很高,而且往往可以提出非常全面和具体的要求。

(2) 商业型智能大厦 它是指那些专门用做商业目的的大型商厦。多数是一些巨型的综合百货商场。使用商业型智能大厦的一般都是相当有实力的大型商业集团公司。商业型智能大厦的设计目标通常以改善购物环境、增加商业利润和加强商场管理为目标。

(3) 生产型智能大厦 它指的是专用于生产活动的智能化建筑,包括生产厂房、车间、仓库、设计室、办公房、码头等,其典型的实例是国外的众多现代化工厂。使用生产型智能大厦的并不一定都是有实力的大型企业,一些中小规模的现代化企业,甚至从事一些生产辅助性工作(如能源、运输等)的企业都有可能使用该类大厦。

(4) 金融交易型智能大厦 它是指那些执行金融、期货、证券和房地产交易职能的智能大厦。这些智能大厦中通信和信息服务是压倒一切的要求。作为通信的两个方面,综合通信系统担负外部通信的职能,结构化布线系统和计算机网络系统担负内部通信的职能,在金融交易型智能大厦中均是首要考虑的内容。

(5) 信息中心型智能大厦 它是指专门为存储信息、交换信息和其他信息服务工作而建造的智能大厦,典型的包括现代化图书馆、网络信息服务中心和科研机构的专用信息中心等,在这些智能大厦中最重要的内容是计算机网络系统、信息管理系统和多媒体通信系统。

(6) 娱乐用途型智能大厦 它是指那些安装了智能化系统的娱乐场所,包括现代化游乐园、娱乐总会等。在娱乐场所中,一般都有一些声光、电的控制系统,这都需要专业公司进行特殊的设计和施工。

3. 智能大厦的特点

作为智能大厦,通常具有以下特点和优点:

(1) 智能大厦的建筑设计一般都遵循都市化、生活化和媒体化的三项原

则　都市化是指智能大厦周围的基础设施齐全，都市功能完备；生活化是指室内设计体现出家庭式的氛围，使用户有亲近感，以提高工作效率；媒体化是指大厦是宣传企业形象的空间媒体。

（2）智能大厦是建筑与其他高新技术统一的系统工程　智能大厦通过对建筑结构、建筑设备、建筑服务、建筑管理的优化形成了一个有机的综合环境。对建筑结构和建筑设备的设计、采购、规划、布置进行最优化的组合，使各硬件之间的使用和功能保持协调一致，建筑服务和建筑管理必须充分考虑现有建筑结构和建筑设备的各种性能和特点，进行规范化管理。建筑结构、建筑设备通过建筑服务、建筑管理相互结合、相互影响和相互依存。

（3）智能大厦能够自动节能　一座商厦的空调和照明系统的能耗占大厦总能耗的比例是较大的。而智能大厦能够在满足使用者对环境要求的前提下，自动借助其智能系统，尽可能地利用自然光和大气热量（或冷量）以调节室内环境，最大限度地减少能源消耗。按照确定的程序，精确地区分"工作"与"非工作"时间，保证上班时与下班后不同的室内照度、温度、湿度控制标准，是智能大厦的基本功能。

（4）智能大厦提供了最现代化的楼宇使用功能　智能大厦运用了现代各种最新技术，如多媒体、ATM、基带和宽带通信、视频、图像处理、高速数据传送，以及卫星通信、可视电话等现代通信手段，为用户提供了高度共享的信息资源，使用户在大厦内能方便地处理各种事务，联络全世界，从而提高了用户的工作效率和生活质量。

（5）智能大厦极大地简便了楼宇的管理　智能大厦的楼宇自动化、办公自动化和通信自动化，使管理人员能够在一个控制室内，甚至在一台计算机上全面监控大厦内的各种设备设施，可以随时掌握大厦内各种设备设施的运行情况，并可及时排除设备设施故障，节省大量的巡视检查和故障查找时间。这样，也可以减少员工数量，降低管理的人工成本。

15.2　智能大厦物业管理的内容与要求

1. 智能大厦物业管理的基本内容

一般而言，智能大厦物业管理一般是指由专门的机构和人员，依照合同和契约，在智能大厦集成管理系统（Intelligent Building Management System，IBMS）综合管理平台的支持下，采用先进和科学的方法与手段，对已竣工验收并投入使用的大厦建筑、附属配套设施、设备资产及场地以经营的方式进行管理。同时对大厦建筑的环境、清洁绿化、安全保卫、租赁业务、机电设备运行维护实施一体化的专业管理，并向大厦的使用者和承租户提供高效和完善的优质服务。智能大厦的

物业管理将有效地实施对大厦的设施和场地的管理，充分发挥大厦物业的使用价值，并使物业保值、增值。由此可见，智能大厦物业管理和一般物业管理概念的不同之处，就在于它是在智能大厦集成管理系统(IBMS)综合平台的支持下进行的，具有明显的智能性。

智能大厦物业管理的内容不仅包括传统物业管理的内容，即房屋管理、清洁绿化、安全保卫、设备运行和维护等，也增加了新的管理内容，如固定资产管理及租赁业务管理等，同时也赋予了房屋管理、安全保卫、设备运行和维护等新的管理内容和方式。

日常事务管理。智能大厦日常事务管理实质上是属于大厦办公自动化事务处理的一部分，其主要工作是对有关日常管理文件的自登录生成、流程控制、事务处理与查询以及统计直到办结归存的全面管理。

固定资产管理。智能大厦的固定资产管理是物业管理的重要内容，是指用于库存物资及大厦固定资产的有效管理与追踪，建立固定资产管理数据库、登记固定资产的产权、价值、折旧、保险、状况等资料，并建立关系数据库，记录出入库记录、设备完好率状况、放置位置、专职保管员，通过数据的统计和整理，有效地跟踪和管理设备和库存物质资源。

租赁业务管理。其主要工作内容是管理大厦内租赁面积的出租和使用情况，以及承租户的资料，建立租赁业务管理数据库，登录相关各种费用的统计和汇总、承租户使用年限，并与智能大厦相关系统相结合，实施水、电、暖等费用及管理费的核算和收缴。

租房事务管理。其主要工作内容是受理承租户的咨询与投诉，收集大厦与物业管理的相关信息，向物业管理的高层人员提供决策参考依据。

由于智能大厦的自身特点，智能大厦物业管理的重点内容应该是高科技结晶的现代化物业建筑设备设施的管理。因为只有搞好物业建筑设备设施的管理，智能大厦才具有发挥作用的基础和条件。

2. 智能大厦物业管理的基本要求

智能大厦物业管理和普通大厦一样，应满足以下几个基本要求：

（1）必须切实做好消防安全和治安保卫工作 大厦的设备管线一般都比较复杂，各种管线中电线、电缆线、燃气管道等的任何泄露或设备维修中产生的火花以及设备老化、过载等隐患，都有可能酿成严重的火灾事故。另外，大厦的工作单位通常比较多，人员进出往来频繁，人、财、物相对集中。一旦发生火灾事故或治安问题，都将造成较大损失。所以，大厦物业管理既要搞好消防工作，也要做好治安保卫工作。

（2）要充分保证电梯的安全运行和水、电、暖、气等的供应 电梯的安全运行体现了物业管理的水平，反映了物业服务企业的形象。更重要的是，它直接

影响着智能大厦的正常使用与运行，关系到客户的工作效率高低及是否受到精神损害与生命威胁。因此，必须保证智能大厦电梯的安全运行。同时，大厦的水、电、暖、气等的供应也同样非常重要。任何一项不能保证，都会影响到客户的正常工作。尤其是缺少电，可能让客户的工作几乎无法开展。所以，充分保证大厦内的水、电、暖、气等的供应，特别是电力的供应，保证通信的畅通无阻是高层大厦对物业管理的一项基本要求。

（3）要注意保持大厦优美、舒适、和谐的环境　一方面，客户选择大厦及对大厦物业管理水平的考察，除了地理位置、价位等因素外，更重要的是看大厦的环境如何；另一方面，优美、舒适、和谐的环境也能促进客户保持精神和身体的良好状态，以便提高工作效率。所以，搞好大厦物业管理，为客户，也为自己提供一个优美、舒适、和谐的环境，势在必行。

智能大厦毕竟与普通大厦不同。实施智能大厦物业管理还应满足以下特殊要求：

（1）保护好智能化的设备设施　智能化的设备设施是智能大厦使用和运行的基本条件，也是最为关键的前提。如果重要的设备设施出了问题，大厦就难以正常运转，还可能影响到客户的生命和财产的安全。尤其会影响到客户的商品交易活动，让客户蒙受巨大的损失。所以，物业服务企业一定要把保护好智能化的设备设施作为一项重要的工作认真做好。

（2）配备高素质的物业管理人才　智能化的设备设施需要高素质的管理人才来操作和管理，同时智能大厦高水平的管理与服务也需要高素质的管理人才来创造和提供。也就是说，智能大厦物业管理应该是与高素质的物业管理人才联系在一起的。没有高素质的物业管理人才，就不可能真正搞好智能大厦的物业管理。

（3）充分发挥智能大厦管理系统（IBMS）综合管理能力的优势　智能大厦物业管理与传统物业管理在管理模式上的最大区别，就是智能大厦物业管理借助于自身 IBMS 的综合管理功能，使智能大厦物业管理模式与智能大厦 IBMS 的综合管理模式相适应、相互配合，通过 IBMS 对物业管理的支持，加强和促进智能大厦物业管理的先进性和全面性。所以，开展大型智能大厦的管理，必须充分发挥智能管理系统（IBMS）综合管理能力的优势。

3. 智能大厦物业管理的关键工作

智能建筑于 20 世纪 90 年代才在我国起步，但是却发展迅猛，而且技术更新周期越来越短，又涉及多个学科和多个管理部门，因此相对于智能技术的发展，相应的管理已远远落后了。考虑到智能大厦的特殊性，物业服务企业必须注意做好以下关键工作：

（1）做好智能大厦的早期介入和前期管理工作　目前，由于智能建筑施工

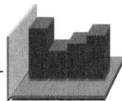

质量粗劣而导致性能不达标的问题时有发生，由于对智能建筑的3A系统、系统集成中心以及综合布线系统不熟悉而带来管理失误的情况也不少见。为了搞好智能大厦的物业管理，物业服务企业必须在智能大厦开发建设的设计阶段就介入，从物业建成后的智能大厦正常运行和后续物业管理的角度考虑问题，及时向开发建设单位提出有利于使用及今后物业管理的规划建议，监督工程的施工，参与工程的竣工验收等工作。这样不但可以完善智能大厦的使用功能，严肃监理施工质量，还可以为以后的物业验收接管以及智能大厦的良好物业管理打下基础。

（2）加强对物业管理人员和业主使用人的细致培训工作　智能大厦涉及3A系统、系统集成中心以及综合布线系统。掌握先进的智能建筑的智能系统的运行、使用以及维护管理技能，不是一天两天的事情。如果不熟悉这方面的基本知识与技能，不仅因为不会使用智能系统而影响正常的工作，而且也会影响到智能大厦的正常运行。甚至会出现一些事故，带来业主使用人的人身和财产损失。因此，作为物业服务企业，必须加强培训，包括对业主的短期培训和对从业人员的专业培训，特别是智能化系统维护管理人员的培训培养工作。

（3）提高智能大厦物业管理与服务水平　目前，智能大厦物业管理还存在一些不规范运作的问题，其原因是多方面的。从物业服务企业自身来分析，突出的问题是只注重收支平衡测算，有的企业由于管理智能建筑的经验不足，往往发生减员、一员多岗以及延长智能化系统的维护周期等措施来填补空洞。智能大厦物业管理较普通小区物业管理的收入要高，但它的支出相对也高。为了保证企业的经济效益和预期的盈利目标，物业服务企业只有自己深挖潜力，提高自身的管理水平和管理技能，充分显示知识管理的实质内涵。

（4）加强设备设施寿命周期和设备更新改造管理　智能建筑的智能设备设施是智能大厦的基础。智能大厦的设备设施有其寿命周期。设备的寿命是指设备从开始使用到淘汰的整个过程。设备的寿命可分为自然寿命（或物质寿命）、技术寿命和经济寿命三种情况。通过对设备寿命周期的经济分析和有效管理，不但可以减少设备的维护费用、避免事故的发生，而且也可以提高智能大厦的物业管理效率和水平。设备更新改造是与设备寿命周期相联系的另一个概念。当设备使用到一定时间以后，继续进行大修理已无法补偿其有形磨损和无形磨损，虽然经过修理仍能维持运行，但很不经济。解决这个问题的途径就是进行设备的更新和改造。设备更新和改造的最佳时间是设备的经济寿命终了或最佳更新周期来临。设备的经济寿命或最佳更新周期可以用最大收益法、劣化数值法、最小年均费用法以及折现法等方法求得。掌握好设备更新改造的最好时机，同样可以减少费用和提高管理维护的效率水平。

15.3　智能大厦物业管理信息系统

1. 智能大厦集成管理系统

智能大厦集成管理系统(IBMS)是指通过计算机网络和控制网络技术,把构成智能建筑的各主要子系统(例如:楼宇自动化系统、办公自动化系统、通信与网络系统)中的各个分离的设备、功能和信息等,以大厦的智能管理为目标进行的大厦级、广义的系统集成,使该资源达到充分的信息共享,实现真正意义的统一、实用、高效、便利、可靠、低耗等目的。

IBMS 与 BMS 是不同层次上的两个概念,BMS 是在 BAS 的基础上集成了保安、防火而形成的。IBMS 是在 BMS 的基础上更进一步与通信网络系统、信息网络系统实现更高一层的建筑集成管理系统。如果说 BMS 是建立在 3A 集成基础上的,那么 IBMS 就是建立在 5A 集成之上的更高层次的又一系统集成。这类集成一般由三部分组成:具有 Web 功能的集成化监视平台、监控服务器和协议转换网关。而且它又是一个强大的开发平台可以建立相对固定又比较复杂的应用系统,可与企业的资源计划系统 ERP 集成的应用系统,完成管理控制一体化工作。

IBMS 把各种子系统集成为一个“有机”的统一系统,其接口界面标准化、规范化,完成各子系统的信息交换和通信协议转换,实现五个方面的功能集成:所有子系统信息的集成和综合管理,对所有子系统的集中监视和控制,全局事件的管理,流程自动化管理。最终实现集中监视控制与综合管理的功能。

IBMS 系统经历了从子系统集成到分系统、设备管理集成、信息管理集成等几个发展阶段,“智能”、“集成”、Internet 等概念近年来得到不断强化。目前,智能大厦采用集成管理系统已越来越被开发商和物业管理者所重视。集成管理系统的应用,已给开发商提供了良好的商机,在提高物业管理水平,提供优质服务方面呈现出不可低估的实绩。高新技术的日新月异,给智能大厦的建设注入了新的活力,原来单一、独立的智能化系统已发展成多个单一系统整合为信息共享、控制自如的集成管理系统,建筑物进入了一个崭新的世界。

2. 智能大厦物业管理信息系统

智能大厦物业管理信息系统是一个由物业管理人员和计算机等组成的、能进行智能大厦管理与服务信息的收集、传递、存储、加工、维护和使用的完整的软硬件系统。它能及时反映智能大厦物业及其管理的运行状况,并具有预测、控制和辅助决策的作用,可以帮助物业服务企业快捷、高效地实现智能大厦的管理服务目标。通常,一个智能化写字楼的物业管理信息系统应主要包括以下八大基本功能:

1) 入伙管理功能。根据业主或租户提供的售楼通知单或租赁通知单等资料

建立业主或租户档案，并能对该档案进行相关处理，如增加、删除、查询、统计、打印等。

2）装修管理功能。业主或租户提交的装修资料，如装修图，装修合同、装修负责人、联系电话等，以及装修过程中的违章装修情况，如违章类别、罚款金额等都将存入装修档案。物业管理人员根据该档案，能方便地实施装修管理。

3）收费管理功能。根据大厦实际情况定义收费项目和标准，产生收费标准档案。然后根据用户的实际情况计算应收费用金额。收费情况计入收费档案，据此可生成每月的收费报表。

4）投诉管理功能。能对来自不同渠道的投诉进行分类，并转至相应的部门处理。投诉情况和处理结果要计入投诉档案。根据投诉档案可产生投诉情况的统计、分析报表。

5）设备管理功能。把设备的相关资料分别存入设备档案、设备维修档案及设备运行档案。并据此进行设备管理。

6）文件管理功能。能对国家物业管理方面的法律法规、大厦物业管理规章制度以及特殊用户制作的文件进行管理。具有对上述文件进行制作、修改、查询、打印，发送等功能。

7）绿化与清洁管理功能。能将绿化与清洁的有关信息存入档案，并进行管理。

8）消防管理功能。通过消防设备档案和消防管理档案，及时对消防情况进行处理，杜绝和减少消防事故的发生。

上述八大功能只是一个智能大厦物业管理信息系统的基本功能，要搞好智能大厦的物业管理工作，仅有这些功能是远远不够的，它还需要进一步的对大楼的供热、空调、供水、电气、电梯、灯光、音乐、应急、防火、防盗、监控、闭路电视、电话传真、计算机通信、购物、保健等整套设施实现全面的自动监测和控制，即采用智能化的管理信息系统来提高智能大厦的管理和服务水平。

3. 智能大厦物业管理信息系统软件简介

目前，计算机技术发展很快，很多计算机公司，如清华同方、康德信息科技发展有限公司、新加坡宝路新科技股份有限公司、华族软件公司等都开发了大厦物业管理信息系统软件。

"宝路智能建筑物业管理系统"是比较有代表性的智能大厦物业管理软件之一。它是由新加坡宝路新科技股份有限公司在原"物业通"和"网络化智能建筑物业管理系统 IBMS"软件平台的基础上研究开发的版本。该系统通过服务器和浏览器技术来实现整个网络上综合物业管理信息的交互、综合和共享，实现统一的人机界面和跨平台的数据库访问。因此可以真正做到局域和远程物业管理的实时监控、数据资源的综合共享以及建筑物内住户通过局域网实现物业管理信

息的查询和物业报修与投诉的提交。该系统软件将传统静态的物业管理模式，提升为动态与交互式的物业管理模式。改变了以往物业管理数据与资料人工填表式的录入方式，实现系统集成物业管理综合数据库自动生成的目标。大大地提高了建筑物物业管理的效率和现代化，同时也降低了物业管理的运作费用。

"方圆物业管理信息系统"也是一个有代表性的物业管理信息系统。该系统是由西安康德信息科技发展有限公司开发的一款软件，该软件考虑了大厦物业管理的几乎所有问题，并设计相应的版块予以解决。方圆物业管理信息系统软件的功能模块包括：大厦空间信息管理、客户信息管理、租售管理、收费管理、保安消防管理、保洁环卫管理、停车场管理、客户服务管理、采购库存管理、办公管理、人事管理子系统、工程设备管理、商务中心、决策支持系统、系统维护管理系统以及楼宇自控系统、门禁考勤系统、停车场管理系统、通信管理系统、智能监控系统、安全防护系统、巡查管理系统等的集中后台控制和管理。

此外，还有其他一些物业管理信息系统软件，例如，思源物业管理系统、索福特物业管理信息系统、开元物业管理系统、明科物业通等。今后，智能大厦物业管理信息系统的开发、发展会越来越快，其功能将会越来越齐全。与此相适应，智能大厦物业管理的智能化程度也将越来越高。

本 章 小 结

智能大厦是智能建筑的一种。智能大厦也有不同的类型，但其都有共同的特点和优点。根据智能大厦的特点，做好智能大厦的物业管理工作，需要注意其基本内容和基本要求。在此基础上，特别需要注意智能大厦物业管理的关键工作。

目前，智能大厦集成管理系统已经得到普遍认可与应用。通过该集成系统实现物业管理的功能，正是智能大厦物业管理信息系统的设计目标。现在，已经有越来越多、越来越成熟和具有越来越完善功能的智能大厦物业管理信息系统软件被开发和应用。未来，智能大厦物业管理的智能化程度将会越来越高。

复习思考题

1. 智能大厦有哪些类型和特点？
2. 简述智能大厦物业管理的基本内容。
3. 简述智能大厦物业管理的基本要求。
4. 简述智能大厦物业管理的关键工作。
5. 智能大厦物业管理信息系统通常具有哪些基本功能？

第16章

智能住宅小区的智能化管理

16

[内容提要]

　　智能住宅小区是近年来产生并迅速崛起的一种新型智能建筑。它的产生既提高了市民的生活舒适度，也为物业管理提出了一个新课题。本章在介绍智能住宅小区的概念、特点及其产生发展历程，以及智能住宅小区的智能化系统的基础上，重点介绍智能住宅小区物业管理的内容、特点及注意事项。

16.1　智能住宅与智能住宅小区概述

1. 智能住宅与智能住宅小区的概念

　　智能住宅小区是近年来产生并迅速崛起的一种新型住宅群，它将建筑艺术、生活理念与信息技术相结合，为小区住户提供安全、舒适、方便、快捷的居家环境和开放的智能化、信息化生活空间。智能住宅小区的出现是科学技术和经济水平的综合体现，它已经成为衡量一个国家、地区或城市现代化水平的重要标准之一。虽然我国的智能化小区起步较晚，但近几年来发展速度很快，住房和城乡建设部也已推出住宅智能化的试点，这无疑对我国住宅科技及智能化发展起到了积极的推动作用，同时也给物业管理提出了更高的要求，并增加了新的发展机会。

　　在我国，目前虽然关于智能化小区的定义有不少，但还没有一个完善的智能化小区的定义。2001年，国家住房和城乡建设部住宅产业化促进中心提出一个关于智能化小区的基本概念："住宅小区智能化是利用4C(即计算机、通信与网络、自控和IC卡)，通过有效的传输网络，将多元的信息服务与管理、物业管理与安防、住宅智能化集成，为住宅小区的服务与管理提供高技术的智能化手段，以期实现快捷、高效的超值服务与管理，提供安全舒适的家居环境"。这仅仅是现阶段关于智能化小区的一个基本概念，随着新技术、新成果的产生和应用以及我国人民住宅状况的发展变化，智能化小区的内涵也会有相应的变化。

2. 智能住宅与智能住宅小区的特点

尽管现在还难以给智能住宅小区作出确切的定义，但是无论是国外还是国内被称为智能化的住宅与住宅小区都具有以下一些明显的共同特征：

（1）高科技性　智能小区是利用各种高科技手段，全面改善人们的生活环境、生活方式和生活内容的新型住宅社区。住宅内部具备完善的、综合安保防灾措施与生活服务的智能控制器，住宅小区之间具有高度的信息交互能力。

（2）动态性，也称时间性　由于智能化小区是信息技术在住宅建筑中的应用，随着信息技术的发展，智能小区的功能不断丰富。住房和城乡建设部曾把我国住宅分为四种类型：安置型、实用型、舒适型和豪华型。《居住小区智能化系统建设要点与技术导则》按不同的功能设定、技术含量、经济投入等因素综合考虑，把我国的住宅小区划分为一星级（符号★）、二星级（符号★★）、三星级（符号★★★）三种类型。随着时代的发展和技术的进步，智能住宅小区的等级划分标准会不断变化，住宅小区的智能化程度也会越来越高。

（3）物业管理的智能化　住宅小区物业管理智能化是指在住宅小区物业管理中以现代技术创新和科学管理为宗旨，运用现代化管理手段，使物业的硬件与软件管理走向科学化、制度化与规范化管理的活动过程。

（4）生活空间舒适、安全、便捷　智能化住宅小区利用智能化系统来实现小区的安全管理和控制，使居民享有充分的安全感。居住环境不仅仅包括空调通风、供热、给排水、供电、有线电视等传统范围，具备便捷和快速的信息交流、自动化物业管理（如三表远传）、园区背景音乐、智能卡系统、停车场管理与娱乐管理系统等，为小区的居民带来生活的便捷。

总之，智能住宅小区综合运用了计算机技术、通信技术和控制技术，是由家庭智能控制系统、通信接入网、小区安全防范系统、小区物业管理服务系统和小区综合信息服务系统支持实现的。

3. 智能住宅与智能住宅小区的兴起与发展

智能住宅和智能住宅小区是随着 20 世纪 80 年代计算机技术的高速发展以及互联网的普及而产生和发展的。早在 1979 年，美国的斯坦福研究所就提出了在建筑物内将家用电器、电气设备的控制线统一为家庭总线（Homebus）的概念，而后又成立了现代住宅专题研究会与消费者电子总线（CEBUS）研究会，专门从事这一领域的研究。1984 年美国住宅建设者协会（NAHB）成立了现代住宅开发公司，1989 年推出了将电力供应、空调控制与数据通信合为一体的布线系统示范单元。智能住宅在当时的美国被称为智慧屋（Wise House, WH），在欧洲称为时髦屋（Smart Home, SH）。

20 世纪 80 年代初，日本就开始大力推进家庭电子化（HE），20 世纪 80 年代中期，把家用电器、通信设备、防灾安保设备的功能综合后，产生了家宅自动化

（Home Automation,HA）的设想。接着就成立了家庭总线（Home Bus System）HBS 研究会，从事家庭内信息通信网的标准化。1986 年成立了 HBS 标准委员会，1988 年 8 月又成立了住宅信息化促进会，开展与产业界合作的 HBS 普及活动。1989 年开始，日本相继建成了不同程度和水准的智能小区。1990 年左右，日本在幕张建立了一个高水平示范性的智能住宅区。

我国是 20 世纪 80 年代末期引入智能住宅和智能住宅小区的概念的。国内第一个建成由计算机网络覆盖的住宅小区是江苏无锡蠡湖泰德新城，它在实现了住宅园林化的同时，还实现了住宅智能化。泰德新城着眼于 21 世纪社区功能和居民工作、生活方式和性质的改革，提出并实施了社区多媒体公益网，资源共享，并可连接国内外大型网络，建筑物之间由高速网络线路相连，并辐射至每个房间，可向社会提供图文电视、有线电视、卫星通信、金融电子、公用数据交换等多种信息服务。目前，深圳、上海、北京、无锡等不少城市都建有不同智能程度的智能住宅小区。如深圳的中央花园、梅林一村、居雅苑、天威花园；北京的万兴苑、万泉新新家园、望京圣馨大地家园、学知轩、裕龙家园、今日家园、盛世家园以及日月东华等。

为了推进和规范住宅小区智能化，国家有关部门曾经编制和发布《全国住宅小区智能化系统示范工程建设要点与技术导则（试行稿）》，并于 1999 年开始在全国开展住宅小区智能化技术示范工程。2002 年，国家住房和城乡建设部住宅产业化促进中心在对《全国住宅小区智能化系统示范工程建设要点与技术导则（试行稿）》的修订的基础上，发布《居住小区智能化系统建设要点与技术导则》，这极大地促进了我国智能住宅与智能住宅小区的发展。

16.2　智能住宅小区的智能化系统

1. 智能住宅小区的智能化系统技术要求

根据《居住小区智能化系统建设要点与技术导则》的规定，智能住宅小区的智能化系统的有关技术要求如下：

（1）系统结构　居住小区智能化是以信息传输通道（可采用宽带接入网、现场总线、有线电视网与电话线等）为物理平台；连接各个智能化子系统，通过物业管理中心向住户提供多种功能的服务。居住小区内可以采用多种网络拓扑结构（如树形结构、星形结构或混合结构）。

（2）系统功能　居住小区智能化系统由安全防范子系统、管理与监控子系统和信息网络子系统组成。

（3）系统硬件　系统硬件包括网络产品、布线系统、计算机、家庭智能控制箱、公共设备、计量仪表和电子器材等，应优先选择先进、适用、成熟的产品

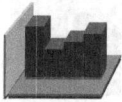

和技术；硬件产品应具有兼容性，便于系统产品更新与维护；硬件产品应具有可扩充性，便于系统升级与扩展。

（4）系统软件　系统软件的功能好坏直接关系到整个系统的水平。系统软件包括：计算机及网络操作系统、应用软件及实时监控软件等。具体要求是：系统软件应具有很高的可靠性和安全性；系统软件应操作方便，采用中文图形界面，采用多媒体技术，使系统具有处理声音及图像的能力；用机环境要适应不同层次住户及物业服务企业人员的素质；系统软件应支持硬件产品的更新；系统软件应具有可扩充性。

（5）系统集成　根据居住小区智能化系统不同需求，可采用不同的集成技术。应在居住小区智能化系统建设规划阶段制订所采用的系统集成方案。提倡采用宽带接入网、控制网、有线电视网、电话网等的融合技术，简化居住小区内信息传输通道的布线系统，提高系统性能价格比。在规划阶段应将各子系统及子系统内功能模块的各种信息交接接口标准化，便于系统集成的实施。住宅内可采用集各种功能为一体的控制技术。逐步发展采用无线传输技术。提倡居住小区"一卡通"系统，智能化系统与社会其他职能部门联网使用。

居住小区应设立中心控制室，位置首选小区的中间位置，当居住小区规模较大时，应设立一个或多个分中心。中心控制室应设有可直接外开的安全出口，其他还应满足 GB 50198—1994 民用闭路监视电视系统工程技术规范中关于机房的规定。

智能小区应将智能化系统布线管网纳入居住小区综合管路的设计中，并符合居住小区总平面规划的要求和房屋结构对预埋管路的要求。

应根据不同的地区和子系统，提出符合规定的接地与防雷技术要求，确定电气接地与防雷的类型和位置及接地排的引入方案。

居住小区智能化系统宜采用中心控制室集中供电方式，对于家庭报警及自动抄表系统必须保证市电停电的 24 小时内正常工作。

2. 智能住宅小区智能化系统的分类

《居住小区智能化系统建设要点与技术导则》规定，居住小区智能化系统按其硬件配置功能要求、技术含量、经济合理等划分为一星级、二星级、三星级。

（1）一星级　根据小区实际情况，建设"居住小区智能化系统配置与技术要求"标准中所列举的基本配置。具体如下：

1）安全防范子系统，包括：住宅报警装置、访客对讲装置、周边防御报警装置、闭路电视监控装置以及电子巡更装置。

2）管理与设备监控子系统，包括：自动抄表装置、车辆出入与停车管理装置、紧急广播与背景音乐、物业管理计算机系统以及设备监控装置。

3）信息网络子系统，为实现上述功能科学合理布线，每户不少于两对电话

线、两个电视插座和一个高速数据插座。

（2）二星级　二星级除具备一星级的全部功能之外，要求在安全防范子系统、管理与设备监控子系统和信息网络子系统的建设方面，其功能及技术水平应有较大提升。并根据小区实际情况，科学合理地选用"居住小区智能系统技术分类"标准中所列举的可选配置。

（3）三星级　三星级应具备二星级的全部功能，系统先进、实用和可靠。并具有可扩充性和可维护性。特别要重视智能化系统中管网、设备间（箱）、设备与电子产品安装以及防雷与接地等设计与施工，并在采用先进技术与为物业管理和住户提供服务方面有突出技术优势。

3. 智能住宅小区的智能化系统细则

《居住小区智能化系统建设要点与技术导则》规定，不同等级的智能住宅小区，其具体要求不同：

（1）一星级　不同子系统的细则要求为：

1）安全防范子系统。通过在居住小区周边、重点部位与住户室内安装安全防范的装置，并由居住小区物业管理中心统一管理，来提高居住小区安全防范水平。①住宅报警装置。住户室内安装家庭紧急求助报警装置。居住小区物业管理中心应实时处理与记录报警事件。②访客对讲装置。在住宅楼道入口处安装防盗门控及语言对讲装置，住户可控制开启楼寓防盗门。③周界防越报警装置。对封闭式管理的居住小区周界设置越界探测装置，并与居住小区物业管理中心联网使用，能及时发现非法越界者并能实时显示报警路段和报警时间，自动记录与保存报警信息。④闭路电视监控。根据居住小区安全防范管理的需要，对居住小区的主要出入口及公建重要部位安装摄像机进行监控。居住小区物业管理中心可自动或手动切换系统图像，可对摄像机云台及镜头进行控制；可对所监控的重要部位进行长时间录像。⑤电子巡更装置。居住小区内安装电子巡更系统，保安巡更人员按设定路线进行值班巡查并予以记录。巡更站点与居住小区物业管理中心联网，计算机可实时读取巡更所登录的信息，从而实现对保安巡更人员的有效监督管理。

2）管理与监控子系统。①自动抄表装置。住宅内安装水、电、气、热等具有信号输出的表具，并将表具计量数据远传至居住小区物业管理中心，实现自动抄表。应以计量部门确认的表具显示数据作为计量依据，定期对远传采集数据进行校正，达到精确计量。上述表具也可采用 IC 卡表具。②车辆出入与停车管理装置。居住小区内车辆出入口通过 IC 卡或其他形式进行管理或计费，实现车辆出入及存放时间记录、查询、区内车辆存放管理等。③紧急广播与背景音乐。在居住小区内安装有线广播装置，在特定分区内可播业务广播、会议广播或通知等。在发生紧急事件时可作为紧急广播强制切入使用。④物业管理计算机系统。

居住小区物业管理中心配备有计算机或计算机局域网，配置实用可靠的物业管理软件。实现小区物业管理计算机化。并要求安全防范子系统，水、电、气、热等表具的自动抄表装置、设备监控装置等在居住小区物业管理中心集中管理，便于及时对报警信号作出响应及处理。⑤设备监控装置，在居住小区物业管理中心或分控制中心内，应具备下列功能：给排水设备故障报警；蓄水池(含消防水池)、污水池的超高低水位报警；电梯故障报警、电梯内人员求救信号指示或语音对讲；变配电间设备的故障报警；饮用蓄水池过滤、杀菌设备的故障报警。

　　3) 信息网络子系统。本子系统是由居住小区宽带接入网、控制网、有线电视网和电话网等所组成，提倡采用多网融合技术。①居住小区宽带接入网、控制网、有线电视网和电话网等各自成系统，采用多种布线方式，但要求科学合理、经济适用。②居住小区宽带接入网的网络类型可采用以下所列类型之一或其组合：FTTX(X 可为 B、F，即光纤到楼栋、光纤到楼层)，HFC(光纤同轴网) 和 XDSL(X 可为 A 、V 等，即高速数字用户环路)或其他类型的数据网络。③居住小区宽带接入网应提供管理系统，支持用户开户、用户销户、用户暂停、用户流量时间统计、用户访问记录、用户流量控制等管理功能，使用户生活在一个安全方便的信息平台之上。④居住小区宽带接入网应提供安全的网络保障。⑤居住小区宽带接入网应提供本地计费或远端拨号用户认证(RADIUS)的计费功能。⑥每户不少于两对电话线、两个电视插座和一个高速数据接口。

　　(2) 二星级　不同子系统的细则要求为：

　　1) 安全防范子系统。二星级应具备一星级的全部功能，在安全防范子系统和信息管理子系统的系统建设上，其功能及技术水平应有较大提升。①住宅报警装置。户门安装防盗报警装置，依据实际需要阳台外窗安装防范报警装置；住户室内安装燃气泄漏自动报警装置。②访客对讲装置。访客对讲装置可采用联网型可视对讲装置，居住小区主要出入口安装访客对讲装置。③周界防越报警装置。居住小区物业管理中心采用电子地图指示报警区域，并配置声、光提示。小区周界采用闭路电视实时监控，或居住小区周界防越报警装置与闭路电视监视装置联动。留有对外报警接口。④闭路电视监控。根据小区实际情况对居住小区主要通道、停车场、电梯轿厢(多层或高层住宅)等部位适当地设置摄像机，达到有效的监视目的。⑤电子巡更装置。巡更站点与居住小区物业管理中心联网，计算机可实时读取巡更所登录的信息，从而实现对保安巡更人员的有效监督管理。

　　2) 管理与监控子系统。①自动抄表装置。上述表具数据可传输到供水、电、气、热相应的职能部门。住户可通过居住小区内部宽带网、Internet 网等查看表具数据或网上支付费用。②车辆出入与停车管理装置。车辆出入口车辆管理装置与居住小区物业管理中心计算机联网使用。③紧急广播与背景音乐。小区内安装有线广播装置，播放背景音乐。④物业管理计算机系统。居住小区建立 Internet

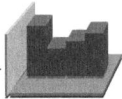

网站，住户可在网上查询物业管理信息。居住小区内安全防范子系统，水、电、气、热等表具的自动抄表装置、车辆出入与停车管理装置、设备监控装置等与居住小区物业管理的计算机系统联网。居住小区内采用"一卡通"技术。⑤设备监控装置，在居住小区物业管理中心或分控制中心内，应具备下列功能：变配电设备状态显示、故障警报；电梯运行状态显示、查询、故障警报；场景的设定及照明的调整；饮用蓄水池过滤、杀菌设备监测；对园林绿化浇灌实行控制；对所有监控设备的等待运行维护进行集中管理；对居住小区集中供冷和供热设备的运行与故障状态进行监测。公共设施监控信息与相关部门或专业维修部门联网。

　　3）信息网络子系统。控制网中有关信息，通过小区宽带接入网传输到居住小区物业管理中心计算机系统中，用于统一管理。

　　（3）三星级　三星级应具备二星级的全部功能，技术先进，便于系统集成，易操作及维护，可扩充性好。智能化系统中管网、设备间（箱）与电子产品安装以及防雷与接地等设计与施工方面严格按国家标准或国际标准进行管网、设计与施工。目前暂无标准可循的，可按厂家自行制定标准。在以下方面之一有突出的技术优势：①智能化系统应用先进技术应用方面：如采用多网融合技术，智能家庭控制器、IP协议智能终端等。②智能化系统为物业管理和住户提供服务方面：建立小区Internet网站和小区数据中心，提供物业管理、电子商务、VOD、网上信息查询与服务、远程医疗与远程教育等增值服务项目。

16.3　智能住宅小区的物业管理

1. 智能住宅小区物业管理的内容

　　作为住宅小区，智能住宅小区物业管理也具有普通住宅小区物业管理的一般内容，具体包括二大管理服务：第一，公共管理服务。其具体内容有：房屋维修管理、房屋设备管理、安全管理、道路交通管理、环境环卫管理、供暖管理以及公众代办性质的服务等；第二，综合经营服务。其包括专项服务和特约服务两个方面。具体内容有：衣着、饮食、居住、行旅、娱乐、购物、文体等方面的服务。

　　当然，作为智能化的物业管理，智能住宅小区物业管理不但在管理手段上和管理模式上与传统住宅小区物业管理有很大的改进和提升，同时在管理内容和功能上也有很大的转变和扩充。根据《居住小区智能化系统建设要点与技术导则》的要求，智能小区的物业管理不但包括传统物业管理的内容和功能，还增加了信息服务与管理、机电设备自动化监控管理、三表数据远程与收费管理等十二项新增管理与服务内容和功能。

　　传统与智能住宅小区物业管理内容与功能可以通过表16-1来加以比较和

说明:

表 16-1 传统与智能住宅小区物业管理内容与功能比较表

序号	物业管理内容	传统物业管理功能	智能物业管理功能
1	房产管理	登记查询建筑名称、面积、层数、单元数、图样、验收资料、车位,以及变更资料	住户可通过网络登记和查询注册房产登记,变更的有关资料
2	住户管理	住户档案管理,住户变更管理,住户投诉管理,住户装修管理,住户维修管理	采用 IC 卡住户档案登记管理、网上报修与投诉,住户可通过网络查询有关住户管理资料
3	财务管理	物业收费管理,收费历史资料	物业收费管理、三表收费管理,住户可通过网络查询收费记录和拖欠款与还款情况,可实现电子商务的财务结算
4	设备管理	设备档案管理,设备维修与保养管理	
5	保安管理	保安人员管理,治安事件管理,保安值班管理	公共场所与家庭安全报警管理,闭路电视监控管理,IC 卡门禁对讲管理,保安巡更管理,实时报警与治安事件处理管理,110 报警管理,保安人员管理
6	环境卫生与绿化管理	环境卫生管理,保洁人员管理,绿化植被管理,绿化带管理,绿化工程管理	环境卫生指数自动化监控,环境卫生指数公告,保洁人员管理,绿化植被管理,自动浇花系统,绿化工程管理
7	物业办公管理	人事管理,档案管理,财产管理	办公自动化系统,与房产管理、财务管理、设备管理等管理系统联网,实现信息共享
8	一卡通管理		实行住户认证、出入口管理、停车场管理、收费管理、一卡制管理
9	三表数据传输及收费管理	无此管理内容	三表数据自动采集与统计,三表收费管理,住户通过网络查询三表数据记录及收费金额
10	小区 ISP/ICP 服务		提供网络化的家电遥控,Internet 网络互联,电邮服务器,网上信息查询
11	数据库住户租用	无此管理内容	提供小区 Internet 网络数据库租用,住户可在网络数据库中存放个人资料
12	电子商务		提供 BtoBtoC 电子商务,提供配送服务及财务结算

和普通住宅小区物业管理不同的是，智能住宅小区物业管理提供的上述服务，很大程度上是利用计算机网络实现和提供的。另外，智能住宅小区物业管理比普通住宅小区物业管理也多了一些新的管理服务内容，如网络信息服务等。同时，智能住宅小区物业管理的主要工作也将变为管理和维护计算机网络，而不是以前那种主要是依靠人力来发现和解决物业管理问题。这样，组织和实施智能住宅小区物业管理，就主要是操作计算机网络，监测各种智能化仪器设备传送的各种信息，并给以及时处理。可以看出，智能住宅小区物业管理的微观模式事实上已经发生了变化，即由主要是人工运作模式，转变为主要是机器运作模式。

2. 智能住宅小区物业管理的特点

与普通住宅小区物业管理相比，智能型住宅小区物业管理具有以下明显不同的特点：

（1）智能化程度高　传统住宅小区由于其建筑、设备设施等硬件缺乏智能性，因而其物业管理也就只能"因陋就简"，充其量也就做些住宅小区智能化的改造，在物业管理方面使用计算机。但住宅小区智能化改造的程度是非常有限的，计算机的使用范围也相对狭窄。比较起来，智能住宅与普通住宅小区由于其先天优势，给物业智能化管理创造了条件，提供了可能。事实上，智能住宅小区的物业管理不仅在计算机的使用上，还是在管理的智能化上，都比普通住宅小区范围要宽、程度要高得多。

（2）效率更高、内容更多，也更便于管理　智能化物业管理的特点使智能住宅小区的物业管理不仅有更多的内容、更高的效率，同时也更便于管理。这主要表现为：①物业管理中的一些传统收费项目，如房租、水、电、煤气、暖气等的收费因为可以使用计算机管理而变得一目了然。房租、水、电、煤气的用量也能通过专门的传感器进行数据的精确采集。这样虽然设备增加了，但可以提高效率，减少收费纠纷，而且大大方便了住户。②物业管理领域中的一些专项与特约综合经营服务，如快餐盒饭送餐服务、物业租售代理服务、代聘保姆、代为介绍家庭教师、代订车、船、飞机票、其他中介咨询服务、购物服务、洗衣服务、社区厨房等，通过计算机网络联系与处理将更为方便、高效。③物业服务企业管理服务人员也将变为计算机网络的操作者与管理者，通过计算机网络（互联网与局域网）提供各种管理服务，不仅可以收取网络信息使用费和各种服务费，而且也从根本上改变了自身的传统形象，提升了物业管理的科技含量、档次和社会地位。管理服务人员的主要工作不再是走门串户、忙于嘴上的协调与劝解，而是管理和维护计算机网络，提供网上信息服务。这样不但增加了管理服务内容，相应增加了物业服务企业的收入来源和利润，而且因为网络管理服务的高效而使物业管理变得更有效率，更容易管理。

（3）管理人员素质要求更高　物业计算机网络、智能化管理提高了物业管

理的效率，同时，也改变了从业人员的知识结构。智能住宅小区物业管理人员不但有别于传统房屋管理人员，而且还要在知识结构方面优于普通住宅小区物业管理人员。具体来说，智能住宅小区物业管理人员首先要具有普通住宅小区物业管理人员的知识结构。同时，还应该熟悉和掌握计算机的基本知识和网络知识，了解计算机的管理维护知识，熟练进行计算机的各种操作，包括文档处理和网络操作等。

从智能物业管理的高效率和从业人员知识结构的变化两个方面来看，智能住宅小区物业管理人员的数量都将减少。这就间接地加剧了物业管理行业的就业竞争，一些文化素质较低、竞争意识不够、服务态度不好的从业人员，甚至一些知识结构不合理、业务素质较差的人员，都将通过竞争退出物业管理行业。这样，经过一定时间的调整，智能住宅小区物业管理人员的素质将会有很大的提高。

3. 智能住宅小区物业管理的注意事项

智能住宅小区与普通住宅小区的差异，以及智能型住宅小区物业管理的特点，决定了在物业服务企业介入开展智能住宅小区物业管理之前和过程中，除了要做好普通住宅小区物业管理的共性组织实施工作(人员组织、设备配置、制度制定等)外，还需要注意以下事项：

(1) 指派专业人员参与智能住宅小区建成前各环节的工作　即要派人参与从智能型住宅小区规划设计到施工、验收的各环节工作，目的是：①对设计、施工、验收各环节的不足(系统配置、集成性、施工安装质量、验收测试等方面)及时提出改进意见。②及早熟悉线路的布置、设备的安装调试程序和构造性能及系统的整体协调，熟悉整个系统的配置情况。③积累消化技术资料，收集、汇总、分析系统各类测试数据、施工资料，了解掌握各系统工作原理、使用功能与运行规律，积累项目实际运行经验，为接手后的管理打下好的基础。

(2) 及时组织编写智能住宅小区的智能系统的操作使用、运行管理的指导文件　住宅小区智能系统供应商提供的系统技术资料的内容一般比较繁杂，通常只是侧重于介绍系统产品的技术性能，专业性强，对具体某个智能住宅小区智能化系统的日常运行管理缺乏足够的指导性和针对性。因此，必须组织力量在消化这些技术资料的基础上，结合前期参与获得的经验，针对智能住宅小区物业管理智能化系统的具体配置和拟参加系统管理维护相关人员的实际技术水平，重新编订简明、直观的《智能住宅小区的智能化系统操作手册》、《设备维护台账》等基础文件和指导文件。

(3) 制定针对性的智能住宅小区智能化系统运行的管理制度　即为实现对智能住宅小区日常运行的科学管理，必须针对住宅小区智能化系统设备的特点和物业的使用特点，编制一套较为完善的智能住宅小区智能系统设备运行管理制度，如《岗位责任制》、《设备系统操作规程》、《值班与交接班制度》、《主要机房

出入制度》、《事故紧急处理程序》、《日常维护、运行记录规程》以及《定期总结学习制度》等。

(4) 做好智能住宅小区物业管理专业队伍的组织分工，抓好员工的岗位技术培训 智能化系统的运行、维护管理需要多层次、多专业的技术人才。物业服务企业可以参与前期工作的专业人员为班底，根据实际需要，通过招聘、培训，配齐相关专业技术人员。在计算机技术高速发展的今天，进行物业管理服务人员的培训势在必行。在培训方面应特别注意对智能化系统管理、维护操作人员的上岗实习培训，要求相关人员掌握智能化系统管理的技能，并将系统过程、数据全面存档，作为智能化系统启动的初始条件，以确保智能化系统正常运行。具体培训员工时，从一开始就培养企业员工的严谨认真、规范负责的工作态度和工作作风，同时，物业服务企业还应抓好不间断的知识更新与技能提高方面的培训和专业考核。

本 章 小 结

智能住宅小区是近些年来产生并迅速崛起的一种新型住宅群，与普通住宅小区相比，它具有高科技性、动态性、智能化以及生活空间舒适、安全、便捷等方面的特点。目前，国家已经出台《居住小区智能化系统建设要点与技术导则》，该文件对智能住宅小区的智能化系统的技术要求、分类以及实施细则等都有明确的规定。

作为住宅小区，智能住宅小区物业管理除包括普通住宅小区物业管理的一般内容外，还应在管理手段和管理模式上与传统住宅小区物业管理有很大的改进和提升，同时在管理内容和功能上也有很大的转变和扩充。总的来看，智能型住宅小区物业管理具有自己明显的特点。这些特点要求智能住宅小区的物业管理必须注意做好早期介入、人员安排、操作指南与制度的编写以及管理的培训等方面的工作。

复习思考题

1. 简述智能住宅小区的概念与特点。
2. 简述智能住宅小区的智能化系统的技术要求。
3. 简述智能住宅小区的智能化系统的不同分类及功能。
4. 简述智能住宅小区的智能化系统的实施细则。
5. 智能住宅小区物业管理的内容与传统住宅小区有何不同？
6. 智能住宅小区物业管理的特点有哪些？
7. 简述智能住宅小区物业管理的注意事项。

第6篇 物业管理的法律关系和社会关系

物业管理涉及的领域和部门很广。要搞好物业管理，必须依据法律法规来实施，并需要处理好与政府主管与职能部门、其他单位以及业主之间的关系。物业管理法律法规以及物业服务企业面对的与政府主管部门、职能部门、开发建设单位以及业主和保险企业的关系，构成了物业管理的法律环境和社会环境。

本篇由第17章、第18章、第19章和第20章构成。

市场经济就是法制经济。物业管理法律法规不仅是物业管理的依据，也在实际中规范物业服务企业的管理行为。物业管理法律关系是物业管理特定主体之间的权利和义务关系。物业管理法律规范是由国家特定政权机关制定或认可的，并由国家强制力保证实施，用来确定物业管理活动中各物业管理主体的地位、权利和义务，具有普遍约束力的具体规则。物业管理法律责任是在物业管理活动中，物业管理法律关系主体由于违法行为必须承担的法律后果。物业管理中法律责任主要是民事责任、行政责任以及刑事责任等。

在物业管理过程中，物业服务企业必须接受政府物业管理主管部门和职能管理部门的监督、指导和管理，并需要处理好同这些部门及相关企业的关系。物业管理协会是物业服务企业自己的行业组织，物业服务企业参加物业管理协会，不仅享有协会会员的权利也必须承担相应的义务。

物业服务企业的物业管理权来源于开发建设单位、业主及业主组织。物业管理关系到千家万户的生活与工作，与房地产开发经营又存在千丝万缕的关系。因此，物业服务企业必须处理好同业主、开发建设单位等的关系。同时，还需要处理好同保险企业的关系，积极投保，解决好物业管理的后顾之忧。

物业管理与城市社区建设与管理的关系也是十分密切的。为了加强物业管理，必须深刻了解社区的特点、社区构成要素，特别是社区管理机构的职能。尤其重要的是把物业管理与社区建设有机地结合起来，充分发挥物业管理在社区建设中的作用。

物业服务企业只有处理好与这些领域和部门的关系，才能为自己实施物业管理营造一个良好的环境。

第17章
物业管理法律关系和法律制度

[内容提要]

物业管理法律法规不仅是物业管理的依据，也是规范物业管理的依据。本章简要介绍物业管理的法律关系、法律规范以及法律责任的相关问题。本章的基本知识奠定了物业管理关系的法律基础。

17.1 物业管理法律关系

1. 物业管理法律关系及其意义

物业管理法律关系是人们在物业管理服务活动中形成的特定主体之间的权利和义务关系，是对物业管理中发生的社会经济关系进行的法律调整。它是现实物业管理社会关系的法律形式，是受国家强制力保护的人与人之间社会关系的一种，体现物业管理关系当事人、参与者的行为目的的主观意志与国家意志的结合程度，在形式上表现为特定物业管理关系系统中居于各地位并以特定社会角色身份存在的主体享受权利和承担义务的法定状态，是按照物业管理法律规范建立的法律关系。

在我国，物业管理法律关系是随着改革开放后房地产市场经济发展和物业管理行业产生和逐步推进而出现的一种崭新的法律关系，是物业管理法规控制、调整物业管理社会关系的产物，是根据物业管理法律规范确立的以民事经济权利和义务为主要内容的社会关系，是用来直接规范现实物业管理关系，使该关系在法律轨道上运行的根本手段和法律模式。物业管理法规与现实物业管理活动发生联系，以及实现其调整物业管理社会关系的目的都需要通过物业管理法律关系这一途径。

2. 物业管理法律关系的调整对象

物业管理法律关系的调整对象，既包括物业管理活动中的民事法律关系和经济法律关系，也包括物业管理活动中的行政法律关系和刑事法律关系。其中，刑

事法律关系一般不在物业管理规范性法律文件中直接作出规定，只是指出物业管理行为涉及犯罪的按《刑法》相应规定处理。其他法律关系简介如下：

物业管理活动中的民事法律关系是指根据民法规范（民事法律规范）所确立的以民事境位和民事权利和义务为内容的物业管理社会关系。物业管理法律关系中民事法律关系占多数。它主要是指物业管理活动产生的国家、企事业单位、社会团体、公民之间的民事权利和义务关系，即在物业管理中产生的合同关系和委托关系，以及在物业管理活动中发生的自然人的损害、侵权、赔偿关系等。在物业管理法规中，为避免与专门民法的规定过多重复而较少有对物业管理民事权利和义务的具体规定。

物业管理经济法律关系是物业管理法规中规定内容最多的部分。它可以划分为组织性法律关系和运行性法律关系两类。物业管理组织性法律关系是指物业管理法规所调控的有关国家及政府，业主及其团体组织，物业服务企业、物业管理协会等相关社会组织和单位，在物业管理行业体系中的主体地位关系以及它们在物业管理经济组织系统中各自存在的方式和各自职权、职务、职责的权利和义务关系。例如，业主及其团体组织在物业管理行业体系中居于主导地位，物业服务企业接受业主组织的委托，处于从属地位等。物业管理运行性法律关系，是指国家及其代表机关、业主及其团体组织、物业使用人、物业服务企业、其他有关社会组织和单位之间，为了实现一定的物业管理目的而通过市场机制和国家宏观调控机制所形成的有关物业及其价值形态物（货币、物业维修资金）的占有、使用、经营管理、收益分配和处分法律关系以及提供综合服务的经济法律关系。例如，在住宅小区电梯轿厢的广告活动中，业主与物业服务企业之间的关系等。

物业管理行政法律关系是指在政府、物业管理行政主管部门、其他有关职能部门之间及其与业主、物业使用人、业主团体组织、物业服务企业、其他与物业管理有关社会组织和单位之间形成的行政管理事务方面的权利和义务关系。例如，业主委员会成立后到政府主管部门的备案时形成的双方关系，物业服务企业到工商行政主管部门领取营业执照形成的双方关系等。在这种关系中，既要明确各级行政管理部门相互之间及内部在物业管理活动中的责权利关系，又要确立行政管理部门同各类物业管理活动主体之间的管理关系。

3. 物业管理法律关系构成要素

物业管理法律关系主要是由法律关系主体、客体以及内容构成的。

（1）物业管理法律关系主体　它是依法可以参加到物业管理法律关系中，以及能够在物业管理法律关系中享有权利和承担义务的当事人。按照我国《物权法》和《物业管理条例》等的有关规定，物业管理法律关系的主体主要是由自然人（业主、使用人等）、法人（物业服务企业、专业企业等）、法人团体（业主大会、行业协会等）、国家（以公房业主、土地所有者等身份）等群体构成的。其中，物业

管理法律关系的基本主体是业主及其自治管理组织、物业服务企业以及对物业管理活动进行监管的行政管理机关。

　　根据参与的法律关系类别不同，物业管理法律关系主体可以分为民事主体、商事主体、政事主体、刑事主体四种类型。

　　(2) 物业管理法律关系的客体　它是指法律关系主体承受的权利、义务所指向的对象。客体也称为"标的"，是主体所需合法利益的外在表现载体，它直接反映了人们社会关系中最核心的利益关系。按利益载现形式的不同，物业管理法律关系的客体可划分为物业、权利、行为效果三类。

　　1) 物业。物业属物类客体范畴，主要包括房屋及其附属设备、设施和相关场地等。物业既是设置于物业上的物权法律关系的客体，又是物业所有权、共有权、自治共管权、使用权、共用空间权、共享环境权等物权关系的客体，还是物业服务企业代管物业权的客体。

　　2) 权利。作为物业法律关系的客体，权利主要是指基于法律规定或当事人约定所设定的债权，与物业所有权相关的场地使用权、物业相邻权、公共秩序维护权、物业管理权、与物业管理行为相关的一些人身性或精神性权利，如人身自由权、人格尊严权、住宅安全权、精神文明建设参与和享受权等。

　　3) 行为效果。作为物业管理法律关系的客体，行为效果主要包括国家机关在对物业管理方面提供管理性行政服务的行为效果、物业服务企业按物业服务合同提供有偿服务的行为效果、业主缴纳物业服务费的行为效果等。例如，良好素质的物业服务企业、安全的楼宇和正常运行的附属设备设施、良好的居住环境和安全舒适的生活等。

　　(3) 物业管理法律关系的内容　它是指物业管理法律关系主体在物业管理法律关系中所享有的权利和负担的义务。其中，物业管理法律关系中主体的权利就是根据法律规定，在一定的条件下，按照自己的意志，作出或者不作出某种行为，以及要求他人作出或者不作出某种行为的资格。例如，业主与使用权人，可以依法使用专有部分物业及相应的公共配套设施；可以要求他人不得侵犯自己的合法所有权或使用权(如：有权要求物业服务企业不得非法侵占公共部分所有权及其相应的权益等)，不得妨碍自己正常行使权利的权力(如：有权要求参加业主大会)；也可以依照法律规定或者物业服务合同的约定，要求物业服务企业提供规定或约定的服务等权利。

　　物业管理法律关系中必须承担的义务，就是物业管理法律关系主体，根据法律规定或合同约定，必须承担或履行某些责任或义务。例如，依照物业服务合同的约定，物业服务企业承担必须作出相应的物业管理服务行为并达到约定要求的义务；业主则必须承担交付相应物业管理费用的义务，业主必须承诺遵守管理规约的义务等。

物业管理法律关系中的权利和义务，必须具有一致性或对称性，即物业管理法律关系主体，既要享有权利，又必须承担相应的义务。比如，根据物业服务合同建立起来的合同法律关系，物业管理者有依照约定收取物业服务费用的权利，但同时又必须履行提供相应的物业管理服务的义务；业主依照约定享有物业管理服务的权利，同时又必须承担缴纳物业管理服务费用的义务。

17.2　物业管理法律规范

1. 物业管理法律规范的涵义

物业管理法律规范是指由国家特定政权机关制定或认可的，并由国家强制力保证实施，用来确定物业管理活动中各物业管理主体的地位、权利和义务，具有普遍约束力的具体规则。

法律规范是法的最基本的构成单位，是构成法律的细胞，其总和就是广义的法律。法律规范有不同类型，但其中心规范是行为规范，其他类型规范都属于与行为规范配套的规范。法律规范主要通过一个或几个法律条文来表述，是法律条文的内容，也是一个规范性法律文件中的最基本的完整组成部分，并由若干个法律规范的有机结合形成一个规范性法律文件。一个法律制度是由若干个法律规范组合构成的，若干个法律制度构成一个法律领域或法律部门，若干个法律部门共同构成一国的法律体系。

物业管理法律规范包括物业管理法律、物业管理行政法规和部门规章，以及地方性物业管理法规和规章。广义地说，凡是宪法、经济法、民法等各部法律中有关物业管理活动及物业管理关系的法律规范，都属于物业管理法律规范的范畴。

2. 物业管理法律规范的结构

法律规范的结构就是法律规范的逻辑结构。法律规范逻辑结构主要由法律适用条件、行为标准、法律后果三部分组成。物业管理法律规范也是由这三个要素组成的。

（1）法律适用条件　法律规范适用条件就是关于该法律规范的条件和情况，即一定的法律主体(公民或社会组织)在什么情况和条件下适用该规范，或者说，在什么条件下该规范才发生效力。

（2）法律行为标准　法律行为标准是关于人们的行为方式和行为尺度的规定，这是公民或社会组织权利和义务的主要构成部分。法律对人们行为的调整，首先是由"行为标准"体现出来的，这是国家立法的直接目的，也是指导人们行为的主要方式。"行为标准"是法律规范中最基本、最核心的部分。法律规范的行为标准基本上可以分为三类，即可以这样行为（允许做什么）；应该这样行

为(要求做什么);不准这样行为(禁止做什么)。简单地说就是,允许做什么,要求做什么,不许做什么。

(3) 法律行为后果　法律行为后果是法律规范中规定的人们在作出符合或违反法律规范行为时,可能引起的法律后果。法律后果基本分为两类:肯定式的法律后果,即对合法行为的允许、确认、保护和奖励;否定式的法律后果,即对违法行为宣布无效、撤销以及给予法律制裁。

法律规范逻辑结构的三部分是密切联系与缺一不可的,否则就无法构成完整的法律规范。

3. 物业管理法律规范的类型

按照物业管理法律规范规定的内容指向性质和用途或作用不同,可以把它划分为境位规范、行为规范、技术规范和申明规范四大基本类型。

(1) 境位规范　境位规范是规定主体在不同类别的法律关系中以特定社会角色出现时所处的法律地位及有关该地位设置和维护条件的模式化规范。其规定的内容涉及五个方面:与法律关系类别相应的具体法律地位(如:物业服务企业的法律地位、业主及业主组织的法律地位等);要求相关主体本身应具备的资格或资质条件(如:物业服务企业的资质条件;业主委员会委员的资格条件等);该法定地位中的主体应承担的概括性基本职责或基本任务(如:业主大会、物业服务企业应承担的义务等);处于该法定地位中的主体可享有的或可取得的抽象性的基本权益(如:业主大会、物业服务企业应享有的权利等);该法定地位中的主体与其他相关地位中的主体之间的基本地位关系(如:物业服务企业与物业管理协会的关系,业主大会与街道、居委会的关系等)。

(2) 行为规范　行为规范是规定某种法定境位中的主体行为时的指导原则、行为的具体权利和义务、对行为的法律后果承受方式的模式化规范。行为规范可划分为五种具体规范:行为指导原则规范;授权规范;义务规范;程序规范以及法律后果规范。其中,行为指导原则规范规定主体行为应遵循的一般原则,如作为委托方和受托方的业主组织和物业服务企业应当遵守的行为准则等;授权规范是指授予法律关系主体自己作出某种行为、要求他人作出或不作出某种行为的权利规范,例如,政府主管部门对违反相关规定的物业服务企业的处罚权规范等;义务规范是指规定法律关系主体应当作出某种行为或不得作出某种行为的强制性规范,例如,规定住宅小区物业的业主应按规定缴纳物业服务费,规定物业的业主、使用人不得妨碍、阻挠物业服务企业履行职责等规范;程序规范是指规定法律关系主体在具体行为过程中应符合的行为条件、应遵循的行为形式和办事手续、环节、规程及顺序方面的规范。例如,业主大会召开程序、业主委员会委员选举投票程序等规范;法律后果规范是指规定法律关系主体对其涉法行为所引起的依法予以奖助或惩罚的后果承受方式的规范。例如,《物业管理条例》规定:

违反物业服务合同约定，业主逾期不缴纳物业服务费用的，业主委员会应当督促其限期缴纳；逾期仍不缴纳的，物业服务企业可以向人民法院起诉，等等。

（3）技术规范 技术规范是指规定人们在利用自然力、生产工具、交通工具、房地产等物质性对象、造修物质产品和从事管理、经营、服务的行为过程中应遵循的技术标准、达标及检验操作技术方法和规程以及其他评估、计算等技术办法的模式化规范。技术规范按内容不同可划分为两种：一种是事物状态描述规范，即对某种事物的形状、表现、质量、包含因素、评定标准等作出描述性规定；另一种是技术方法推行规范，即以法定形式推荐和实行某种技术操作程序和方法。例如，《危险房屋鉴定标准》、《普通住宅小区物业管理服务等级标准》、《全国物业管理示范住宅小区、大厦、工业区标准及评分细则》、《居住小区智能化系统建设要点与技术导则》等都属于技术规范。

（4）申明规范 申明规范是指为了辅助人们准确理解和正确实施规范性文件中的境位规范、行为规范、技术规范而对须加申明、解释、说明的事项专门作出的模式化规范。其规定的内容涉及七个方面，相应可细分为七种规范：①宣言性规范，一般指文件的宣言性序言、导言、引言中包含的有法律约束力的规定。②立法目的规范，是关于本法的立法理由依据和立法宗旨目的的规定，通常在各规范性文件的第一条或首部作出规定。③规范性文件法律效力规范，是关于规范性文件生效适用的范围、对象、时间的规定。④法律用语定义规范，又称释义规范，是关于规范性文件中所采用的某些术语、概念、符号、公式等的定义性解释、说明的规定。⑤准用性规范，是指对特定事项在法定情况下出现时，由于本规范性文件没有具体明确规定而准许援用本法中有关条文规定或援用其他规范性文件中相关规定作出处理的规范。⑥委任性规范，是指对特定事项，由于本规范性文件中没有作出直接规定，而规定授权、委托某一专门机关负责制定或解释这方面的规则内容的规范。⑦选择性规范，是指规范性文件规定了几种可供选择的情况而由国家机关自行确定、自由量裁的规范。

物业管理法律规范大致包括以下几种具体情况：宪法；法律；行政法规；部门规章；地方性法规；地方政府规章；司法解释；国家政策以及其他规范性文件。

17.3 物业管理法律责任

1. 物业管理法律责任的概念与特点

物业管理法律责任有广义和狭义之分。从广义上理解，它是指民事、经济行政法律关系主体（业主及业主组织、物业服务企业等）因自己的行为违反物业管理法律规范确定的义务及物业服务合同约定的义务，或者因不正当行使自己的权利与职权，或者因某种法律事实出现，而要依法承受的、一般须经有管辖处理权的法庭、仲裁庭或行政执法机关裁决确定的、具有国家强制性的法定必为的不利性法律后果或特殊的惩戒性追加义务负担；从狭义上理解，是指物业管理活动的民事主体、行政主体和行政相对人（业主及业主组织、物业服务企业、政府主管部门等）对自己违反物业管理法规的行为所应依法承担的具有国家强制性和不利性的法律后果。一般而言，物业管理法律责任是指狭义的概念所界定的内涵。除某些民事责任的认定（如物业服务合同的违约责任、物业服务企业轻微的侵权责任）可以由当事人双方协商确认外，其他法律责任的认定只能由法定的专门机关或经合法授权的机构，如人民法院进行。

物业管理法律责任具有以下主要特点：

1）法定责任与协议责任相结合。物业管理活动是基于业主与物业服务企业的服务合同而发生的。或者说，尽管物业管理活动首先受相关法律法规规范来调整，但物业服务合同更是双方权利和义务的基础，也是物业管理法律责任的基本依据。因此，物业管理中发生的法律责任确定，除依据法律相关规定外，也要以服务合同为根据。

2）技术规范在明确主体各自的法律责任方面更有价值。物业管理工作成效的好坏，不是业主及业主组织的简单认定，也不是物业服务企业可以自己随意描述的。由于物业管理工作涉及房屋及附属设备的维修养护、人居环境改善及白蚁防治等很多专业性技术，而这些专业性技术国家都有相关的技术标准或规程，业主及业主组织和物业服务企业通常也会就具体技术标准提出约定。因此，在确定物业管理技术操作活动后果的法律责任时，必须充分注意有关法定及约定的技术规范中关于物业服务质量及法律责任的规定。

3）法律责任的复杂性。物业管理服务通常是一个综合的业务活动，涉及方方面面的问题与各类主体之间的关系，因此，与物业管理活动有关的法律责任种类也比较多，民事、行政和刑事责任在其中合并存在，并且出现"法律责任复合"的现象。例如，物业管理区域内发生凶杀案件，就可能涉及民事、行政以及刑事责任。所以，在确定物业管理法律责任时，要综合考虑相关法律法规对某一种行为从不同角度所设定的责任规范。

2. 物业管理法律责任的构成要素

物业管理法律责任的构成是指据以确定物业管理法律责任的法定要素所组成的归责条件。法律责任中的归责是指因违法行为而导致的事实后果是否应当由违法行为关系当事人承担的判断过程，它根据事先确定的标准和规则判断当事人是否应当承担法律责任，回答各种法律责任如何认定问题。归责条件是指为确定法律责任的有无、种类及其大小而由法定的判别要素组成的依据。归责条件是归责和认定物业管理法律责任的关键所在，因而也是物业管理法律责任问题中最重要

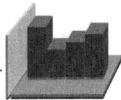

的核心内容。

在一般情况下，法律责任的归责条件由下列四要素构成：

（1）行为违法　或者说相关主体具有违反法律法规或者违背合同约定的行为。由于法律责任主要是由违法行为的发生而引起的，所以违法本身自然就成为法律责任构成的基础和必要的前提条件。

（2）损害结果　违法行为具有一定程度的社会危害性，并且给社会特定利益关系造成了危险或损害。损害就是由于违法行为给被侵害方造成的利益损失和伤害。违法行为损害的形式包括人身损害、财产损害、精神损害和其他利益方面的损害。损害的范围包括直接损害和丧失预期可得利益的间接损害。

（3）因果联系　违法行为与违法行为损害结果之间应当存在因果联系。法律上的因果联系不是一般的因果关系，而是某种事实上的行为与特定损害结果之间的必然联系。如果某种损害结果不是因某人的行为所必然引起的，则该行为人就不对该项结果负责。由于行为与结果之间的联系是多种多样的，有必然联系也有偶然联系，有直接联系也有间接联系，还有一果多因的也有一因多果的。因此，当把物业管理法律责任归于某一违法行为时，必须搞清楚违法行为与特定损害结果之间的联系，否则很可能会影响相关行为定性和确定相应的法律责任。例如，业主因为住宅公共部位的地面有水打滑而摔倒，造成身体损害。这就要查清地面有水打滑的原因是由于本楼内某业主、使用人或者物业服务企业职工、外来人员有意破坏造成的，或是因为漏雨而物业服务企业又疏忽未采取警示及其他相应措施造成的，等等。在查清相关原因或违法行为与地面有水打滑的损害结果之间的因果关系之前，是不能随意确定责任归属的。

（4）行为过错　行为过错是行为人行为时对自己的违法行为及其后果的认识，大体上分为故意和过失两种类型。直接和间接的故意违法行为，应负法律责任；重大过失的违法行为，一般要负民事责任或行政责任；只有在法律有明文规定下才可以负刑事责任。当然，在确定法律责任时，还应当考虑行为人承担法律责任的资格和条件，即行为人有无责任能力。其判断依据，主要根据行为人能否通过自己的意志或意识理性地理解法律的要求，辨认自己行为的目的、性质和后果，并能够最终支配、控制自己行为，以及能够承认不利行为的法律后果的能力。无民事行为能力和限制民事行为能力的自然人，通常不具有或不完全具有责任能力，所以对其违法行为不负责任或不负完全责任。但是，由其行为引发的民事损害赔偿责任必须依法由其法定监护人承担。

3. 物业管理法律责任的类型

按照不同的标准，物业管理法律责任的类型划分有所不同：

1）根据归责原则的不同，可将物业管理法律责任划分为三种主要归责类型：

① 过错责任。凡是因实施了违法行为而致人损害者，如果不能证明自己主

观上没有过错，就被推定为有过错并承担相应的法律责任。按过错责任归属何方主体的情况不同，可分侵害人过错责任、受害人过错责任和侵害人、受害人双方过错责任三种具体类型。如果受害人本人对受损害也有过错的，则可减轻侵害人的责任。

② 无过错责任。只要行为人作出特定侵权行为或违约行为而造成损害结果，不论其主观有无过错，即使无过错仍应当依法承担法律责任。对于合同关系而言，违约责任是由合同义务转化而来，本质上是出于当事人双方约定，不是法律强加的，法律确认合同拘束力，在一方不履行时追究违约责任，不过是执行当事人的意愿和约定而已。不履行合同与违约责任直接联系，二者互为因果关系，违约责任采用无过错归责原则，有利于促使当事人严肃对待合同。由于物业管理中存在大量的服务合同关系，因而掌握无过错责任的法律知识，对物业管理关系的各方主体都是十分必要的。

③ 公平责任，又称衡平责任。凡是当事人对发生的损害都没有过错，也没有作出违法行为，但受害人要求有关当事人承担民事责任的，可以根据实际情况，按照公平合理原则由当事人分担民事责任。例如，某业主因钥匙丢在二楼房间内而无法进屋，物业服务企业员工见状主动搭梯子上楼从窗户处进房间为业主取钥匙，在此过程中失足掉下梯子跌断股骨，因医疗发生的费用，可以依法按公平责任处理，物业服务企业和作为受益人的业主应适当承担一部分医疗费用。

2）按法律责任的内容不同，一般可将物业管理法律责任划分为民事法律责任、经济法律责任、行政法律责任以及刑事法律责任四类。

① 民事法律责任。民事责任是民事主体违反合同义务或法定民事义务而应当承担的法律后果，主要包括违约责任和侵权责任，物业管理违约责任是由于一方不履行物业服务合同义务或履行义务不符合约定，必须依法承担继续履行、采取补救措施、赔偿损失等民事责任。《物业管理条例》规定："物业服务企业未能履行物业服务合同的约定，导致业主人身、财产安全受到损害的，应当依法承担相应的法律责任。"这里的法律责任就是违约责任。物业管理侵权民事责任，是在物业管理民事活动中，民事主体因违法实施侵犯公、私财产权，或者公民、法人人身权的行为，因而应承担的不利后果。如物业服务企业秩序维护人员在执勤过程中造成对业主人身、财产的侵害，物业服务企业就必须对这种侵权行为承担侵权责任。民事责任主要表现为一种财产责任。所以，在法律允许的情况下，民事责任可以由当事人协商解决。承担民事责任的主要有停止侵害、排除妨碍、消除危险、返还财产、赔偿损失、支付违约金等方式。

② 行政法律责任。行政责任是物业管理行政主体和物业管理行政相对人因为自己的行为违反物业管理法律法规而必须承担的不利法律后果。行政法律责任

分为两类：一种称违法行政责任，是指行政机关及其工作人员在实施行政管理行为中的违法失职行为而引发的依法应承担的不利法律后果；另一种称行政违法责任，是指行政相对人的行为违反行政管理法规而应依法承担的不利法律报应。行政法律责任的承担方式主要是责令限期改正、行政处罚、行政处分等。其中，行政处罚是对公民、法人违反行政管理法律法规行为所实施的制裁。行政处罚方式主要是警告、限期停业整顿、吊销营业执照、罚款、拘留等。行政处分是由单位对其工作人员违反行政法规或组织纪律的行为实施的制裁。行政处分的方式主要是警告、记过、降职、降薪、撤职、留用察看、开除等。

③ 经济法律责任。经济法律责任是指经济法律关系主体行为违反经济法律法规而依法应承担的不利法律后果。由于经济法律关系实际上是由行政管理法律关系和民事法律关系复合构成的，因此，其法律责任承担方式同违反行政管理法律、民事法律应承担责任的方式基本相同，但按承包等责权利相结合的经济责任制追究违反经济责任制行为的责任时，带有类似行政合同的责任追究方式特点。

④ 刑事法律责任。刑事责任是行为人违反刑法的规定、实施了犯罪行为所必须承担的法律责任，以及由国家审判机关依法给予行为人的刑事制裁。承担刑事责任的方式是刑事处罚，包括主刑和附加刑。主刑包括管制、拘役、有期徒刑、无期徒刑和死刑；附加刑包括罚金、没收财产和剥夺政治权利等。

3）根据担责方式性质不同，物业管理法律责任还可以分为制裁性、强制性、补救性三类法律责任。制裁就是惩戒、处罚，例如，《物业管理条例》第六十五条规定，违反本条例的规定，未经业主大会同意，物业服务企业擅自改变物业管理用房的用途的，由县级以上地方人民政府房地产行政主管部门责令限期改正，给予警告，并处1万元以上10万元以下的罚款。制裁实际上是一种对违法者的某种权利的合法损害或者使违法者承担一项新的不利义务，其目的是使违法者引以为戒，今后不再犯。强制是指迫使违法者履行原有的法定义务或新追加的作为惩戒的必为义务。法律责任的实施和制裁的实现都以强制为后盾，从这一点来说，强制又是使违法者承担法律责任的最后手段。补救一般是指行为人的侵权行为或违约行为使对方的合法权益蒙受损害时依法应予以的法律救济，可分为行政补救、司法补救两类。补救性法律责任主要是赔偿、恢复原状、返还财产、赔礼道歉、履行职务等。

此外，物业管理法律责任还有其他分类，例如，公法责任和私法责任；职务责任和个人责任；财产责任和非财产责任等。违宪法律责任不在物业管理法律责任范围。各种法律责任可以单独发生，也可能与其他法律责任同时发生，换言之，一种违法行为不一定只承担一种法律责任，许多场合违法行为人要承担两种以上法律责任。

本 章 小 结

　　市场经济就是法制经济。物业管理活动必须遵循法律法规的有关规定。本章概要地介绍了物业管理的法律关系、法律规范以及法律责任等内容。

　　物业管理法律关系是人们在物业管理服务活动中形成的特定主体之间的权利和义务关系，是对物业管理中发生的社会经济关系进行的法律调整，它的调整对象，既包括物业管理活动中的民事法律关系和经济法律关系，也包括物业管理活动中的行政法律关系和刑事法律关系。它的构成要素主要包括法律关系主体、客体以及内容几个方面。

　　物业管理法律规范是由国家特定政权机关制定或认可的，并由国家强制力保证实施，用来确定物业管理活动中各物业管理主体的地位、权利和义务，具有普遍约束力的具体规则。物业管理法律规范主要是由法律适用条件、行为标准、法律后果三部分组成的。物业管理法律规范可以划分为境位规范、行为规范、技术规范和申明规范四大基本类型。

　　物业管理法律责任，简单地说，就是指在物业管理活动中物业管理法律关系主体，由于违法行为必须承担的法律后果。物业管理中的法律责任具有自己的特点。从其构成上看，它是由行为违法、损害结果、因果联系、行为过错四个方面构成的，从其类型来看，它可以按照不同的标准划分为不同的类型。

复习思考题

1. 简述物业管理法律关系及其调整对象。
2. 简述物业管理法律关系的构成要素。
3. 简述物业管理法律规范的涵义与结构。
4. 简述物业管理法律规范的类型划分。
5. 简述物业管理法律责任的涵义及特点。
6. 简述物业管理法律责任的构成要素。
7. 简述物业管理法律责任的类型划分。

第18章
物业服务企业与政府部门及协会的关系

[内容提要]

物业服务企业既要受政府主管部门的监管，也要与政府职能部门发生一定的联系，同时还要接受行业协会的指导与管理。本章主要介绍物业服务企业与政府主管部门及职能部门的关系，以及物业服务企业与物业管理协会之间的关系。学习本章知识，有助于了解物业服务企业运作中政府与协会监管的环境。

18.1 物业服务企业与政府主管部门的关系

1. 政府主管部门的设置及职能

我国政府物业管理主管部门是从中央政府到地方城市政府的各级房地产管理机构，即国务院住房和城乡建设部、各级地方政府的住房和城乡建设委员会(厅、局等)等部门构成的。

(1) 国务院住房和城乡建设部　根据2008年国家机构改革的要求，建设部改为住房和城乡建设部。住房与建设部的主要职能是保障城镇低收入家庭住房；推进住房制度改革；规范住房和城乡建设管理秩序；建立科学规范的工程建设标准体系；规范房地产市场秩序、监督管理房地产市场；监督管理建筑市场、规范市场各方主体行为；研究拟订城市建设的政策、规划并指导实施，指导城市市政公用设施建设、安全和应急管理，拟订全国风景名胜区的发展规划、政策并指导实施；规范村镇建设、指导全国村镇建设；建筑工程质量安全监管；推进建筑节能、城镇减排；负责住房公积金监督管理，确保公积金的有效使用和安全；开展住房和城乡建设方面的国际交流与合作等。

(2) 省、自治区和直辖市房地产管理部门　省、自治区及直辖市房地产管理机构，负责管理省、自治区及直辖市范围内的所有城镇房地产经济，在行政上

隶属省人民政府的领导，在业务上接受中央房地产管理机构的领导和监督，并代表省人民政府和中央房地产管理机构对全省房地产经济进行业务领导和监督。

省、自治区住房与城乡建设厅、直辖市住房和城乡建设委员会主要职能是指导规范房地产市场；指导城镇土地使用权有偿转让和开发利用工作；研究提出住宅建设与房地产业中长期规划、科技发展战略、产业政策和规章；拟订住宅建设、房屋拆迁、房地产开发、房地产市场、房地产评估、物业管理的地方性法规草案、政策及规章制度并监督执行；指导本行政区划内住宅建设和住房供应政策实施工作；管理房地产开发企业、物业服务企业、相关社会中介服务机构的资质；监督房地产估价师执业；拟订本行政区划内住房制度改革中长期规划、年度计划以及有关政策并指导实施；审核各市县房改方案，指导企业房改工作；指导住房货币化分配政策的贯彻落实；研究提出已购公有住房和经济适用房在交易中的相关政策并监督其实施；研究拟订本行政区划内城镇住房保障相关政策、措施、发展规划并监督执行；指导城镇经济适用住房制度和廉租住房制度建设等。

（3）地（市）房地产管理机构及其职责　由于全国各地（市）情况差别较大，各地（市）级房地产管理机构设置不尽相同。但是，大部分地（市）在省级房地产管理机构基础上，均设立地（市）级住房和城乡建设局等作为本级房地产及物业管理的主要管理机构。

各地（市）住房和城乡建设局对房地产业管理的职能是拟定住宅建设与房地产业的地方性法规和规章；编制城镇住房建设和城市建设综合开发中长期计划和年度计划，并组织实施；指导、监督旧城区、"城中村"改造和开发建设；负责房地产开发企业、房地产中介服务机构和物业服务企业资质及从业人员的从业资质管理；审批康居示范工程项目；组织城市建设综合项目开发的招商引资工作，负责房地产的行业统计；协调处理商品房屋工程质量投诉等。

（4）县（市）房地产管理机构及其职责　县（市）房地产管理机构一般在地（市）房地产管理机构基础上对口设立，通常由县（市）级住房和城乡建设局作为本级房地产与物业管理的主要管理机构。

县（市）住宅与房地产业管理职能主要是负责县城建设房屋拆迁工作；负责全县（市）房屋权属登记发证及产籍资料管理，负责全县（市）房产交易管理及房产行政复议、行政应诉、落实政策及历史遗留问题的处理，负责全县（市）住宅设计、科研和科技成果推广应用，负责房屋测绘和房屋面积计算管理及测绘成果认证、登记发证工作，指导房屋的安全管理，参与全县危旧房屋的改造规划，负责对房屋维修工程进行质量管理、监督，制定修缮标准，参与制定预算定额；拟订全县（市）城镇住房制度改革的相关政策及实施办法，并组织实施；负责全县（市）房地产开发经营活动的监督管理工作，办理商品房预售登记手续；管理全县（市）房地产中介市场和物业管理市场，负责相关企业和人员资质的审核报批；

依法监管房地产交易、权属登记；负责依法征收、管理和使用城乡规划、建设、管理费用等。

需要注意的是，由于各地方经济社会发展等情况存在一些差别，所以各级地方政府的房地产管理机构的名称、职能也有所不同。其中主要是部分省级房地产行政管理、住房保障和改革等职能从住房与城乡建设厅中分离出去，交由国土资源和房屋管理厅（或直辖市局）履行。如天津国土资源与房屋管理局、上海市房屋土地资源管理局；部分地（市）级的房地产行政管理和住房制度改革的职能从住房和城乡建设局中分立出去，并入国土资源局或单独成立房管局。如广州市国土资源和房屋管理局、成都市房产管理局等；各省之间地、县两级房地产管理机构的内设机构名称和职能差别较大，甚至在同一个省内也可能有不同的名称和职能，如广东省内大部分县（市）级房地产行政管理、住房保障和改革等职能由住房和城乡建设局等机构履行，但是广州市相关职能却由国土资源和房屋管理局承担。

随着政治体制和经济体制改革的推进，房地产管理机构的设置和职能划分还将不断地发生变化。按照十七大关于"加快行政管理体制改革，建设服务型政府"的决策，以及2008年8月20日中央下发的关于地方政府机构改革的意见精神，地方政府机构改革还将继续深入进行下去。总的来说，随着政府机构改革的深化，将会进一步理顺和统一地方各级房地产管理机构的管理职能和机构名称。

2. 物业服务企业与政府主管部门的关系

住房和城乡建设部是国务院管理全国物业管理的最高行政主管机构。住房和城乡建设部中的住房改革与发展司以及房地产市场监管司，负责全国性的物业管理工作。

省、市和自治区房地产行政部门，负责管理省、市和自治区行政区域内的房地产业。住房与建设委员会（厅、局）的房地产处（或物业管理处），是省、市各项房地产业务直接管理部门，省、市的物业管理工作是房地产业管理的一项重要任务。

地（市）和市（县）级房地产行政管理部门是地、市、县人民政府行使房地产管理的职能部门，对市（县）物业管理工作实行业务指导和行业管理。

各省、市、县对物业管理的行政主管部门都有明确规定。如北京市人民政府在《北京市居住小区物业管理办法》中规定："市和区、县房屋土地管理机关主管本行政区域居住小区物业管理工作。"深圳市人大常委会颁发的《深圳经济特区住宅区物业管理条例》规定："市政府住宅行政管理部门是特区住宅物业管理的主管部门。各区人民政府住宅行政管理部门是本辖区内住宅区物业管理的业务管理部门，对本辖区的住宅区物业管理依法进行指导、监督。"

房地产行政主管部门的物业管理主要职能是依法行政。具体包括以下一些内容。

1）各级房地产行政主管部门负责制定全国性或地方性的有关物业管理的法规、政策及实施细则，以及贯彻执行。制定和贯彻落实全国性的物业管理的各种标准或示范文本。

2）负责指导和监督物业服务企业、业主大会和业主委员会的具体工作。

3）负责协调物业管理涉及的政府各相关部门与机构的关系，为物业管理运作和发展创设良好的外部环境。

4）物业服务企业资质审查。成立物业服务企业必须经过房地产主管部门的资质审核。

5）各级政府房地产主管部门，依照国家有关规定审批物业服务企业资质等级，颁发资质等级证书。

6）物业服务企业及人员资质管理。政府对从事物业管理的组织和人员在资质方面进行管理，保证物业管理行业的服务质量。资质管理包括对物业服务企业进行资质审查和复审、登记、年检，以及物业服务企业等级评定、从业人员资格评定等。

7）对物业管理日常工作的监督、检查和指导。组织物业管理员工参加政府主管部门组织的物业管理人员职业技能培训工作；监督物业服务企业资质等级执行情况；对违法、违规的物业服务企业进行惩罚。

8）制定物业管理服务标准，开展物业管理质量评优工作。

9）制定物业管理收费的定价程序、收费项目、收费标准和收费办法等。

10）协调、解决物业管理市场运作中出现的各种情况和问题。

11）指导和帮助业主委员会开展工作。

12）发挥社会舆论对物业管理的监督管理作用。政府主管部门通过媒体宣传有关物业管理的法律、法规，传播、普及物业管理的基本知识，提高物业服务企业与广大业主和使用人对物业管理的认识，共同维护物业管理秩序。通过社会舆论客观反映物业管理中出现的值得引起社会重视的问题，加快和促进对这些问题及相关方面的研究和解决，批评和揭露丑恶现象，促进物业管理健康发展。

18.2　物业服务企业与政府职能部门的关系

1. 物业服务企业与政府职能部门的关系概述

物业服务企业的管理经营活动，必然与城市政府的许多职能部门发生联系。这主要是由物业的性质与特点，以及物业服务企业的经营范围所决定的。《城市新建住宅小区管理办法》规定："市政、绿化、卫生、交通、治安、供水、供气、供电以及供暖等行政主管部门和住宅小区所在地人民政府按职责分

工，负责小区管理中有关工作的监督和指导"。同时，一些省、市对物业管理与相关职能部门的关系也作出了明确的规定。如《北京市居住小区物业管理办法》中规定："本市规划、工商行政管理、物价、环境卫生、绿化、市政、公安等行政管理机关和居住小区所在地的街道办事处，按照各自的职责，对居住小区的物业管理工作进行指导和监督、检查。"

物业服务企业必须严格执行国家和城市政府的法律法规和政策，严格执行各级政府机关依法颁布的法律法规、条例、规定和办法，认真履行和配合职能部门的管理和监督，对于物业管理经营中遇到的困难，可向相关政府职能机构反映，职能部门应当给予帮助或解决。

2. 物业服务企业与工商、税务以及物价部门的关系

（1）物业服务企业与工商行政管理部门的关系 物业服务企业是市场经济主体，是具有独立法人地位的经济实体。国家工商行政管理部门，是代表国家根据有关法律法规，对各类企业进行监督管理的政府经济部门。物业服务企业与工商部门之间的关系是管理与被管理的关系。根据国家规定，物业服务企业要开展经营管理活动，必须按照国家的有关规定，到工商行政管理部门注册登记，领取营业执照，才能进行经营管理活动。

按照国家有关规定，国家工商行政管理部门对物业服务企业的管理主要集中在以下几个方面：第一，凡是申请从事物业管理业务的单位或经营者，必须到工商行政管理部门申请办理营业执照。经审查符合条件者，由工商行政管理部门发给营业执照，然后才能开始从事营业活动。第二，物业服务企业必须按照工商行政部门的规定，每年到工商行政管理部门进行年检和年审；第三，工商行政管理部门有权对物业服务企业的经营管理活动进行监督检查。有权对违法经营者进行批评、教育、处罚，直至吊销营业执照。

（2）物业服务企业与税务部门的关系 物业服务企业是经济实体，通过经营管理活动取得收益。按照国家有关规定，物业服务企业必须向国家缴纳规定的税收，这是物业服务企业必须承担的义务。国家税务管理部门代表国家，按照有关法律法规的规定，有权向应缴纳税收的部门或单位征收税收，也有权检查纳税单位缴纳税收的情况。

根据国家有关税收规定，物业服务企业以其服务性营业收入额（包括主营业务收入和其他业务收入）作为征税对象和计税依据，必须向税务机关缴纳以下税收及附加：营业税、城市维护建设税、教育费附加、印花税、车船使用税以及企业所得税等。

（3）物业服务企业与物价部门的关系 物业服务企业通过提供服务产品，取得收益，获得利润。服务产品的价值是通过收费实现的。物业服务的各项收费，必须根据国家有关标准，考虑到物业管理的具体情况来确定。物业服务企业最后确定的收费价格，通常都需要上报物价主管部门核定批准；而且物价管理部门有权对物业服务企业收费情况，即价格工作实行监督与指导。

3. 物业服务企业与公安机关的关系

（1）中国公安机关的职责及公安部门设置　中国公安机关的职责是：预防、制止和侦查违法犯罪活动；防范、打击恐怖活动；维护社会治安秩序，制止危害社会治安秩序的行为；管理交通、消防、危险物品；管理户口、居民身份证、国籍、出入境事务和外国人在中国境内居留、旅行的有关事务；维护国（边）境地区的治安秩序；警卫国家规定的特定人员、守卫重要场所和设施；管理集会、游行和示威活动；监督管理公共信息网络的安全监察工作；指导和监督国家机关、社会团体、企业事业组织和重点建设工程的治安保卫工作，指导治安保卫委员会等群众性治安保卫组织的治安防范工作。

公安部是国务院主管全国公安工作的职能部门。各省、自治区设公安厅；直辖市设公安局；各市（地、自治州、盟）设公安局（处）；市辖区设公安分局，接受上级公安机关直接领导；各县（市、旗）设公安局，分别接受同级人民政府和上级公安机关领导；县（市、区、旗）公安局下设公安派出所，由县（市、区、旗）公安机关直接领导和管理。

公安部设有办公厅、警务督察、人事训练、宣传、经济犯罪侦查、治安管理、边防管理、刑事侦查、出入境管理、消防、警卫、公共信息网络安全监察、监所管理、交通管理、法制、外事、装备财务、禁毒、科技、反恐怖、信息通信等局级机构，分别承担有关业务工作。铁道部、交通部、民航总局、国家林业局的公安局和海关总署缉私局列入公安部序列，接受主管部门和公安部双重领导。

（2）物业服务企业与治安管理部门的关系　公安部设立了治安管理局，其职能包括：拟定治安行政管理工作的政策、规定；指导、监督地方公安机关依法查处破坏社会治安秩序的行为；指导、监督地方公安机关依法管理户籍、居民身份证、民用枪支弹药、管制器具、剧毒化学品、特种行业；指导、监督地方公安机关对民用爆炸物品的公共安全管理；指导地方公安机关依法管理集会、游行、示威；指导巡警队、特警队建设以及处置重大群体性治安事件和治安事故工作；指导公安派出所和社区警务工作；指导、监督地方公安机关对国家机关、社会团体、企业事业单位和重要基础设施、重点建设工程以及大型群众性活动的治安保卫工作；指导、监督保安服务业的管理工作；指导群众性治安保卫组织的治安防范工作。

各地城市也设立了相应的治安管理机关。如北京市设立了内保部门，等等。除此以外，国家和地方也颁发了一系列法规文件。如：《保安服务管理条例》（中华人民共和国国务院令第 564 号）、《企业事业单位内部治安保卫条例》（中华人民共和国国务院令第 421 号）、《娱乐场所治安管理办法》（中华人民共和国公安

部令第103号)《关于加强居民住宅区安全防范工作的协作配合切实保障居民居住安全的通知》(建住房[2001]115号)、《大连市公安局大连市国土资源和房屋局关于规范物业管理区域保安管理工作的通知》(大公发[2010]35号)等。根据这些法规规定,以及《物权法》和《物业管理条例》的规定,城市公安管理部门有权对辖区内物业服务企业的门卫、巡逻及秩序维护管理工作进行指导和监督。

以2010年1月1日起施行的《保安服务管理条例》为例。《保安服务管理条例》规定,物业服务企业应当自开始保安服务之日起30日内向所在地设区的市级人民政府公安机关备案,备案应当提供下列材料:法人资格证明;法定代表人(主要负责人)、分管负责人和保安员的基本情况;保安服务区域的基本情况;建立保安服务管理制度、岗位责任制度、保安员管理制度的情况。物业服务企业不再招用保安员进行保安服务的,应当自停止保安服务之日起30日内到备案的公安机关撤销备案;公安机关应当指导保安从业单位建立健全保安服务管理制度、岗位责任制度、保安员管理制度和紧急情况应急预案,督促保安从业单位落实相关管理制度;保安从业单位、保安培训单位和保安员应当接受公安机关的监督检查;公安机关建立保安服务监督管理信息系统,记录保安从业单位、保安培训单位和保安员的相关信息;公安机关的人民警察对保安从业单位、保安培训单位实施监督检查应当出示证件,对监督检查中发现的问题,应当督促其整改;监督检查的情况和处理结果应当如实记录,并由公安机关的监督检查人员和保安从业单位、保安培训单位的有关负责人签字;县级以上人民政府公安机关应当公布投诉方式,受理社会公众对保安从业单位、保安培训单位和保安员的投诉。接到投诉的公安机关应当及时调查处理,并反馈查处结果。

(3) 物业服务企业与消防管理部门的关系　公安部设立消防局,下设办公室、政治处、政策研究处、防火监督处、标准规范处、战训处、警务处、科技处、宣传处、后勤装备处、审计处、财务处,负责全国消防工作的统一组织、指挥、协调、领导。各省、自治区、直辖市设消防总队,又称消防局;各市(地、州、盟)设消防支队,也称消防局,下辖区(县、旗)设消防大队(科)和消防中队,负责本地区消防工作的统一组织、指挥、协调、领导。

2008年10月28日修订通过的《中华人民共和国消防法》(中华人民共和国主席令第6号)是明确物业服务企业与政府消防管理部门关系的重要法律文件。《中华人民共和国消防法》第四条规定,国务院公安部门对全国的消防工作实施监督管理。县级以上地方人民政府公安机关对本行政区域内的消防工作实施监督管理,并由本级人民政府公安机关消防机构负责实施。县级以上人民政府其他有关部门在各自的职责范围内,依照本法和其他相关法律、法规的规定做好消防工作。第五条规定,任何单位和个人都有维护消防安全、保护消防设施、预防火灾、报告火警的义务。任何单位和成年人都有参加有组织的灭火工作的义务。第六条规定，各级人民政府应当组织开展经常性的消防宣传教育，提高公民的消防安全意识。机关、团体、企业、事业等单位，应当加强对本单位人员的消防宣传教育。公安机关及其消防机构应当加强消防法律、法规的宣传，并督促、指导、协助有关单位做好消防宣传教育工作。第十六条规定，机关、团体、企业、事业等单位应当履行下列消防安全职责：落实消防安全责任制，制定本单位的消防安全制度、消防安全操作规程，制订灭火和应急疏散预案；按照国家标准、行业标准配置消防设施、器材，设置消防安全标志，并定期组织检验、维修，确保完好有效；对建筑消防设施每年至少进行一次全面检测，确保完好有效，检测记录应当完整准确，存档备查；保障疏散通道、安全出口、消防车通道畅通，保证防火防烟分区、防火间距符合消防技术标准；组织防火检查，及时消除火灾隐患；组织进行有针对性的消防演练等。第十八条规定，住宅区的物业服务企业应当对管理区域内的共用消防设施进行维护管理，提供消防安全防范服务。第二十九条规定，负责公共消防设施维护管理的单位，应当保持消防供水、消防通信、消防车通道等公共消防设施的完好有效。在修建道路以及停电、停水、截断通信线路时有可能影响消防队灭火救援的，有关单位必须事先通知当地公安机关消防机构。第五十三条规定，公安机关消防机构应当对机关、团体、企业、事业等单位遵守消防法律、法规的情况依法进行监督检查。公安派出所可以负责日常消防监督检查、开展消防宣传教育。第五十四条规定，公安机关消防机构在消防监督检查中发现火灾隐患的，应当通知有关单位或者个人立即采取措施消除隐患，等等。

4. 物业服务企业与城市基础设施部门的关系

城市基础设施主要包括以下几个系统：

能源系统。它包括电力生产和输电与变电设施，人工煤气的生产及煤气、天然气、石油液化气的供应设施，集中供热的热源生产与热力输送系统。

水资源及供水排水系统。它包括水资源的开发、利用和管理设施，自来水的生产供应设施，污水排放、处理的设施等。

交通系统。它包括城市道路与停车设施，公共交通系统，快速交通系统，对外交通系统。

邮电通信系统。它包括城市的邮电设施及电信设施系统。

环境系统。它包括环境、环卫、园林、绿化、环境保护等。

防灾系统。它包括防火、防洪、防风、防地震、人防备战系统等。

很显然，物业管理与城市基础设施管理的关系十分密切。因此，物业服务企业必须处理好与城市基础设施管理部门之间的关系。具体来说，包括以下方面：

1）物业服务企业必须认真贯彻执行城市基础设施管理方面的方针政策。

2）按照国家有关规定，严格划分城市基础设施部门与物业服务企业在相关设施设备管理中的职责；供水、供电、供气、供热、通信、有线电视等单位，应

当依法承担物业管理区域内相关管线和设施设备维修、养护的责任。

3）加强与城市基础设施管理相关企业（如自来水公司、煤气公司等）的协调，切实保证业主与住户对城市基础设施的需求。

4）《物业管理条例》规定，物业管理区域内，供水、供电、供气、供热、通信、有线电视等单位应当向最终用户收取有关费用。物业管理企业接受委托代收前款费用的，不得向业主收取手续费等额外费用。物业服务企业一旦接受城市基础设施企业的委托，就必须认真做好代理收费的各项工作。

5）随着城市经济社会发展，城市基础设施部门市场经济体制的建立，物业服务企业所涉及的水、电、气、绿化、环卫、安全、交通等各个城市基础设施服务，可以分包给城市基础设施相关专业公司承担。在这种情况下，它们之间的关系便发展为互利互惠的合同关系或分包与承包的关系，同时也是监督管理与被监督管理的关系。即在合同具体执行过程中，物业服务企业有权对专业服务公司的工作进行监督管理，以确保自己的利益以及业主、居民的利益不受侵害。

18.3　物业服务企业与物业管理协会的关系

1. 物业管理协会是物业服务企业的行业组织

物业管理协会是物业服务企业自己的行业组织，是在民政部门登记的社会团体。在市场经济条件下，物业管理协会是政府与企业之间的纽带和桥梁，是政府管理物业管理行业与企业的助手，也是物业管理行业的自律性管理组织。物业管理协会对于加强物业管理行业自身的管理和提高物业管理水平都具有重要的作用和意义。

全国性的物业管理协会是"中国物业管理协会"。中国物业管理协会简称"中国物协"，英文名称为：CHINA PROPERTY MANAGEMENT INSTITUTE，缩写 CPMI。中国物业管理协会经国家民政部批准并注册登记，它以物业管理企业为主体，相关企业参加，按照有关法律、法规自愿组成的全国行业性的自律组织，具有国家一级社团法人资格的全国性社会团体。其主管部门为中华人民共和国住房和城乡建设部。

中国物业管理协会的宗旨是：以邓小平理论和"三个代表"重要思想为指导，坚持和落实科学发展观，遵守宪法、法律、法规和国家政策，遵守社会道德风尚；在我国社会主义市场经济条件下，团结、组织本会会员，坚持为政府决策服务，为行业与企业改革发展服务的"双向服务"方针，积极协助政府加强行业管理，传达、贯彻执行国家的法规与方针政策，及时反映广大会员企业的愿望和要求，在政府与企业之间发挥桥梁纽带作用。"

中国物业管理协会的业务范围包括：深入开展行业调查研究，积极向政府部

门反映行业、会员诉求，提出行业发展和立法等方面的意见和建议；积极参与相关法律法规、宏观调控和产业政策的研究制定，参与制订修订行业标准和行业发展规划、行业准入条件，完善行业管理，促进行业发展；围绕规范市场秩序，健全各项自律性管理制度，制定并组织实施行业职业道德准则，大力推动行业诚信建设，建立完善行业自律性管理约束机制，规范会员行为，协调会员关系，维护公平竞争的市场秩序；根据授权进行行业统计，掌握国内外行业发展动态，收集、发布行业信息；依照国家有关规定创办报刊和网站，开展法律、政策、技术、管理、市场等咨询服务；组织人才、技术、管理、法规等培训，帮助会员企业提高素质、增强创新能力、改善经营管理；参与行业资质认证、新技术和新产品鉴定及推广、事故认定等相关工作；受政府委托承办或根据市场和行业发展需要举办交易会、展览会等，为企业开拓市场创造条件；建立行业专家人才库，组织专家学者参加政府决策的前期调研、论证工作；组织开展学术交流，搜集、整理本行业最新科技动态和科研成果，促进行业技术进步，推动科技成果转化为生产力；建设行业对外交流服务平台，开展国内外经济技术交流与合作，联系相关国际组织，指导、规范和监督会员企业的对外交往活动；政府部门委托的其他工作。

在各个地方或城市，也大多有自己的物业管理协会。以北京为例。北京物业管理行业协会（简称北京物协，Beijing Property Management Association，BPMA）是以在北京市合法注册设立的物业服务企业为主体，由与物业管理相关的企业、物业管理研究咨询教育机构及有关单位自愿组成的、经北京市民政局核准登记的非营利性社会团体法人。北京物业管理行业协会的宗旨是：以邓小平理论和"三个代表"重要思想为指导，坚持和落实科学发展观，遵守宪法、法律、法规和国家政策，团结、组织本会会员，坚持为政府决策服务，为行业与企业发展服务的"双向服务"方针，积极推进北京市物业管理行业的健康发展，努力为北京走向"世界城市"作出贡献。

北京物业管理行业协会的业务范围主要包括：推动行业发展建设，监督和促使会员遵守国家法律法规、本协会章程及相关制度；规范市场行为、促进公平竞争、维护及提升北京物业管理行业地区性品牌知名度及美誉度；推进行业自律建设，认真制定物业管理行业道德规范、自律准则和管理标准，为和谐社会作出贡献；在政府主管部门的领导下，宣传物业管理法律、法规、政策，向政府主管部门反映行业的建议和要求，在政府和企业之间搭建起沟通的桥梁；了解并掌握物业服务企业的基本情况，开展行业调查研究，解决行业发展过程中出现的新情况、新问题；为会员单位的管理与发展提供服务，设立行业信息网站、会刊等沟通渠道，收集发布国内外行业信息，举办专项培训，开展咨询服务；推动行业内外的横向联合，组织国内外的物业管理专业交流研讨活动，参加国际行业会议，

加强与港澳台地区及国外的合作，为本行业逐步走向国际化创造条件；承办政府主管部门授权的物业服务企业资质审核、基础培训教育、持证上岗及物业管理项目达标考核等工作；指导物业服务企业建立现代企业制度；接受政府委托的其他工作。

2. 物业管理协会会员的权利

物业服务企业或物业管理的各类机构，只要承认中国物业管理协会或地方物业管理协会的章程，均可以成为中国物业管理协会与地方物业管理协会的会员。

中国物业管理协会章程规定，本协会的会员分为单位会员和个人会员两种。单位会员的条件是：具有独立的民事法人资格；从事物业经营管理、白蚁防治、房屋安全鉴定、物业维修资金管理及与其相关的企事业单位和地方社会团体、有关行业组织。个人会员的条件是：热心本行事业，并有一定实践经验，在业内具有一定影响力和知名度的职业经理人、专家、学者、社会知名人士或有关机构负责人。申请加入本协会的会员，必须同时具备下列条件：拥护本协会的章程；有加入本协会的意愿；已取得一定的业绩并在业内具有一定的影响力。

中国物业管理协会章程规定，会员享有下列权利：本协会的选举权、被选举权和表决权；参加本协会的活动；获得本协会服务的优先权；对本协会工作的建议权和监督权；入会自愿、退会自由。

北京物业管理协会规定，只要在北京市合法注册设立的物业服务企业、与物业管理相关的企业、物业管理研究咨询教育机构及有关单位或个人，承认本协会章程，履行会员义务，自愿申请，均可接纳为本协会会员。

北京市物业管理行业协会会员享有下列权利：本协会的选举权、被选举权和表决权；优先参加本协会组织的各项活动；获得本协会服务的优先权；对本协会工作的批评建议和监督权；优先取得本协会的信息及编辑出版的刊物、资料；有入会和退会的自由。

3. 物业管理协会会员的义务

在物业管理协会，会员享有应有的权利，也必须履行应尽的义务。中国物业管理协会章程规定，会员履行下列义务：执行本协会的决议；维护本协会合法权益；完成本协会交办的工作；按规定缴纳会费；向本协会反映情况，提供学术论文、调查报告、研究成果等有关资料；积极参加本协会组织的活动。

北京市物业管理行业协会章程规定，会员履行下列义务：遵守本协会章程和本行业行规行约，执行本协会决议；维护本协会的合法权益和声誉，接受本协会的监督管理；完成本协会委托办理的工作和事项；按规定缴纳会费；向本协会反映情况，提供有关资料、信息；积极参加本协会组织的各项活动。

本 章 小 结

物业管理关系到千家万户，关系到社会的安定团结。因此，物业服务企业必须认真贯彻执行国家物业管理主管部门的方针政策，服从政府物业管理主管部门的监管与指导。我国政府物业管理主管部门是由国务院住房和城乡建设部、各级地方政府的房地产建设和管理厅局等部门构成的。政府物业管理职能部门包括城市基础设施管理部门、工商、税务、物价以及公安等部门。这些部门按照各自的职责，对居住小区的物业管理工作进行指导和监督、检查。物业服务企业必须接受政府职能部门的管理。

物业管理协会是物业服务企业自己的行业组织，也是行业的自律管理组织。物业服务企业应当成为物业管理协会的成员，通过参与物业管理协会组织的各类活动，加强行业自律性管理或自律性，不断地提高物业管理水平。

复习思考题

1. 简述物业服务企业与政府主管部门的关系。
2. 简述物业服务企业与工商、税务以及物价部门的关系。
3. 简述物业服务企业与公安部门的关系。
4. 简述物业服务企业与城市基础部门的关系。
5. 简述物业服务企业与物业管理协会的关系。

第 19 章

物业服务企业与开发商、业主及保险企业的关系

[内容提要]

开发建设单位是物业的开发建设者。所以，通常而言，开发建设单位都是该物业的管理权的首个委托方，或者说物业服务企业首先是接受开发建设单位的委托才开始该物业管理的。业主大会和业主委员会的成立，使得物业服务企业有了接受第二次委托的机会。因此，物业服务企业应该处理好与开发建设单位以及业主与业主组织的关系。在此基础上，为了妥善处理各种事故灾害，还应处理好与保险企业的关系。

19.1 物业服务企业与开发建设单位的关系

1. 物业服务企业在房地产开发建设中的作用

为了更好地处理房地产开发与物业管理的关系，加强房地产开发企业与物业服务企业之间的联系和沟通，提高房地产开发建设和物业管理水平，根据国家有关规定，物业服务企业可以提前进入物业的生产过程，即在房地产开发建设阶段即可以进入物业现场，从事物业管理准备工作。这就通常所说的物业管理早期介入。物业管理早期介入主要涉及以下工作：

参与房地产规划设计工作。物业服务企业根据长期物业管理实践中的经验，从用户或使用者的立场出发，把发现的规划设计上存在的问题或缺陷，以及相关具体的意见和建议，以各种方式提交给规划设计单位。物业服务企业参与规划设计工作，对于设计单位进一步完善建设项目的规划设计，提高建筑物和住宅区的规划设计水平，完善配套设施建设、满足业主与使用人的水电供应需求量问题、完善消防设施的建设、加强方便居民生活的设计以及完善垃圾处理方式等各个方面都有着极其重要的意义。

参与施工监理工作。住房质量是百年大计,不仅关系到建筑物的寿命,而且关系到住户的安全,丝毫不能马虎。物业服务企业介入施工过程,对搞好施工监理,提高施工质量有着重要的意义和作用:一方面,物业服务企业可以帮助施工单位把好质量关。物业服务企业在长期物业管理过程中,对楼宇使用中常出现的各种工程质量问题有着更多的了解,如卫生间、厨房间的漏水问题及其成因;水电管线如何走向才有利于安全和便于管理等。对于这些影响使用功能的问题如果在施工阶段就予以注意,及早预防和及早解决,要比施工后再进行修补更为容易,而且可以减少浪费。另一方面,物业服务企业早期介入参与工程建设,才有可能对每一幢物业的内部结构、管线布置和走向、房间的大小,甚至采用的建筑材料的性能有更确切的了解。这样就为以后的物业管理工作打下良好的基础。

参与竣工验收工作。房屋等建筑物的质量好坏,不仅对房屋的寿命产生永久性的影响,而且一旦接受物业,施工存在的房屋质量问题,就会给业主与物业服务企业增加经济负担。因此,物业服务企业站在业主的立场上,代表业主和使用人的利益,参加工程竣工验收工作,对于及早发现和解决建筑工程中存在的各种质量问题意义重大。物业服务企业在验收时,不仅要验收当时工程的状况,还应考虑到使用一段时间以后的状况。只有严格要求,才能保证业主的利益,同时为以后的物业管理带来方便。

2. 物业服务企业在房地产销售中的影响和作用

物业服务企业参与房地产开发建设,对于提高房地产规划设计、施工质量,以及竣工验收具有重要意义,而且物业服务企业对于房地产销售也有重要的影响和作用。

首先,物业管理有利于房地产销售。业主购买物业,主要是为了满足居住消费的需求。良好的物业管理服务能给人们带来舒适、优美、安全的工作和居住环境。随着人们生活水平的提高,人们对工作环境和居住环境越来越关注。所以,物业服务企业的服务质量高低,对房地产的销售有着非常直接的影响。

其次,物业管理有利于提高物业的价值。物业服务企业的一个重要管理内容,就是对物业的保养和维修。通过物业服务企业对物业的保养和维修,不仅维持和延长了物业的使用价值或物业的寿命,而且还能充分发挥物业的使用价值。由于物业使用价值是物业价值的承担物,所以在维持和延长物业使用价值的同时,也就保存和延长了物业的价值,从而实现物业的保值和增值。物业服务企业提供的良好管理服务品牌,很有可能提高物业的销售价格。

最后,有利于发展和完善房地产市场体系。房地产市场是一个有机的体系。如果从房地产生产与再生产运行过程来看,房地产市场是由房地产规划设计市场,土地使用权市场,房地产开发建设市场,房地产销售市场,物业管理市场等子市场构成的。这就是说,物业管理市场是房地产市场体系的重要构成部分。所

以，建立和完善物业管理市场，对于发展和完善房地产市场体系有着重要意义。

3. 物业服务企业与开发建设单位的关系

物业服务企业与开发建设单位的关系可以分为两种情况：

（1）"父子兵"的"血缘"关系　1994 年《城市新建住宅小区管理办法》（建设部 33 号令）颁布，第一次以法规的形式确定了社会化、专业化、市场化的物业管理模式。建设部 33 号令规定，房地产开发企业在出售住宅小区房屋前，应当选聘物业服务企业承担住宅小区的管理，并与其签订前期物业服务合同。但因为当时物业服务企业在全国为数很少，甚至在不少大、中城市也不多。为解决这个问题，政府提出"谁建设、谁管理、谁负责"的政策，引导、支持房地产开发企业自行组建物业服务企业，直接负责所开发项目的物业管理，即"自建自管"。在这个阶段和情况下，房地产开发建设单位与由自己派生出来的物业服务企业是一种被社会称为"父子兵"的关系。物业服务企业通常被认为扮演着"代人受过，包庇错误，欺骗业主"的角色。"父子兵"关系甚至被看成是引起纠纷与争端的祸水。

（2）独立的委托代理关系　在社会化、专业化物业服务企业还处于少数地位的时候，开发建设单位与物业服务企业的"父子兵"公司拥有建管配合的优势。但是，这种共生共荣、存在"血缘"关系的"父子兵"模式，既存在先天不足，也为后天解决物业管理纠纷带来一定的难度。为解决"自建自管"模式存在的弊端，住房和城乡建设部在 1999 年召开的全国物业管理工作会议上提出：各地要尽快引入竞争机制，推行物业管理招投标。2003 年颁布、2007 修订的《物业管理条例》中也明确规定：国家提倡建设单位按照房地产开发与物业管理相分离的原则，通过招投标的方式选聘具有相应资质的物业服务企业；国家提倡业主通过公开、公平、公正的市场竞争机制选择物业服务企业；住宅物业的建设单位，应当通过招投标的方式选聘具有相应资质的物业服务企业；在业主、业主大会选聘物业服务企业之前，建设单位选聘物业服务企业的，应当签订书面的前期物业服务合同。

另外，根据《物业管理条例》第 6 条的规定，房屋的所有权人为业主。因此，在房屋尚未售出时，开发商作为整个房屋的所有权人时，是最大业主，但从第一份商品房买卖合同签订时起，该楼盘的所有权人开始随购房合同的增加而增加，凭借一份份合法有效的购房合同，买房人逐步地分割该楼盘的所有权，大产权全部或部分被分割。在楼盘尚未全部售出，而又已成立业主大会的情况下，开发商与物业服务企业的权利、义务关系等同于其他"小业主"与物业服务企业之间的关系。

19.2　物业服务企业与业主及业主组织的关系

1. 物业服务企业与业主的关系

在楼盘没有销售前，开发建设单位是大业主，也是唯一的业主；在楼盘销售过程中，开发建设单位仍然是业主，而且随着楼盘销售量或产权转移量的增加，开发建设单位会由大业主逐步转变为和其他小业主一样的业主。作为唯一产权的大业主，开发建设单位和物业服务企业的关系在 19.1 节已有介绍。本节所指的业主是指诸多小业主组成的群体，它通常包括作为小业主的开发建设单位。或者说，当开发商并不准备把所有楼盘销售一空，而是保留部分房屋时，在成立业主大会和业主委员会之后，它的新角色就不再是开发商，而是一个小业主。作为小业主，开发建设单位和其他小业主一样，享有一定的权利，也承担一定的义务。当然，它与物业服务企业的关系也自然和其他小业主同物业服务企业的关系一样。

业主同物业服务企业的关系主要表现为以下两个方面：

（1）委托和被委托的关系　这种关系也是服务与被服务的关系。业主通过业主大会，选聘物业服务企业，委托该物业服务企业管理全体业主所有的物业，并由物业服务企业提供相应的物业服务；物业服务企业如果接受委托，就必须按照物业服务合同和国家有关法律法规的规定，提供相应标准的物业管理及服务。《物业管理条例》规定，业主在物业管理活动中，享有按照物业服务合同的约定，接受物业服务企业提供服务的权利；享有监督物业服务企业履行物业服务合同的权利；享有对物业共用部位、共用设施设备和相关场地使用情况的知情权和监督权；享有监督物业共用部位、共用设施设备专项维修资金的管理和使用的权利。

既然是委托和被委托的关系，物业服务企业就不能超越委托的权限行事，即不能越权。越权就是超越物业服务合同的权限，如违反合同规定擅自同意外单位在小区或电梯内挂设广告牌等做法，都是一种越权。并且，物业服务企业对小区内的任何共有部分都没有所有权，甚至包括物业服务企业的物业管理用房，《物业管理条例》专门指出："物业管理用房的所有权依法属于业主。"现实中，物业服务企业常常越俎代庖，对共有部分进行收益性处分，虽然与发挥物的效益等现代市场经济的价值取向表面上一致，但侵犯了私人的物权。对于类似的事项，必须经过全体业主的授权。《物权法》第七十六条明确规定，下列事项由业主共同决定：选聘和解聘物业服务企业或者其他管理人；筹集和使用建筑物及其附属设施的维修资金；改建、重建建筑物及其附属设施；有关共有和共同管理权利的其他重大事项。

对众多小业主而言，虽然有委托物业服务企业和接受其提供的物业服务的权

利，但也有一定的协助物业服务企业管理服务的义务。诸多小业主之间虽然有共同的物业服务方面的利益，但也有各自的特殊利益。当出现物业服务方面的利益冲突时，特别是当个人利益与大多数业主的利益不一致时，就必须服从物业服务企业的统一管理与服务。比如，当业主组织决议或管理规约规定不能在住宅小区内长时间停车，并且这些决定已经写进物业服务合同时，如果个别业主擅自停车，物业服务企业就可以按规定处理。《物业管理条例》特别规定，业主在物业管理活动中，履行下列义务：遵守管理规约；遵守物业管理区域内物业共用部位和共用设施设备的使用、公共秩序和环境卫生的维护等方面的规章制度；执行业主大会的决定和业主大会授权业主委员会作出的决定；按照国家有关规定交纳专项维修资金等。

（2）经济关系　业主和物业服务企业之间的服务与被服务的关系，自然引申出他们之间的另一种关系，即经济关系。业主通过业主大会选聘物业服务企业，业主委员会具体与物业服务企业签订物业服务合同，这已经表明了业主与物业服务企业是劳务或服务交换的双方，这一关系是在经济合作关系下产生的，体现有偿的等价交换原则。业主有权要求物业服务企业提供优质廉价或者符合物业服务合同规定的物业服务，物业服务企业则有权要求业主按照物业服务合同的规定，按时、足额地支付物业服务费用，这是一种对立统一。《物业管理条例》也明确规定，业主在物业管理活动中，有按时缴纳物业服务费用的义务。当出现矛盾时，要依照法律和合同来规范，可以协商解决，合同可以修改、补充。《物业管理条例》规定："违反物业服务合同约定，业主逾期不缴纳物业服务费的，业主委员会应当督促其限期缴纳；逾期仍不缴纳的，物业管理企业可以向人民法院起诉"。

2. 物业服务企业与业主组织的关系

这里的业主组织是指业主大会和业主委员会。

业主组织和物业服务企业都是物业管理机构，它们共同管理着一定范围的物业。所不同的是，前者管理的是其所代表的全体业主所有的物业，而物业服务企业管理的通常都不是自己的物业，而是接受业主组织的委托而管理的全体业主的物业。这样，客观上就决定了它们之间的特定的法律关系和工作关系。

双方间的法律关系。在市场经济条件下，业主组织和物业服务企业的关系呈现以下特点：

1）业主大会是物业管理重大事项的最终决策者，物业服务企业只是物业管理的具体执行者。业主大会代表多数业主的意志，在合法并符合实际的情况下，有权选择聘用合适的物业服务企业提供自己认为满意的物业管理服务。

2）业主组织与物业服务企业是一种委托与受托的关系，签订物业服务合同前后，双方的地位都是平等的。签订合同前，双方可以双向选择。业主通过业主

大会可以根据某个物业服务企业的管理水平和以前的管理业绩，决定是否委托或继续委托它来管理自己的物业；签订合同时，对于管理目标、要求和费用，双方也要协商，协商取得一致才签约。在法律上，业主组织有委托或不委托某个物业服务企业的自由，物业服务企业也有接受或不接受业主组织委托的自由。

3）业主组织和物业服务企业都是独立运作的，互不干扰，双方可以根据情况的变化，协商处理有关合同变更和解除的问题，但都无权干涉对方处理合同范围内的内部活动。

4）业主组织和物业服务企业没有隶属关系。不能说物业服务企业归属于业主组织，或反过来，业主组织听命于物业服务企业。它们之间不存在领导和被领导的关系，也不存在管理和被管理的关系。也就是说，它们之间在地位上是平等的民事主体关系。

双方之间的工作关系。物业服务企业在管理物业的过程中往往需要经常与业主委员会打交道，业主委员会为了多数业主的共同利益也时常与物业服务企业联系。由此产生了它们之间的工作关系。业主委员会和物业服务企业的工作关系总体上来说是友好合作的，但有时也存在矛盾或冲突。其中，合作关系在双方签订委托服务合同时已经确定，而双方之间的冲突关系却是潜在的，可能会随时爆发的。

（1）合作关系　委托服务合同中一般都规定业主组织和物业服务企业的权利与义务，如物业服务企业有权要求业主委员会协助管理，有义务把重大管理措施提交业主大会或业主委员会审议；业主大会有权审议物业服务企业制订的年度管理计划和物业管理服务的重大措施，有义务协助物业服务企业落实各项管理工作等。这些都是双方之间合作关系的表现。

另外，双方之间合作关系还表现在，当有物业管理的重大事项、重大决定需要讨论决定时，往往需要业主组织形成决议，而后由物业服务企业具体执行。实践中，业主委员会和物业服务企业的例会（或联席会议），实际上已经说明双方之间的合作关系。

（2）冲突关系　专业化的物业服务企业是一个自主经营、自负盈亏的企业，企业的性质决定了它必然以盈利作为其管理物业的目的之一。同时，一些企业人员素质不高，企业信誉不好，钻物业服务合同的空子，滥用管理职权，故意刁难客户，徇私舞弊，乱收费，任意罚款等，这自然与业主们的愿望格格不入。为了维护自己的合法和正当的权益，业主组织就必须行使自己的权利，一方面要向物业服务企业反映情况，另一方面，还要直接与物业服务企业做斗争，甚至在必要时辞退该物业服务企业。

当然，业主组织和物业服务企业的工作关系主要还是合作关系，对于双方之间的冲突，要尽量加以控制，并想办法予以协调解决，避免矛盾的激化。

3. 物业服务企业与业主组织关系的本质问题

在物业管理区域内,真正的权利者是业主,业主以业主大会的形式管理物业,但实践中,业主大会不可能长期实质性的存在,考虑到效率因素,业主委员会得以选举产生并作为业主大会的执行机构。

业主委员会是业主们为了便于公共事务的处理而设立的物业管理区域内的内部机构。业主委员会的唯一原则就是"便利",物业管理的相关法规中规定由其直接以自身名义对外实施具体行为,是为了方便物业管理。故此,业主委员会只能忠实地执行业主大会的决议,它与物业服务企业的关系,本质上还是业主、业主大会与物业服务企业的关系。

基于这些方面,业主委员会与物业服务企业签订物业服务合同,也只是作为业主的代表,并不代表业主委员会本身。所以,实践中虽然看到业主委员会与物业服务企业签订合同,或者说,物业服务合同的订立主体虽然是业主委员会及物业服务企业,而不是众多业主与物业服务企业,但这并不表明物业服务合同的相关权利、义务以及责任由业主委员会来享有或承担。一些业主以自己并非合同的当事人为抗辩缘由,拒绝承认物业服务合同,拒绝支付物业服务费,这种想法和做法很显然是错误的。事实上,业主委员会只是一个虚幻的合同主体,它在合同上签字、盖章,本质上只是表明全体业主对物业服务合同的认同。当有一方违反合同时,诉讼的一方当事人应是全体或者部分业主,与业主委员会无关。当然,经过授权业主委员会也可以代表业主诉讼,但这又是另一个法律关系。

19.3 物业服务企业与保险企业的关系

1. 物业服务企业管理中的灾害事故

灾害是造成生命财产重大损失的、自然界的不规则变化和人的行为。自然界的不规则变化给住宅区造成的灾害主要有地震、洪水、风灾、地面沉降、雹灾、瘟疫等。人的行为性灾害,可分为意外事故和故意行为两种。意外事故是没有主观恶意且行为人无法控制的偶然致害事件。故意行为是行为人能够预见后果,而且希望这种后果发生的致害事件。物业管理区域的行为性灾害主要有火灾、毒气泄漏、环境污染以及种种恶性犯罪等。有些灾害既可能是自然界造成的,也可能是人的行为造成的,如火灾、瘟疫等。

物业管理区域内人口和财产高密度分布,使得普通风险很容易大范围蔓延,从而造成重大灾害。物业服务企业的防灾管理是确保城市居民及其财产安全,维护物业管理区域社会安定的重要保证。

物业管理中常见的灾害和事故,主要是以下几类:

(1) 自然灾害　物业管理中的自然灾害,主要是水灾、风灾、火灾、地震、

雹灾、虫灾等。自然灾害既可以造成物业损坏，也可造成人员伤亡。物业管理中遭受最多的自然灾害是火灾。

（2）设备事故　物业管理区域通常都配置有许多设施设备。物业服务企业在对这些设施设备使用、维修和保养的过程中，都有可能发生意外事故。如漏电、漏水、进水、漏气等。这些意外事故，都会造成不同程度的财产损失和人员伤害。

（3）管理工作中的意外事故　物业管理人员在日常管理工作中，也可能发生各种意外事故。

2. 物业服务企业与物业管理保险

保险是为了应付特定的自然灾害或意外事故，通过订立合同实现补偿或给付的一种经济形式。物业服务企业所管理的物业，都难免受到自然灾害的影响或意外事故的破坏。所以，必须充分利用保险机制，最大限度地减少损失，并在意外事故发生后，能够运用获得的保险理赔尽快恢复正常运作。

在物业管理中，保险的基本作用是分散危险和补偿损失；保险的派生作用包括投资功能和防灾防损功能。具体地说，保险的作用主要包括以下方面：

（1）保证物业财产安全　保险公司通过长期实践，掌握了大量资料，积累了丰富的经验，具有防范事故发生，指导被保险人消除不安全因素，从而提高财产的安全系数，保证物业的安全功能。

（2）风险分担，减少物业经济损失　物业无论是对业主，还是对社会都是贵重的财产。通过保险公司提供的保障，就可以将风险分散，从而减少物业可能遭受的经济损失。

（3）有利于推动物业管理工作的持续进行　物业服务企业管理着巨大的财产，一旦蒙受灾难，物业服务企业一般都无力赔偿。物业管理投保后，通过保险公司协助管理和监督，可以减少意外事故的发生。同时，一旦发生意外，也可以通过保险公司及时加以补救，这样就保证了物业管理工作的持续进行。

（4）减少人身风险损失　物业管理中的人身风险，涉及物业服务企业员工的养老、疾病、丧失劳动能力以及死亡者家属的保障等问题。物业服务企业为员工提供保险，不仅可以弥补员工在职期间，一旦遭遇各种疾病，可能造成的额外费用增加和收入减少的状况，同时还可以成为员工退休养老的补充性保障。

3. 物业管理保险种类

根据《物业服务收费管理办法》，物业管理费中应包括物业服务人员的社会保险、物业共用部位、共用设施设备及公众责任保险费用。在实践过程中，物业管理通常投购的保险主要是房屋财产保险、物业责任保险、物业人身保险及物业管理其他保险。

（1）房屋财产保险　房屋财产保险有很多的种类，如按投保人的类型，可

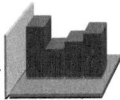

分为企业团体房屋保险和居民房屋保险；按房屋性质可分为商品房保险和自有住房保险等。物业服务企业购买的财产险主要是火险。物业管理火险是住宅和商业楼宇都需要投保的险种。同时，物业服务企业还应当对物业共有部位和公用设施设备投保，甚至还可以替产权人为其拥有的物业代办投保。

房屋财产保险的保险责任是在保险有效期内，保险财产在保险单注明，由于自然灾害及任何突然和不可预料的事故，保险公司均应负责赔偿。保险的财产范围包括：物业的公共部位和结构；物业的公共设备；被保险人的装置、家具、办公设施或用品；经保险人特别申请，并经承保的保险公司书面同意，物业附属的广告、天线、霓虹灯、太阳能装置等也可列入。

（2）物业责任保险　物业责任保险是对物业服务企业因工作上的疏忽或过失，使业主或使用人在公众场合遭受到伤害或财产损失，应承担的相关赔偿责任。这是保护业主的财物及人身安全的法律责任。

物业责任保险的责任是在保险单明细表中列明的区域范围内的物业，因被保险人管理上的疏忽或过失而发生意外事故造成下列损失或费用，依法应由被保险人承担的经济赔偿责任，保险公司负责赔偿：第三者人身伤亡或财产损失；事先经保险公司书面同意的诉讼费用；发生保险责任事故后，被保险人为缩小或减少对第三者人身伤亡或财产损失的赔偿责任所支付必要的、合理的费用。

物业管理责任保险，还可以附加游泳场所责任附加险、停车场责任附加险、电梯责任附加险、停车场机动车辆盗窃、抢劫责任险等附加险。

（3）物业人身保险　物业管理中的人身保险，是以人的生命和身体为标的的保险。人身保险按保险的危害可分为四种：人身意外伤害保险；健康保险，有的也称疾病保险；人寿保险；养老保险。

（4）物业管理其他保险　物业管理中的其他保险，就是除了上述保险险种以外的其他种类的保险，主要有以下几种：融资保险，物业价值保险，投资增值保险，产权保险，质量责任保险，房屋综合保险，房地产分期付款保险。

物业服务企业可根据住宅小区（大厦）的实际情况，选择一些物业保险的险种。当然，这需要与保险企业签订规范、严谨的保险合同。以便在发生灾害事故时索取保险赔偿。

本 章 小 结

物业服务企业可以参与房地产规划设计、施工监理、竣工验收以及房地产销售工作。通过这些工作发挥自己的影响和作用。

物业服务企业与开发建设单位的关系一是"父子兵"的关系，二是独立的委托代理关系。随着市场经济的发展，"父子兵"关系基本已经淘汰。对于委托代理关系而言，无论是法律规定还是实践中，开发建设单位都是新建物业的管理

权的第一个委托者。

物业服务企业与业主的关系，首先是一种委托和被委托的关系，或者说是一种服务与被服务的关系，这种关系自然引申出双方的经济关系。

物业服务企业与业主组织的关系，是基于与业主的关系基础上产生的。它们之间的关系首先是法律上的关系，即委托与被委托的关系，其次是工作上的关系。物业服务企业为了搞好物业管理工作，必须处理好与业主及业主组织的关系。

物业管理中通常会遇到房屋等建筑物及配套设施设备的安全，以及业主使用人的安全等问题。为了分散管理中的风险，必须对标的物进行投保。物业管理保险主要涉及房屋财产保险、管理责任保险以及人身等保险的险种。

复习思考题

1. 简述物业服务企业在房地产开发和销售中的作用。
2. 简述物业服务企业与开发建设单位的关系。
3. 简述物业服务企业与业主的关系。
4. 简述物业服务企业与业主组织的关系。
5. 物业管理中有哪些风险？需要通过哪些保险项目分散风险？

第 20 章

物业管理与社区建设

20

[内容提要]

    物业管理和城市社区建设与管理的关系十分密切，为了加强物业管理必须了解社区建设。学习本章，需要了解社区的概念与特点、社区的构成要素以及社区管理机构的职能，熟悉社区建设及其基本框架，处理好物业管理与社区建设的关系，充分发挥物业服务企业在社区建设中的作用。

20.1　社区与城市社区管理机构

1. 社区的概念与特点

    "社区"的概念最先由德国社会学家斐迪南·滕尼斯（F. Tonnies）于 1887 年提出。他认为，"社区"是一种由具有共同的文化传统和价值观念的同质群体所组成的关系密切、守望相助，并且存在富有人情味的社会关系的社会团体。第一次世界大战后，社区研究在美国兴起，芝加哥社会学派应运而生。其中美国社会学家查尔斯罗·密斯把斐迪南·滕尼斯的德文"社区"（Gemeinschaft）译成英文"Community"，意思是共同的东西和亲密的伙伴关系，这与滕尼斯"社区"一词的原意已有了很大的区别。

    1933 年，我国著名学者费孝通把英语的"Community"翻译成了中文"社区"，并逐步成了通用语。尽管如此，人们对于"社区"的含义，在认识上仍然存在着一些分歧，迄今有 100 多种定义。但是如果从本质上看，大多数学者的认识有着许多共性。综合这些共性，可以这样定义社区：社区就是从事多种社会活动并居住在同一地方的人们，构成的一个社会区域生活的共同体。

    一般而言，社区具有以下特点：

    （1）社区是社会实体　社区是由一定数量的人群、一定的地域、一定的生产和生活设施、一定的管理机构、一定的特色文化和社区意识等要素构成的一个社会生活实体。

（2）社区是聚落的物质载体　聚落是人们的居住区。居住区聚集了一定数量的基础设施、市政设施和社会设施，或者是这些设施的集合体，从而为人们提供了必要的生活条件。

（3）社区是人们参与社会活动的场所　人们在社区从事商业经营、文化教育、科学技术、社会服务等各种职业活动。通过这些职业活动获得经济收入，满足日常生活的需要。人们长期在社区内生活，建立了多种人际关系，形成了一些共同的道德规范。

（4）社区功能的多样性　社区居民需求的多样性，决定了社区具有多方面的功能。这些功能主要包括政治功能、经济功能、文化功能以及社会管理和社会整合功能。

（5）社区是发展的　社区是在人类定居的基础上逐步发展起来的，决定了社区具有发展的特性。人类最早出现的社区，是农村社区。随着工业化和城市化的发展，形成了城市社区。不管是农村社区，还是城市社区，都会随着社会生产力的发展，社会经济结构的变化，在社会性质、人员结构以及功能等方面得到进一步的发展与提升。

2. 社区的构成要素

每一个社区，大体都是由以下一些要素构成的：

（1）一定的人口　以一定社会关系为基础组织起来的、共同生活的人群，构成社区最主要的因素——人口。他们是社区生活及其物质财富和精神财富的创造者，是社区社会关系的承担者，因而是构成一定社区的主体。

（2）一定的地域　既然社区是地域性社会生活共同体，一定的地域便自然成了构成社区的要素之一。一个社区居民的主要活动大都集中在某一特定的空间，这个空间便是社区的地域要素。社区地域面积的大小在一定程度上影响着人们的生活状况。社区地理环境的好坏，自然条件的优劣对于社区的发展水平和发展速度有重要影响。

（3）一定的生产和生活设施　生产、生活设施作为社区的一个要素，其大致情况是由社区的性质和发展水平所决定的。社区的范围越大，内容越丰富，发展水平越高，生产和生活设施也就越多，反之则越少。

（4）一定的管理机构　作为具有多重功能的地域性社会生活共同体，社区是一个有组织、有秩序的社会实体。它们大都发挥着维护社区秩序，动员、督促社区成员参加集体活动，管理、支配社区公共资源和公共财产，制订、实施社区规划，领导社区建设等作用。没有一定的管理机构，任何社区都不可能成为一个有序化的社会生活共同体。

（5）自己的社区文化　社区成员在长期的共同生活中积淀而成自己的社区文化。它是社区成员共享的价值观念、行为规范、风俗习惯乃至语言等的总和。

各具特色的社区文化是许多社区能够成为相对完整和独立的社会实体的一个条件。

3. 城市社区管理机构

城市社区管理机构大致分为以下三个层次：

(1) 市及区县人民政府　1949 年 12 月 1 日，中央人民政府通过《省、市、县各界人民代表会议组织通则》，要求在大中城市召开市人民代表大会，选举成立市人民政府。同时，要求一些大中城市开始筹备召开区人民代表大会或代表会议。1951 年 4 月 24 日，中央人民政府政务院发布的《关于人民民主政权建设工作的指示》规定，10 万人口以上的城市应当设立区级组织，召开区人民代表大会，成立区级人民政府。

1979 年全国人民代表大会通过的《地方组织法》规定，市辖区为县级以上行政单位，设立区人民代表大会和区人民政府。1982 年通过的《中华人民共和国宪法》明确规定："直辖市和较大的市分为区、县"，市辖区设立人民代表大会和人民政府。2004 年修订的《中华人民共和国地方各级人民代表大会和地方各级人民政府组织法》中规定："大城市的市辖区是一级地方政权组织，行使县以上的地方各级人民政府的职权"。

(2) 街道办事处　现行的《中华人民共和国地方各级人民代表大会和地方各级人民政府组织法》中规定："市辖区、不设区的市的人民政府，经上一级人民政府批准，可以设立若干街道办事处，作为它的派出机关。"

街道办事处虽然不是一级政府组织或机构，但也不是社会团体，而是市或市辖区政府的派出机关，所以具有管理整个辖区的法定资格。街道办事处可以根据法律、法规和市、市辖区的人民委员会赋予的权力，推动本社区的经济、社会发展，指导、协调、组织与管理本社区的建设任务。

随着社会主义市场经济体制的建立，城市政府职能的转变，也要求对街道办事处的管理职能进行改革。根据"两级政府，三级管理"（两级政府，即市、区两级；三级管理，即市、区和街道办事处）的改革思路，要求扩大街道办事处的管理权和财权。也就是说，街道办事处在街道党委的领导下，依据法律、法规、规章和市辖区政府的授权，行使相应政府管理职能，对辖内的社会管理、社会服务、社会治安综合治理、精神文明建设等方面行使组织领导、综合协调、监督检查的行政管理职能；对地区性、社会性、群众性工作负全面责任。

(3) 居民委员会　1989 年通过的《中华人民共和国城市居民委员会组织法》规定，"居民委员会是居民自我管理、自我教育、自我服务的基层群众性自治组织。不设区的市、市辖区的人民政府或者它的派出机关对居民委员会的工作给予指导、支持和帮助。居民委员会协助不设区的市、市辖区的人民政府或者它的派出机关开展工作。"

居民委员会的任务包括：宣传宪法、法律、法规和国家的政策，维护居民的合法权益，教育居民履行依法应尽的义务，爱护公共财产，开展多种形式的社会主义精神文明建设活动；办理本居住地区居民的公共事务的公益事业；调解民间纠纷；协助维护社会治安；协助人民政府或者它的派出机关做好与居民利益有关的公共卫生、计划生育、优抚救济、青少年教育等项工作；向人民政府或者它的派出机关反映居民的意见、要求和提出建议。

20.2　城市社区建设及其框架

1. 城市社区建设的概念与特征

适应社区人口、功能和结构的变化，20 世纪 90 年代初期，学术界和政府主管部门提出了"社区建设"的概念和社区建设的思路。在这样的基础上，民政部下发了《关于听取对"社区建设"思路的意见的通知》。根据该文件的精神，许多城市开展了社区建设试点工作。

城市社区建设是指在党和政府的支持、指导下，通过调整、强化社区自治组织和其他社区组织，依靠社区力量，利用社区资源，整合社区功能，发展社区事业，改善社区经济、社会和文化环境，把社区与整个国家的社会生活融为一体，从而通过社区建设促进整个社会进步的持续发展过程。城市社区建设是一项新的工作，大力推进城市社区建设，是我国城市经济和社会发展到一定阶段的必然要求，是面向新世纪我国城市现代化建设的重要途径。

城市社区建设大体上有以下一些特征：

（1）综合性　城市社区建设的综合性是由组成社区要素的多样性和社区内容的复杂性决定的。城市社区是地域性的社会实体，是人口、环境、生产、生活、文化、教育各类设施，以及思想意识和管理机构等构成的综合体，是社区成员经济生活、政治生活和文化生活的统一体，社区建设就是为了促进包括所有这些方面在内的全方位的发展。所以，社区建设的内容、手段以及方法就必须是多方面的和综合性的。

（2）社会性　社区建设既不是单纯的政府行为，也不是单纯的民间行为，而是社区各类主体和社会力量共同参与的自觉建设活动。社区建设的社会性主要是由以下三种社会力量构成的。①党和政府发挥着主导作用。中国共产党是中国社会主义事业领导的核心力量，也是社区建设的领导核心。在党的方针政策和路线的指导下，各级政府机构承担着制定和实施社区建设的政策和社区建设的规划、社区建设制度、协调居民、社会团体和企事业单位之间的关系，推进社区建设。②居民委员会和各种社会团体，是社区建设的骨干。居民委员会和各种社会团体，是党和政府联系广大居民群众的桥梁和纽带。在社区建设中，它们动员居

民参与社区建设，落实社区规划，发挥在社区建设中的骨干作用。③社区广大居民群众和社区各企事业单位在社区建设中发挥着基础和支持的作用。

（3）地域性 城市社区是以地域为界限的社会实体。社区的主体是社区中的居民、单位和其他组织；社区建设就是要根据本社区居民的愿望，为社区中的居民提供更多的服务，满足社区居民的需求，解决社区中存在的或出现的问题。

2. 社区建设的内容

根据社会主义市场经济体制的要求，以及城市发展规律和城市现代化管理的要求，城市社区建设应当包括以下内容。

（1）社区服务建设 社区服务是社区建设的核心内容或基础内容，是社区建设的"龙头"和骨干。社区服务就是在政府指导和扶持下，组织社区成员，开发和利用社区资源，开展各种福利服务和便民生活服务，不断满足社区居民生活的需求。社区服务的发展为开展全方位的社区建设奠定了重要基础。

（2）社区环境建设 加强社区环境建设，治理环境污染，改善环境卫生状况，是建设的重要内容和重要方面。由于我国还是一个发展中的国家，工业化正在进行，城市化处于加速发展时期，城市规模扩大和城市大规模的开发，带来了严重的空气污染，水体污染，环境噪声污染，以及建筑和生活垃圾污染等。因此，城市社区环境建设是一项非常重要的工作。

（3）社区医疗卫生建设 城市社区卫生医疗建设在社区建设中占有重要的地位。特别是随着经济社会发展，社区老龄化和居民保健意识的增强，对医疗卫生保健要求越来越高。社区医疗卫生建设的主要工作包括：完善基层社区医疗卫生网络，逐步形成街道社区有医院，居民小区或居民委员会有医疗站；建立社区医务人员和医疗单位，入户医疗服务制度，设立家庭病床，解决老年人外出就医困难；逐步建立家庭保健档案，提高居民医疗保健服务水平；通过多种方式向居民宣传卫生保健知识，开展预防疾病的经常性活动；深化社区康复工作。

（4）社区文化建设 广义文化建设工作，涵盖了经济、政治以外所有的社会现象；狭义的文化建设主要是指社区居民文化、体育和娱乐活动。社区文化建设主要是狭义的文化建设，其工作包括：建立队伍，建设阵地；开展丰富多彩的社区文化活动，形成网络；发动群众广泛参与，通过文化活动使居民在精神上得到享受。

（5）社区教育建设 社区教育是以社区为依托，以提高全体居民的素质和培养"四有"新人为宗旨的教育形式。社区教育的内容是多方面的，主要是：学校教育社区化，主要是发挥社区力量，对学生进行思想品德教育和社区实践锻炼，把学校教育变成社区教育的主要阵地；社区活动教育化，主要是把每一项社区工作，都变成对社区居民的一项教育过程，使居民参与活动的同时接受教育和训练；居民终身教育，对不同年龄，不同职业，不同性别的社区居民，进行思想

道德、法律法规、科技、文化、职业技术等方面的教育培训。

（6）社区治安建设 社区秩序和治安状况，不仅关系到社区居民的生活，而且关系到辖区企事业单位的工作环境。所以，创造良好的社区治安和环境秩序，不仅是党和国家的要求，也是社区居民的要求。社区治安建设工作主要包括：建立健全社区综合治理领导机构和办事机构；配合公安和政法机关，严厉打击各种违法犯罪活动；加强对失足青少年，刑释、解教人员的帮助教育，预防和减少重新犯罪；积极开展人民调解工作，化解社会矛盾，改善人际关系，促进社区安定团结。

3. 城市社区建设的基本框架

城市社区建设的基本框架主要包括以下内容：

（1）市级社区建设领导机构 由市委、市政府领导牵头，有关部门和单位参加。市社区建设领导机构主要职责是，制订和审核全市范围内社区建设、规划和工作计划；研究制订社区建设的方针、政策和重大措施；督促检查全市范围内的社区建设工作；协助市委、市政府推进基层行政管理体制改革；解决社区建设中的社区保障和财力保障的问题；协调有关部门和单位之间的关系，为全市开展社区建设创造条件。

（2）区级社区建设协调机构 由区委、区政府的主要领导牵头，有关部门负责人和驻区大单位参加。负责制订全区的社区建设规划和工作计划；研究、制订全区性社区建设的重大问题和政策措施；协调有关部门和辖区内各种社会力量，积极参与社区的建设活动；理顺街道条块关系，充分调动街道办事处开展社区工作的积极性。

（3）街道社区建设的协调组织 由街道办事处党政主要负责人牵头，辖内有关部门、企事业单位、社会中介组织和居民代表参加。其主要职责是贯彻落实上级党委、政府有关社区建设的决定、决议和工作部署；研究制订全街范围的社区建设规划和工作计划，并付诸实施；发动和组织辖内、区内各种社会力量积极参与社区建设工作；指导居民委员会和社会中介组织开展灵活多样的社区建设活动等。

（4）居民委员会实施机构 居民委员会属于辖区内的共同体层次，应当根据社区建设的原则，探索社区居民自治与社区成员自治有机结合的新途径，可以建立由居民选举产生的居民委员会成员与社区内单位代表共同组成的社区委员会，组织开展符合本社区特点的多样化的社区建设活动。

（5）社区单位与志愿者组织辅助组织 社区内的企事业单位、社会中介组织以及社区服务志愿者组织都是社区建设的重要力量。公益性、服务性的社会团体和民办非企业单位，以及社区居民以及社区志愿者组织参与社区建设与服务，是政府社区建设的重要补充力量。

20.3　物业管理与社区建设的关系

1. 物业管理与社区建设的区别与联系

物业管理与街道和居民委员会虽然管理任务各有侧重，但是许多职能是重叠的或交叉的。由此形成了物业管理与社区建设既存在着一致性的一面，又有差别性的一面。

它们之间的一致性表现在：①发展的基础一致，即都是城市发展到一定时期的产物；②目的与宗旨一致，即都是为服务区内的居民创造一个良好的生活和居住环境，为社区居民服务。

它们之间的差异性表现在：①管理主体不同。物业管理的主体是物业服务企业，属经济性管理实体，是专业服务组织；社区建设的管理主体是政府（街道办事处），属行政性组织。②管理与服务的性质不同。物业管理是物业服务企业受业主委托，按合同为业主提供相应的服务，具有经营获利性质；社区建设是一种非盈利性的服务，具有行政管理性质；③管理与服务的内容不同。物业管理指物业服务企业按照合同的约定，对物业进行经营式的管理，并向业主提供多层次、多功能的综合服务，融经营、服务和管理于一体。社区建设则主要是指政府部门在中国共产党的领导下，开展社区服务建设、社区环境建设、社区综合治理，创造良好、和谐的社区环境等工作。

物业管理和社区建设两者之间既不能取代，也不能分离，而是相辅相成的。社区建设为物业管理创造了发展环境，物业管理也要积极参与社区建设，为社区建设提供服务，通过协调和配合，实现社区内人与人、人与环境、人与社会的协调发展。

2. 物业管理与社区建设的渗透性

物业管理与社区建设是一种相互渗透，即相互依存、相互促进的关系：

物业管理与社区服务的部分内容具有交叉性，这种交叉性为两者提供了合作的基础和可能；物业管理是社区建设的基础，社区建设中许多内容就是物业管理的主要任务，例如，社区的公共安全、公共卫生、公共环境与人际关系等，因此，社区建设包含着物业管理的内容；物业管理与社区建设的根本目标都是创造良好的社区环境，物业管理主要是负责硬环境的建设，而社区建设主要是致力于软环境的建设。

物业管理与社区建设之间的渗透性可以表述为：

第一，物业管理是社区建设的重要组成部分。物业服务企业所从事的保安、保洁、绿化、房屋及设施设备维修养护等工作，正是社区建设中卫生、治安、环境等最基本的职能范畴。

第二，物业服务企业在社区文化建设中发挥着重要的作用。物业服务企业在社区中组织和开展的形式多样、健康有益的文化活动，不仅有利于丰富社区居民的精神文化生活，而且有助于促进邻里和睦，增强业主的认同感和归属感。

第三，社区建设促进了物业管理的发展。社区建设得好，社区功能完善，居民素质提高，有助于物业管理制度的有效遵守和执行，有助于业主自律机制的建立，有助于矛盾和纠纷的减少；从而促进了物业管理的发展。而在流动人口管理、计划生育、劳动就业等方面，虽不属于物业服务的范围，但在政府授权和有偿服务的前提下，物业服务企业协助政府部门完成辅助性工作，从而推动了社区建设工作。

3. 物业管理与社区建设的协调途径

根据《物业管理条例》的规定："住宅小区的业主大会、业主委员会作出的决定，应当告知相关的居民委员会，并认真听取居民委员会的建议"，业主要维护好自己的权益，离不开当地居委会的指导和帮助。物业管理不只是一个房屋管理的问题，还涉及很多社会问题。这些社会问题如果由居民委员会直接介入，许多问题就可能得到较好的解决。同时，如果业主委员会得到街道办事处的帮助，就可以更好地协调业主个体利益与公共利益之间的矛盾。

物业管理与社区建设相结合，主要表现在以下几个方面。

（1）明确各自定位，避免重叠与越位　社区居民委员会是群众性自治组织，与物业服务企业、业主委员会之间存在着指导与被指导、监督与被监督的关系。物业服务企业是专业性服务企业，应当接受居民委员会、业主委员会的指导和监督。

（2）建立沟通机制，营造良好的氛围　物业服务企业、业主大会或业主委员会要正确处理好与社区居民委员会的关系，就要建立健全物业服务企业与社区居民委员会、业主委员会之间的沟通机制，接受街道办事处及社区居民委员会的指导，遵守有关法规规章。

（3）赋予社区居民委员会指导监督职责　如新建居住区的入住验收，对未按规划建设配套公共设施或者存在其他公共建设问题的，居民委员会有权提请规划、建设行政主管部门予以纠正；社区居民委员会应会同行业主管部门指导业主委员会的组建工作，并提出审核意见；会同行政主管部门对辖区内从事物业管理的企业进行监督管理，行业管理部门在资质年检中应当听取社区居民委员会的意见。

（4）物业服务企业应根据物业服务合同履行职责，避免不必要的冲突　物业服务企业只能根据业主的委托管理小区物业，不能将功能延伸到行政管理和居民自治领域；居民委员会一方面要发挥物业管理以外的行政管理和居民自治的作用，另一方面又要配合、监督物业服务企业的工作，但不要代替其具体业务。

（5）管好"死角"、"烂角"，解决"老、旧、难"问题　老旧住宅小区由于规划设计落后，配套设施不全，以及产权单位过多，形成了各自为政的状况。因此，社会化、专业化的物业服务企业往往不愿接手管理，致使这些老旧住宅小区成了城市管理的"死角"、"烂角"。对这些"死角"、"烂角"，政府可以鼓励和支持居民委员会通过发展社区服务，实现对这类住宅区的管理。

总的来说，把居住区物业管理和社区建设有机地结合起来，是深化城市基层管理体制改革的一项重要内容，也是促进物业管理和社区建设发展的重大政策。

4. 发挥物业管理促进社区建设的作用

物业管理与社区建设既然存在着许多共同的地方，应当充分发挥物业管理在社区建设中的作用。

（1）发挥物业管理在社区公共事务管理中的作用　对社区内各项公共事务的管理，本来就是物业管理的职责。在这方面，物业服务企业的管理职能主要体现在以下几方面：房屋及基础设施、公共设施的管理；环境管理以及社区的综合管理。物业服务企业在行使社区公共事务管理职能时，必须严格按照有关法律法规和物业服务合同的规定，实现对社区实施专业化和规范化的管理，确保社区整体功能的正常发挥。

（2）发挥物业管理在社区建设服务中主体地位的作用　物业管理虽然主要是针对物，即社区的建筑物及其设施设备，但服务主体却是人，即业主和使用人。所以，物业服务企业一方面要充分行使其管理职能，另一方面还要根据社区业主和使用人的需要，提供多方面的服务。物业服务企业在社区建设中提供的服务，基本上包括了业主和使用人的所有需求，从而体现了物业服务企业在社区建设中提供服务的主体地位和作用。

（3）发挥物业管理在社区行政事务管理中的辅助作用　从社会管理角度看，业主及物业使用人总是生活在一定行政区域范围内，接受国家行政机构，如街道办事处的管理。作为国家行政机关，这些单位执行着相应的行政管理职能。物业服务企业在社区从事管理的依据和权限，只限于《物业管理条例》等有关国家法律法规以及《物业服务合同》。物业服务企业没有义务更没有权利从事属于国家行政部门管理的职能。所以，在现有的法律法规的条件下，在社区行政事务管理中，应当发挥物业服务企业协助有关政府部门开展工作的作用。但这只是一定辅助性的作用，绝对不能代行国家行政管理的职能。

（4）发挥物业管理在社区精神文明建设中的作用　物业管理不仅与社区群众的居住质量、生活质量有着直接的关系，而且还能反映社区精神文明发展和居民生活水准。良好的物业管理所形成的居住环境和人文环境，可以陶冶人们的情操，净化人们的心灵，培养人们高尚的思想品德。作为社区中管理服务的主体，物业服务企业在提高人们居住质量和生活质量的同时，应当积极参与社区精神文

明建设，通过组织、策划、实施和协调，大力倡导文明、健康的生活方式，团结、互助的社区新风，培养社区居民的公德意识，形成良好的公共道德和公共秩序。同时，物业服务企业还应当针对社区居民的特点，搭建社区文化平台，以丰富多彩的文体活动，吸引各类型的住户走进社区大家庭，增进沟通和友谊，建设繁荣、稳定、和谐的社区环境。

（5）物业服务企业在社区建设中应当发挥信息平台的作用　社区是社会生活的一个单元，一方面需经常和外界进行信息交换，另一方面社区内部也需要进行信息交换。物业服务企业的特殊职能和作用，使其成为内外信息沟通的平台。为了发挥信息平台的作用，物业服务企业必须做好以下工作：保持与外界良好的关系，建立有效的沟通渠道；构建社区内部信息平台，宣传国家有关政策法规以及社区事项，使之成为居民了解有关信息的固定窗口；建立社区网络，实现物业管理服务的智能化和信息化。

本 章 小 结

社区是从事多种社会活动并居住在同一地方的人们构成的一个社会区域生活的共同体。社区具有社会实体、聚落的物质载体、社会活动场所以及不断发展的特点，它的基本构成要素包括：一定的人口、地域、生产和生活设施、管理机构以及自己的社区文化。

城市社区管理机构主要包括市政府、区政府、街道办事处及居民委员会。它们都具有各自的职能。街道办事处是区政府的派出机构。居民委员会本质上是群众的自治组织。

社区建设是社区工作的总概括。城市社区建设大体上具有综合性、社会性及地域性的特征。社区建设的主要内容包括社区服务建设、社区环境建设、社区医疗卫生建设、社区文化建设、社区教育建设及社区治安建设等方面。

城市社区建设的基本框架包括：市级社区建设领导机构、区级社区建设协调机构、街道社区建设的协调组织、居民委员会实施机构以及社区单位与志愿者组织的辅助组织。

物业管理与社区建设既存在着一致性的一面，又有差别性的一面。所以，物业管理与社区建设是一种相互渗透，即相互依存、相互促进的关系。这些决定了物业管理与社区建设相结合的必要性和可行性。为此应当充分发挥物业管理在社区建设中的作用。

复习思考题

1. 什么是社区？社区有什么特点？
2. 社区的基本构成要素有哪些？

3. 简述城市社区管理机构及其职能。

4. 试述社区建设的概念与特征。

5. 简述社区建设的主要内容。

6. 简述社区建设的基本框架。

7. 简述物业管理与社区建设的区别与联系。

8. 简述物业管理与社区建设的协调途径。

9. 简述物业管理在社区建设中作用的发挥。

参考文献

[1] 刘洪玉，柴强．物业经营管理[M]．北京：中国建筑工业出版社，2006.

[2] 谭善勇．物业管理[M]．北京：机械工业出版社，2004.

[3] 谭善勇．现代物业管理实务[M]．北京：首都经济贸易大学出版社，2003.

[4] 方芳，等．物业管理[M]．上海：上海财经大学出版社，2003.

[5] 马林．全面质量管理基本知识[M]．北京：中国经济出版社，2003.

[6] 中华人民共和国国家标准：社区服务指南　第九部分：物业服务[S]．北京：中国标准出版社，2007.

[7] 赵凯，牛忠毅．物业服务企业组建与运作[M]．北京：机械工业出版社，2006.

[8] 谭善勇．物业管理市场——理论与实践[M]．北京：首都经济贸易大学出版社，2001.

[9] 韩朝．智能建筑物业管理[M]．北京：清华大学出版社，2008.

[10] 袁永华．物业管理[M]．武汉：华中科技大学出版社，2006.

[11] 张志强．物业管理[M]．北京：中国环境科学出版社，2009.

[12] 郭世民．物业管理[M]．北京：中国建筑工业出版社，2007.

[13] 赵善嘉，等．智能建筑物业管理教程[M]．上海：上海人民出版社，2003.

[14] 黎明，潘龙萍，等．财务报告分析[M]．上海：立信会计出版社，2003.

[15] 宋建阳，等．商业物业管理[M]．广州：华南理工大学出版社，2002.

[16] 赵国忠．财务报告分析[M]．北京：北京大学出版社，2002.

[17] 刘湖北，等．物业管理法规与案例评析[M]．北京：中国建筑工业出版社，2007.

[18] 刘亚臣．房地产物业管理[M]．大连：大连理工大学出版社，2002.

[19] 齐锡晶，等．物业管理理论与实务[M]．北京：中国建材工业出版社，2002.

[20] 丁云飞．物业设备管理[M]．广州：华南理工大学出版社，2002.

[21] 方芳，等．物业管理招标投标指南[M]．南京：江苏科学技术出版社，2001.

[22] 谢献春．居住物业管理[M]．广州：华南理工大学出版社，2001.

[23] 周宇，等．现代物业管理[M]．大连：东北财经大学出版社，2001.

[24] 梁书文，等．房地产法及配套规定新释新解[M]．北京：人民法院出版社，2001.

[25] 陶婷芳．新编物业管理实用手册[M]．上海：华东理工大学出版社，2001.

[26] 贺学良，等．中国物业管理[M]．上海：文汇出版社，2000.

[27] 姚坤一，于国华．物业管理[M]．上海：同济大学出版社，2000.

[28] 陆伟良．智能建筑物业管理[M]．北京：电子工业出版社，2002.

[29] 周宇．现代物业管理实务[M]．北京：中国经济出版社，2009.

[30] 周晓峰，等．中国智能建筑发展浅谈[J]．黑龙江科技信息，2010(15).

信息反馈表

尊敬的老师:

　　您好!感谢您对机械工业出版社的支持和厚爱!为了进一步提高我社教材的出版质量,更好地为我国高等教育发展服务,欢迎您对我社的教材多提宝贵意见和建议。另外,如果您在教学中选用了《物业管理理论与实务 第2版》(谭善勇 郭立 主编),欢迎您提出修改建议和意见。索取课件的授课教师,请填写下面的信息,发送邮件即可。

一、基本信息

姓名:＿＿＿＿＿＿　性别:＿＿＿＿＿＿　职称:＿＿＿＿＿＿　职务:＿＿＿＿＿＿

单位:＿＿＿＿＿＿

邮编:＿＿＿＿＿＿　地址:＿＿＿＿＿＿＿＿＿＿＿＿＿＿＿＿＿＿＿＿＿＿

任教课程:＿＿＿＿＿＿＿＿＿　电话:＿＿＿＿＿—＿＿＿＿＿(H)＿＿＿＿(O)

电子邮件:＿＿＿＿＿＿＿＿＿＿＿＿＿＿＿＿＿　手机:＿＿＿＿＿＿＿＿

二、您对本书的意见和建议

　　(欢迎您指出本书的疏误之处)

三、您对我们的其他意见和建议

请与我们联系:

100037　北京百万庄大街22号

机械工业出版社·高等教育分社　冷彬　收

Tel:010—8837 9720(O)

E-mail:myceladon@ yeah. net

http://www. cmpedu. com(机械工业出版社·教材服务网)

http://www. cmpbook. com(机械工业出版社·门户网)

http://www. golden-book. com(中国科技金书网·机械工业出版社旗下网站)